婚姻家庭法律知识百问

何永萍　主编

企业管理出版社

图书在版编目（CIP）数据

婚姻家庭法律知识百问 / 何永萍主编. —— 北京：企业管理出版社，2021.1
ISBN 978-7-5164-2257-1

Ⅰ.①婚… Ⅱ.①何… Ⅲ.①婚姻法—中国—问题解答 Ⅳ.①D923.905

中国版本图书馆 CIP 数据核字（2020）第 196773 号

书　　名：	婚姻家庭法律知识百问
作　　者：	何永萍
选题策划：	周灵均
责任编辑：	张羿　周灵均
书　　号：	ISBN 978-7-5164-2257-1
出版发行：	企业管理出版社
地　　址：	北京市海淀区紫竹院南路 17 号　　邮编：100048
网　　址：	http：//www.emph.cn
电　　话：	编辑部（010）68456991　　发行部（010）68701073
电子信箱：	emph003@sina.cn
印　　刷：	涞水建良印刷有限公司
经　　销：	新华书店
规　　格：	170 毫米 × 240 毫米　　16 开本　　19 印张　　320 千字
版　　次：	2021 年 1 月第 1 版　2021 年 1 月第 1 次印刷
定　　价：	79.00 元

版权所有　翻印必究·印装错误　负责调换

编委会成员

主　编

何永萍　北京市京师律师事务所合伙人，财富传承部主任。

副主编

孟祥鹤　某互联网出版公司（该公司系中国数字出版十强单位）法务部经理。
吴晓坚　浙江集优律师事务所党支部书记、主任。
郭秋燕　广西齐川律师事务所专职律师。
马小龙　黑龙江东禹律师事务所合伙人，现任哈尔滨工业大学大科学项目总法律顾问。
张玮颖　上海市律师协会婚姻家事业务研究委员会委员。
邹添华　广东中熙律师事务所副主任、高级合伙人。

编　委

姜婷　沈金丽　苏秀媛　冯俊奇

自　序

有人说，婚姻是爱情的坟墓，然而笔者认为，爱情和婚姻各有各的品味，各有各的优点。爱情像一杯烈酒，初尝时刺激，细细品味回味悠长。一段完美的婚姻也许是一个女人一生的幸福，一段不幸的婚姻造成的伤害可就不是一个人，而是两个人，甚至是两个家庭。

很多女性朋友都曾羡慕《金婚》中的文丽，《父母爱情》中的安杰。相信每一对男女在步入婚姻殿堂的那一刻都曾期许自己的婚姻美满，都曾想把自己的小家过得温暖有爱。婚姻就像一条潺潺的溪水，虽平淡无奇，激不起大风大浪，但可细水长流。很多事情是在不断地发展变化的，社会在不断地发展，我们的交际圈在不断地变化，生活在不断地更替，平凡的婚姻也许会激起些许的波澜。

在笔者办理的离婚案件当中，有些是因为随着时间的推移对对方厌烦了，有些是因为对方出轨了，有些是因为父母关系，有些是因为孩子，有些是因为疾病，有些是因为工作，等等，导致双方感情破裂。

随着社会经济的不断发展，意识形态的不断变化，婚姻家事案件因果日趋复杂化，不止局限于婚姻家事法律的简单适用，更应注入新的内涵，诸如个人情感的真实需求、社会价值观以及长远利益等。

在办理该类案件中，对于是否离婚，何时离婚，何种形式离婚，均有不同的内涵和意义；对于子女抚养权的归属以及如何有效争取抚养权也更为多样化；对于房产分割中父母出资、借贷、赠与等多重法律关系的适用，以及房屋权属形态等越发复杂化。特别是公司股权、股票、基金、证券、古董等多元化财产的分割，家族财产的保护与传承，婚前、婚内协议的规范，婚外情、家暴等因素下产生的财产分割考量和损害赔偿，等等，均给当事人及律师带来了新的挑战和思考。

笔者从事婚姻家事领域律师多年，发现很多当事人根本不了解相关法律，在如何维权方面也很苦恼。通过实践，笔者对于婚姻家事纠纷解决有了更深的认识和思考：在很多案件中女性是婚姻纠纷的弱势群体，所以在处理婚姻纠纷时，法官或多或少会考虑照顾和保护妇女权益。婚姻家事案件的解决不一定非要双方对簿公堂，弄得面红耳赤，可以试着通过调解、和解的方式和平地解决纷争。通过调解解决的婚姻家事案件，首先要找出双方关注和在意的点，以此作为突破口，促进双方进行协商，力求双方利益平衡，各自都达到自己想要的结果，促使纠纷满意、高效地解决。离婚案件中要更多地考虑孩子的利益，在抚养权关系中，要更多地考虑有利于孩子成长的一方作为孩子的抚养人。

2011年《最高人民法院关于适用〈中华人民共和国婚姻法〉若干问题的解释（三）》的出台为婚姻财产的分割提供了更为详细的裁判指引，但与此同时，如何正确理解并适用相关法律条文及立法精神，尤其是当婚姻案件与公司股权架构或上市公司规则挂钩时，或婚姻含有涉外因素时，如何正确认定和处理婚姻案件成为社会各界关注的焦点和难点。

2020年5月28日，十三届全国人大三次会议审议通过了《中华人民共和国民法典》，这部法典被称为"社会生活的百科全书"，是中华人民共和国第一部以法典命名的法律，在法律体系中居于基础性地位，也是市场经济的基本法。《中华人民共和国民法典》共7编、1260条，各编依次为总则、物权、合同、人格权、婚姻家庭、继承、侵权责任以及附则。

《中华人民共和国民法典》婚姻家庭编相对于以前的婚姻法以及司法解释，更加适用社会发展和时代要求。《中华人民共和国民法典》婚姻家庭编明确了"亲属"的范围，包括配偶、血亲和姻亲。姻亲即基于婚姻关系而形成的亲属关系。同时，对"家庭成员"做了具体规定："配偶、父母、子女和其他共同生活的近亲属为家庭成员"。这个规定，看似简单的一句明列，实际上是对主体范围的确定。

另外，还在无效婚姻的情形中删除了对疾病的规定，而将重大疾病确定为一方的婚前告知义务。如果婚前没有如实告知，另一方可以请求撤销该婚姻，同时可以提出损害赔偿。

一些年轻夫妻冲动离婚的现象越来越多，于是"离婚冷静期"被提升到法律层面，对于避免冲动离婚有一定的积极作用，当然也是引发热议、争论最多的。

新增设的"离婚补偿"规定，不再限于现行夫妻财产分别制的情形，这是对于结婚后将主要精力用于照顾家庭、抚育子女、照料老年人、协助另一方工作上，也就是人们通常说的主内的家庭主妇、主夫们的权益的保障。

另外关于收养，完善了收养的相关规定，保护被收养人的合法权益。与收养法相比,《中华人民共和国民法典》婚姻家庭编关于收养规定还有如下变化:一是可收养的人数的变化,即允许无子女的收养人最多可以收养两名子女。二是被收养人的年龄的变化,原收养法规定不满14周岁的未成年人可被收养,现在统一修改为未成年人。三是增加了收养人的条件,即无不利于被收养人健康成长的违法犯罪记录。

关于离婚财产分割原则,《中华人民共和国民法典》婚姻家庭编新增了一项原则,即明确了在离婚财产分割中照顾无过错方权益原则,这就意味着在离婚财产分割上,法院可以依据该原则,酌情确定对过错方予以少分财产,以此惩戒婚内过错方,充分照顾并保护无过错方权利。

《中华人民共和国民法典》婚姻家庭编新增了夫妻一方"挥霍夫妻共同财产"的法律后果,即夫妻一方隐藏、转移、变卖、毁损、挥霍夫妻共同财产,或者伪造夫妻共同债务企图侵占另一方财产的,在离婚分割夫妻共同财产时,对该方可以少分或者不分。离婚后,另一方发现有上述行为的,可以向人民法院提起诉讼,请求再次分割夫妻共同财产。

为了使广大读者更好地了解婚姻家事法律知识,以便更好地维护自身的合法权益,笔者以婚姻法律实践为视角,并辅以大量的司法案例,总结出较具价值和代表性的法律问题,编辑成册,奉献给广大读者。读者朋友们通过阅读本书,以最便捷的方式获得最全面的法律帮助,这是笔者最大的愿望。本书不但对广大读者朋友有所裨益,也适合法律工作者及法律专业的学生阅读、参考。

书中存在的不妥之处,恳请法律专家、学者以及律师同仁斧正!在此深表感谢!

何永萍
2020年12月

目录 CONTENTS

1. 离婚时财产已分割,复婚后再离婚,这些财产算是共同财产吗 1
2. 夫妻离异儿子愿随生母生活,变更抚养权获支持 4
3. 四年见不到亲生儿子,父亲赢得探望权 7
4. 补办结婚证是否可以将遗产视为夫妻共同财产 11
5. 彩票中大奖后男子离婚,奖金是否为夫妻共同财产 14
6. 车祸的赔偿金是夫妻共同财产吗 17
7. 大爷苦陷家暴数十载,为何离婚这么难 20
8. 弟弟冒充哥哥离婚,法庭上被侄女揭穿 23
9. 儿子非亲生,状告前妻获精神抚慰金 26
10. 儿子非亲生,多年抚养费可否主张 28
11. 分手时签订的分手协议是否有效 32
12. 夫妻婚内订立借款协议,离婚时一方主张对方偿还 34
13. 夫妻假离婚,前妻能否要求分割丈夫遗产 37
14. 夫妻间婚前的债务能否因离婚而消灭 40
15. 夫妻离婚后可否变更孩子的抚养权 43
16. 夫妻离婚后探视权如何解决 48
17. 夫妻离婚约定财产分割,能否对抗第三人 50
18. 夫妻签订婚前财产约定,债务发生后其是否为夫妻共同债务 53
19. 夫妻一方对另一方赠与房产,可以撤销吗 55

— I —

20. 夫妻一方拒绝做亲子鉴定，是否可以认定为婚内出轨 …………… 58
21. 夫妻一方私自变卖共有房屋是否有效 …………………………… 62
22. 夫妻之间"借钱不还"行不行 …………………………………… 64
23. 夫妻之间签订的忠诚协议有效吗 ………………………………… 67
24. 父母拿不出彩礼，20岁男子自杀 ………………………………… 69
25. 父母为你买的房子，房子一定是你的吗 ………………………… 72
26. 父亲给女儿买别墅做婚房，小两口闹离婚，购房款怎么算 …… 75
27. 哥哥有义务抚养弟弟吗 …………………………………………… 78
28. 给第三者的财产还能要回来吗 …………………………………… 80
29. 股权收益在离婚时应如何分配 …………………………………… 82
30. 孩子的抚养权可以变更吗 ………………………………………… 85
31. 婚前贷款买房，婚后共同还贷，离婚时该怎么分 ……………… 88
32. 婚后父母出资购房该归谁 ………………………………………… 91
33. 婚后还贷10年，离婚时她却一分钱也没得到 …………………… 94
34. 婚后全款买的房屋，婚后办理的产权证，算是夫妻共同财产吗 …… 97
35. 婚后以个人财产购买的住房要如何认定 ………………………… 100
36. 婚内出轨，净身出户的承诺是否有效 …………………………… 103
37. 婚内可以要求分割夫妻共同财产吗 ……………………………… 105
38. 婚内赠与孩子的财产可以撤销吗 ………………………………… 108
39. 婚前入股，婚后收益属于夫妻共同财产吗 ……………………… 110
40. 婚前约定交付婚姻保证金，离婚后能否要求返还 ……………… 113
41. 婚姻内赠与财产是否可以撤销 …………………………………… 115
42. 婚姻期间个人缴付的养老金可以分割吗 ………………………… 118
43. 婚姻无效事由消失的甄别与处理 ………………………………… 120
44. 婚姻中出轨一方要承担什么责任 ………………………………… 123
45. 继父母获得抚养权利，亲生父母是否还有抚养义务 …………… 127

目 录

46. 家庭暴力中该如何认定虐待和故意伤害 …………………… 130
47. "假身份"登记结婚的婚姻案件该如何办理 ………………… 133
48. 结婚时未达法定年龄，婚姻是否有效 ………………………… 136
49. 解除同居关系后，双方都不要孩子怎么办 …………………… 140
50. 仅举行了婚礼，可以要求对方返还彩礼吗 …………………… 142
51. 可否向第三者主张离婚损害赔偿 ……………………………… 146
52. 有家庭暴力该怎样离婚 ………………………………………… 149
53. 离婚案件涉及第三人的财产如何处理 ………………………… 152
54. 离婚保证书是否有效 …………………………………………… 155
55. 离婚后，法院判决返还的购房首付款是夫妻共同财产吗 …… 157
56. 离婚后，拆迁利益如何分配 …………………………………… 160
57. 离婚后发现对方"出轨"，能获得赔偿吗 …………………… 162
58. 离婚后发现子女非亲生，可以行使哪些权利 ………………… 166
59. 离婚期间，一方恶意转移财产怎么办 ………………………… 168
60. 前夫在离婚前放弃继承权，是否侵犯另一方的财产权 ……… 171
61. 离婚时伪造债务是否构成犯罪 ………………………………… 174
62. 继承父母遗产需要前妻签字吗 ………………………………… 177
63. 离婚诉讼中，孩子的抚养权怎么判 …………………………… 180
64. 离婚诉讼中，调解书侵犯了第三人的合法权益，怎么办 …… 183
65. 离婚协议是否具有物权变更效力 ……………………………… 185
66. 对于离婚协议已处分的财产能反悔吗 ………………………… 188
67. 恋爱支出无借款凭证，分手后能否要求偿还 ………………… 191
68. 恋人共同购房，分手后房产如何划分 ………………………… 194
69. 恋爱买房交定金后反悔，法院会支持吗 ……………………… 197
70. 妹妹结婚，登记的却是姐姐 …………………………………… 199
71. 面对婚姻，如何保护自己的个人财产 ………………………… 202

72. 男方去世前将财产赠与情人，该赠与行为是否有效 …………… 204

73. 女儿死前将房屋赠与男友，父母是否可以撤销 ………………… 206

74. 妻子做生意向人借款，丈夫需要担责吗 ………………………… 209

75. 起诉确认亲子关系，对方拒绝配合鉴定怎么办 ………………… 212

76. 前妻因房价上涨向前夫主张房屋差价补偿款，能获得支持吗 …… 215

77. 青梅竹马，婚外同居是否重婚 …………………………………… 219

78. 上海结婚，美国离婚，厦门分财产，适用哪国法律 …………… 222

79. 上诉期间能否登记结婚？上诉期内登记结婚可能会构成重婚罪 …… 224

80. 探望权能强制执行吗 ……………………………………………… 227

81. 探望协议是否可以约定违约金 …………………………………… 230

82. 同居期间所生孩子该由谁抚养 …………………………………… 233

83. 外祖父母是否有权要求变更外孙女的抚养权 …………………… 235

84. 为孩子上学离婚之后娶妻妹，真假离婚惹纠纷 ………………… 239

85. 为私吞夫妻共同财产，伪造欠条请人告自己 …………………… 242

86. 无过错方可以在离婚时多分共同财产吗 ………………………… 245

87. 误以为是亲生子，抚养多年后可获哪些赔偿 …………………… 248

88. 第三者的名誉权需要保护吗 ……………………………………… 251

89. 生效协议可以构成夫妻共有财产的判断依据吗 ………………… 254

90. 协议离婚后，债权人还能将夫妻二人共同起诉吗 ……………… 256

91. 新车当彩礼，分手后如何返还 …………………………………… 260

92. 一方父母出资作为首付并贷款按揭购买的房屋是否属于夫妻
共同财产 …………………………………………………………… 262

93. 一方借款用于赌博，配偶方是否应承担还款责任 ……………… 265

94. 丈夫车祸去世，100万元死亡保险金终归谁家 ………………… 267

95. 丈夫给"情人"的财产，妻子该如何要回 ……………………… 270

96. 丈夫将财产遗赠给第三者，遗赠财产不属于遗产范围 ………… 274

97. 丈夫可以将"自己挣的钱"赠与他人吗 …………………………… 276

98. 丈夫冒名顶替卖房,怎么办 ……………………………………… 280

99. 丈夫轻信谎言借钱被骗,妻子承担还款责任吗 ………………… 283

100. 子女强干涉,再婚老夫妻三番两次上法庭 …………………… 286

1. 离婚时财产已分割，复婚后再离婚，这些财产算是共同财产吗

案例简介

王小敏与张阳婚前感情基础不牢，结婚后不到两年就经法院判决离婚，共同财产中的30万元归王小敏所有，一套房屋归张阳所有。离婚后因王小敏一时找不到房屋居住，仍然住在原来与张阳共同居住的房屋里，只是分室而居。一年后王小敏、张阳复婚。双方因无法磨合夫妻关系，复婚不到两年感情完全破裂，再次起诉离婚。张阳向王小敏提出要分割上次王小敏分得的那30万元。

【争议焦点】

这30万元到底是不是复婚后的夫妻共同财产？

【法院判决】

根据《中华人民共和国民法典》第一千零六十三条规定，下列财产为夫妻一方的个人财产：（一）一方的婚前财产；（二）一方因受到人身损害获得的赔偿或者补偿；（三）遗嘱或者赠与合同中确定只归一方的财产；（四）一方专用的生活用品；（五）其他应当归一方的财产。《最高人民法院关于适用〈中华人民共和国民法典〉婚姻家庭编的解释（一）》第三十一条规定，民法典第一千零六十三条规定为夫妻一方的个人财产，不因婚姻关系的延续而转化为夫妻共同财产。但当事人另有约定的除外。

本案中，王小敏与张阳第一次离婚时这笔款已经判给王小敏，第一次离婚后该笔款就是王小敏的个人财产。后来不管王小敏与张阳的复婚时间是双方离婚后多久，如果王小敏与张阳之间没有约定"在复婚后的夫妻婚姻关系存续期间该笔财产是共同财产"，都不能改变是王小敏个人财产的性质。本案中没有证据表明王小敏与张阳有此约定。因此，王小敏与张阳再次离婚时张阳无权要求分割王小敏的个人财产。

【律师说法】

本案中双方第一次离婚时对夫妻共同财产进行了分割，分割后所得的财产就属于个人财产。双方后来由于各种原因复婚，那么相对第二次领取结婚证而言，这30万元就属于第二次婚前的个人财产。双方可以进行财产的约定，如果没有特别约定，这款项即属于个人财产，无法参与双方第二次婚姻中离婚诉讼的分配。

延伸解读

一、婚前财产的认定方法

在认定婚前财产时，根据我国法律规定，以下财产属于婚前个人财产：

1. 夫妻婚前各自所有的财产，包括婚前个人的劳动所得，继承或受赠的财产，以及其他合法收入，等等。还包括婚前各自为结婚所购置的财产。

2. 复员、转业军人从部队带回来的医疗费和回乡生产补助费，以及婚后夫妻共同生活时间较短的军人的复员费和转业费。

3. 离婚时，夫妻各自使用的衣物、生活用品和职业上的用物。当然，贵重物品除外。

4. 离婚时与个人身份不可分离的婚后所得财产，以及未获得经济利益的知识产权。

5. 夫妻间对财产的约定，对双方都具有约束力。包括合法的书面约定和双方均承认的符合事实的口头约定为个人财产。

以上所罗列的只是婚前财产认定的几种情况，在现实生活中，对婚前财产的认定最主要的还是对婚前存款、婚前房产及婚前投入婚后收益三种财产的认定。

1. 婚前财产之婚前存款的认定。婚前存款本应该属于婚前财产，无可厚非。因为婚前存款均有银行记录，这种记录也容易被法官采信。但是，很多时候，一方将婚前存款用于婚后生活或购买婚后财产，如果对方没有任何投入，也没有动用夫妻共同财产，那么，所购买婚后财产属于个人财产。

2. 婚前财产之婚前房产的认定。如果产权登记已经在婚前完成，且在自己名下，那么产权是归自己所有的。若婚后财产混入该房屋按揭贷款偿还之后，对婚前房产的认定就比较困难，这时就需要聘请专业的离婚律师来帮您分析解释。

3. 婚前财产之婚前投入婚后收益。如果认定为婚前财产，与"婚后取得"矛盾；如果定性为婚后财产，与一方实体上婚前投入相对，有失公允。那么，对于婚前一方财产的投入，在婚后取得收益，是被认定为一方财产还是共同财产？

二、适用范围

《最高人民法院关于适用〈中华人民共和国民法典〉婚姻家庭编的解释（一）》第三十一条规定，民法典第一千零六十三条规定为夫妻一方的个人财产，不因婚姻关系的延续而转化为夫妻共同财产。但当事人另有约定的除外。意思是夫妻无论结婚多少年，一方婚前财产仍归一方所有。具体可分为以下四类：

1.婚前个人所有的财产，如工资、奖金，从事生产、经营取得的收益，知识产权的收益，因继承或赠与所得的财产、资本收益以及其他合法收入。

2.一方婚前已经取得的财产权利，如一方婚前获得预售房屋的产权而且完全支付了房款，婚后才实际取得该房的所有权。

3.婚前财产的孳息，包括个人财产婚前孳息和婚前个人财产婚后产生的孳息。

4.一方婚前财产以货币、股权等形式存在，而婚后表现为另一形态财产。如一方婚前的个人积蓄婚后购买的有形财产，股权转为了货币，这只是原有的财产价值形态发生了改变，其价值取得始于婚前，应当认定为一方的个人财产。

三、婚前房产的确认

婚前房产的确认有两个关键的时间点：

1."婚前"到"婚后"的时间点。

2."购房"时间点，即什么时候开始视为购买房产成功。

对于前者，夫妻双方自领取结婚证之日可视为"婚前"到"婚后"的时间点，而其他诸如订婚、举行婚礼等时间点都不具备法律上的意义。对于后者，比较困扰，在购房一系列的过程中到底哪个才是"购房"时间点。例如，在婚前签了购房合同，付了首期款，婚后才进行按揭贷款，并办理了不动产登记证，那哪个点才是"购房"时间点？鉴于房产在法律上属于不动产的范畴，根据我国相关法律的规定，购房人真正获得所购房屋所有权的时间点为办理完房屋的过户手续并取得不动产登记证之日。

因此，认为获得房屋产权证书之日即为"购房"时间点。判断这一问题的关键是看房款是在婚前以个人财产支付，还是婚后以共同财产支付的。实际上，上述观点在理解"购买"这一概念时过于狭隘了，由此得出的结论也有失偏颇，考虑到购房的目的性以及购房整个过程的关联性，应当以签订购房合同的时间为"购房"时间点，签订合同时最能反映"购房"这一行为的性质。

（以上人物均为化名）

2. 夫妻离异儿子愿随生母生活，变更抚养权获支持

案例简介

女儿在当年父母离婚时已被法院判归母亲抚养，跟随父亲生活的儿子在年满12周岁后表示愿意和母亲一同生活，母亲要求变更儿子的抚养权能否获得法庭的支持？2016年9月18日，某人民法院审理了该起变更抚养权纠纷案，一审判决支持了原告的诉讼请求，原被告婚生儿子涛涛由母亲抚养长大。

【争议焦点】

法院经审理查明，原告马某与被告张某于2007年经法院判决离婚，判决确定婚生女孩丽丽由母亲马某抚养，婚生男孩涛涛由父亲张某抚养。判决生效后，涛涛由父亲张某抚养了1年。2009年开始涛涛跟随母亲马某生活。后马某再婚，涛涛仍然跟随马某在河南省生活、学习至今。因监护权在张某处，涛涛虽然在河南读书生活，但户籍在张某所在的江西省泰和县，对涛涛的学习和生活产生许多不便。张某对马某将涛涛的户籍转至河南的请求不加理会。无奈之下，马某向法庭起诉，要求依法变更儿子涛涛的抚养权，改由自己抚养。

庭审过程中，涛涛向法官表达了愿意跟随母亲马某共同生活的意愿。被告张某也同意涛涛跟随马某生活，但不同意办理涛涛的户口迁移。双方无法达成调解协议。

【法院判决】

法院审理后认为，原告马某与被告张某于2007年离婚时，婚生儿子涛涛判归被告张某抚养，但涛涛在随父亲生活1年后要求并实际跟随母亲马某共同生活至今。现涛涛已经年满12周岁，庭审中也明确表示愿意继续跟随母亲共同生活。为利于涛涛的健康成长，应当尊重和考虑涛涛本人的意愿，且原告马某已经再婚，也有抚养能力，故原告马某诉请变更涛涛的抚养权，法院予以支持。

2. 夫妻离异儿子愿随生母生活，变更抚养权获支持

> **温馨提示**

一、离婚抚养权会优先女方吗

1.孩子若是在两周岁以内，一般会判决随女方一起生活。这主要考虑孩子尚处在幼儿期，需要母亲的哺乳，母亲更能给孩子体贴和照顾。

2.孩子若已经在两周岁以上，女方已做绝育手术，而男方未做，且男方年龄与女方年龄差距不是很大，则孩子判归女方的可能性较大。

3.孩子一直随母亲生活，如果离婚后改为随父亲生活对其生活习惯改变较大且影响其成长的，孩子判归女方的可能性较大。

4.比较双方的抚养条件，在工作稳定程度、收入情况差距不大的前提下，当男方对夫妻感情破裂有过错，如有婚外情等情形，孩子判归女方的可能性较大。

5.男方有不良嗜好，如赌博、酗酒等恶习的。考虑到男方的恶习对孩子的成长有不利影响，法院一般会将孩子判归女方。

6.如果双方均无明显过错，各方面条件都相当，而女方更有时间照顾孩子，得到孩子抚养权的可能性就会更大。

二、争夺抚养权的限制条件

并不是在离婚的时候争取到抚养权就一直拥有孩子的抚养权了。根据法律的规定，父母离婚后，在一定条件下，可以根据父母双方或子女的实际情况的变化，依法予以变更。抚养归属的变更，有两种形式：一是双方协议变更。父母双方协议变更子女抚养关系的，只要有利于子女身心健康和保障子女合法权益，则应当准予。二是一方要求变更。凡一方要求变更子女抚养关系的，有下列情形之一的，应予支持：

1.与子女共同生活的一方因患严重疾病或因伤残无力继续抚养子女的。

2.与子女共同生活的一方不尽抚养义务或有虐待子女的行为，或其与子女共同生活对子女身心健康确有不利影响的。

3.八周岁以上未成年子女，愿随另一方生活，该方又有抚养能力的。

4.有其他正当理由需要变更的。

三、什么情况下孩子判给男方的可能性大

1.女方有恶性传染疾病，或有其他重大疾病，影响孩子成长的。

2.女方长期在外不回家，不尽抚养义务的。

3.男方已做绝育手术，或丧失生育能力的。

4.男方年纪偏大，再次生育的概率较小，而女方却处于较好的生育期的。

5.女方有不良嗜好或其他品质问题，可能会影响孩子的。

6.女方收入较低，且工作不稳定，没有固定住所的。

延伸解读

一、判决子女归谁直接抚养的原则

1.时间点：两周岁以下的孩子，原则上由母亲直接抚养，跟随母亲共同生活。

2.法院判决孩子给谁抚养的综合原则是：究竟哪一方抚养孩子，更有利于孩子的生活和成长。法院通常会考虑以下情形：

第一，父母双方谁有更稳定的经济收入来源，可以为孩子提供更好的生活教育条件。

第二，考虑以往生活中是谁在照料孩子，孩子和谁的感情更深。

第三，考虑一方有没有节育的可能，或者再育的可能。有没有再婚的可能，考虑母亲的年龄。

第四，一方有没有不良习性，如赌博、酗酒、吸毒。

第五，如果是八周岁以上的孩子，需要征求孩子的个人意见。

综上，法官会综合各种情形做出判决。

二、证明抚养孩子的证据

1.提供证据证明自己的工资收入或经济条件的优势，如工资条、单位出具的工资收入证明、纳税凭证、银行出具的存款证明等。

2.提供证据证明自己的受教育程度、所居住环境等人文方面的优势，如房屋产权证，小区治安较好能保障孩子的安全，小区环境安静能保障孩子的休息，等等。

3.提供证据证明自己及自己的父母能给予孩子陪伴和帮助照顾，如证明自己父母的陪伴时间、受教育程度、身体状况等方面优于对方当事人的父母，或者证明自己除工作外有足够时间和精力陪伴孩子健康成长，相比对方经常加班、工作压力大、没有时间和精力陪伴孩子更有直接抚养孩子的优势。

4.提供证据证明孩子有长期与自己共同生活的事实，一般法院倾向于延续孩子的生活习惯，以免让孩子承受因为父母离异而带来的重大环境变化。比如，女方可以证明自孩子出生至今都全职照顾孩子,与孩子朝夕相处,相比对方仅工作之余陪伴孩子更有优势。

5.提供证据证明对方存在不利于孩子成长适应的其他因素,如对方有吸毒、赌博等恶习。此外,同父异母、同母异父、继父继母等因素也都有可能影响孩子适应新的环境。

(以上人物均为化名)

▶3.四年见不到亲生儿子,父亲赢得探望权

【案例简介】

周刚和杨敏结婚后不久,他们的儿子小杨就出世了。孩子刚刚出生,两个人的感情就出现了问题,于是两个人选择和平分手,不继续共同生活在一起。后经法院调解离婚,他们的婚生子小杨由杨敏直接抚养,探视的具体时间由双方协商确定。然而,自从杨敏直接抚养小杨后,杨敏对于小杨的父亲周刚探望儿子的行为不大乐意,经常有意阻止。于是,在两人离婚后很长一段时间内,周刚均无法正常探望小杨,这种情况一直持续到小杨4岁。由于长达几年未能正常探望儿子,周刚向当地法院提起诉讼,要求每周探望儿子一次。

【争议焦点】

法院是否应当应允周刚的诉求,周刚能否赢得每周探望儿子的探望权。

【法院判决】

法院受理该案件以后,公开开庭审理了该案。法院认为,根据我国现行《中华人民共和国民法典》第一千零八十六条规定,离婚后,不直接抚养子女的父或者母,有探望子女的权利,另一方有协助的义务。行使探望权利的方式、时间由当事人协议;协议不成的,由人民法院判决。父或者母探望子女,不利于子女身心健康的,由人民法院依法中止探望;中止的事由消失后,应当恢复探望。于是,法院对周刚所提探望的要求予以支持,做出一审判决,周刚于每月的第二个周末、第四个周末探望婚生子小杨,杨敏需提供小杨的就读学校、住址等基本情

况，并予以配合。

> **温馨提示**

有关探望权引起纠纷的事情时有发生，而引起探望权纠纷有以下原因。

一、错误认识

部分与子女共同生活的父亲（或母亲）错误地认为，既然法院把子女判归自己，子女就属于自己，与对方无关，因而不允许对方探望子女；而相对方有时也认为，既然法院将子女判归另一方，另一方就应该完全承担子女的抚养教育义务，而与自己无关，甚至主动断绝与子女的往来，以达到推卸抚养教育子女的责任。

二、报复心理

与子女共同生活的父（母）一方，出于对对方的报复、刁难等心理，故意以种种理由拒绝或设置障碍，甚至强行阻止对方对子女的探望，以对方的痛苦作为自己宣泄怨恨的通道。有的离婚诉讼中一方当事人出于个人原因，希望对方承担起抚养孩子的责任，但又想时常关注孩子的生活、学习，对方亦会以既然不愿承担抚养责任，就应断绝与孩子的往来相抵制。

三、抚养费给付不到位

有的不与子女共同生活的父（母）一方因经济困难或是其他原因，一时给付不了或不愿给付抚养费，对方即以"不给抚养费别想看孩子"为由相要挟，故意阻断子女与父（母）一方的亲情与联系。

四、错误认知

部分未成年子女在父（母）一方的误导教育下，对另一方产生错误认知，致使其在感情上不愿接受父亲（母亲）一方，从而拒绝父亲（母亲）一方的正常探望。

五、探望权滥用

部分未与子女共同生活的一方借频繁与子女见面之机干扰对方的正常生活，致使另一方不得不为了维护自己的合法权益，保证自己新的家庭的正常生活，于是拒绝一方再行使探望权。

> **延伸解读**

探望权,是指离婚后不直接抚养子女的父亲或母亲一方享有的与未成年子女探望、联系、会面、交往、短期共同相处的权利。

一、探望权的特征

1.探望权的权利主体为离婚后不直接抚养子女的父亲或母亲一方,而探望权的义务主体为离婚后直接抚养子女的一方。

2.探望权是离婚后不直接抚养孩子的父亲或母亲对自己子女行使的一项法定权利。将探望权作为一项权利在法律上加以规定,是因为这不仅仅是《中华人民共和国民法典》婚姻家庭编规定的权利,更是一种基本人权,父母子女之间基于血统关系而形成的情感,不会因为父母离婚而变化。离婚后不与子女共同生活的一方,通过探望子女,与子女沟通交流,和子女短暂生活、短暂相处等多种形式行使探望权,从而达到继续教育子女的目的,对子女的价值观的形成起到积极作用。

3.探望权产生的时间是离婚后。离婚前,父母存在着有效的婚姻关系,都与孩子共同生活,共同教育孩子,探望权的问题还不存在。离婚后,由于父亲或母亲一方不能与孩子共同居住生活,因此产生了探望权。

4.探望权的行使必须有利于孩子的身心健康。

二、探望权相关概念

主体。指离婚后不与孩子共同生活的父亲或母亲一方,而直接抚养子女的一方应予以配合。

行使。若已经有法院的生效判决,则可以直接执行人民法院已生效的离婚判决。若双方协议离婚后对方不配合,则需要通过诉讼确认。

中止。探望权是在有利于未成年人健康成长的前提下行使的,直接抚养子女的一方认为另一方在行使探望权时有损于或者不利于未成年人的健康成长,可以向人民法院提出中止探望权的申请,人民法院经审查认为事实存在,可中止其探望权,待不利于未成年人健康成长的情形消失后,可通知双方恢复探望权。探望权的中止不是对探望权的实体进行处分,而是暂时停止其行使探望的权利,所以称为"中止"而不是"终止"。

恢复。指中止的事由消失后,由人民法院通知双方,继续恢复执行生效的判决的行为。

时间。探望的方式和探望的时间可以由离婚双方自行协商约定，协商约定不成的，可由人民法院判决。

三、探望的方式

探望的方式主要有逗留式探望和看望式探望。

逗留式探望：在约定或判定的时间内，由探望人把孩子领走，并按时送回被探望子女的方式。看望式探望：时间短，方式灵活，但不利于探望人同子女的交流。

根据《中华人民共和国民法典》第一千零八十六条规定，离婚后，不直接抚养子女的父或者母，有探望子女的权利，另一方有协助的义务。行使探望权利的方式、时间由当事人协议；协议不成的，由人民法院判决。父或者母探望子女，不利于子女身心健康的，由人民法院依法中止探望；中止的事由消失后，应当恢复探望。因此，享有探望权的主体是离婚后未直接抚养子女的父亲或母亲或者是其他对未成年子女负有抚养、教育义务的法定代理人。

温馨提示

行使探望权有一些注意事项。

1.法律规定的探望权主体为"不直接抚养子女的父或母"，未成年子女的祖父母、外祖父母不是法定主体。因此，为满足他们的亲情需要，在协议行使探望权时不妨约定由祖父母、外祖父母接送孩子。

2.行使探望权，应以不影响孩子的正常生活、学习为前提。

3.离婚后，双方均有可能另外组成新的家庭，因此行使探望权也应以不影响对方的正常生活为前提。

如果发生离婚后对方不让探望孩子的情况，可以通过诉讼解决，这样才能维护自己的合法权益，并有利于孩子的健康成长。若已有生效判决，而对方拒绝履行，则可以向法院申请强制执行，而拒不执行的这方有可能会被法院采取强制措施，如罚款、拘留等，从而确保探视一方的合法权益得到保障。

（以上人物均为化名）

4. 补办结婚证是否可以将遗产视为夫妻共同财产

案例简介

王东和李梦按照当地习惯举行了盛大的结婚典礼，当时双方均符合法定婚龄，但由于各种情况导致双方并没有办理婚姻登记。后来王东的父亲去世，王东的父亲生前有一套价值约200万元的别墅。在王东父亲去世后一年，双方去民政局补办了结婚登记。五年后双方因感情不和，准备协议离婚时，就王东的父亲遗产的归属问题产生了争议。王东认为别墅系自己父亲的遗产，而父亲去世时自己与李梦还没有领取结婚证，应该属于个人单独继承，是自己的个人财产。李梦认为自己与王东结婚多年，原来没有领取结婚证，但是后来在王东的父亲去世后也补办了结婚登记，因此自己与王东的婚姻开始时间应从结婚典礼开始起算。王东的父亲去世时其与王东已经结婚了，王东的父亲没有立遗嘱，王东的母亲已经去世，王东的爷爷奶奶也早已经去世，王东又是家里的独生子女，因此王东继承父亲的遗产就属于夫妻共同财产，现在要离婚，自然要分割共同财产，所以别墅应该有自己的一半。

【争议焦点】

王东继承父亲的别墅属于夫妻共同财产吗？

【律师说法】

《最高人民法院关于适用〈中华人民共和国民法典〉婚姻家庭编的解释（一）》第六条规定，男女双方依据民法典第一千零四十九条规定补办结婚登记的，婚姻关系的效力从双方均符合民法典所规定的结婚的实质要件时起算。也就是说，双方补办结婚登记的，结婚日期自双方达到法定婚龄，符合法定结婚实质要件，以夫妻名义共同生活时开始。因此本案中，王东继承父亲的别墅是在婚姻关系存续期间，而王东的父亲既没有留遗嘱，又没有其他法定继承人，根据《中华人民共和国民法典》第一千零六十二条规定，夫妻在婚姻关系存续期间所得的下列财产，为夫妻的

— 11 —

共同财产，归夫妻共同所有……（四）继承或者受赠的财产……因此本案中的王东继承的别墅属于夫妻共同财产。现在双方离婚，应依法予以分割。

关于王东与李梦的婚姻关系起算的时间节点，由于双方在举办婚礼时没有登记，但是一直以夫妻名义共同生活，后来补办了登记，由于婚礼时双方已达到法定婚龄要求，双方自愿结婚，具备了结婚的实质要件，因此登记婚姻的法律效力可以溯及其最初举办婚礼并共同生活开始的时间节点。这么计算，王东的父亲的去世时间确实是在他们婚姻关系存续期间，王东的父亲去世时没有立遗嘱，也就是说没有排除王东配偶的继承权，因此该遗产按照法律的规定即视为归夫妻双方共同所有。离婚时，按共同财产进行分割。

延伸解读

一、什么是夫妻共同财产

夫妻共同财产，是指受《中华人民共和国民法典》婚姻家庭编调整的在夫妻关系存续期间夫妻所共同拥有的财产。所谓夫妻关系存续期间，是指夫妻结婚后到一方死亡或者离婚之前这段时间，这期间夫妻所得的财产，除约定的外，均属于夫妻共同财产。夫妻对共同所有的财产，有平等的处理权。夫妻一方对夫妻关系存续期间的财产的处分，需征得配偶的同意。

我国法律规定婚姻从登记之日起产生效力，如果双方已经登记结婚，即使没有举行仪式，在此期间购房，如果是一方出资，还需要办理夫妻财产约定，明确财产归一方，才是出资方个人的财产，否则均属于夫妻共同财产。

根据《中华人民共和国民法典》第一千零六十三条规定，一方的婚前财产为夫妻一方的个人财产，即婚前取得的房屋属于个人财产。

《最高人民法院关于适用〈中华人民共和国民法典〉婚姻家庭编的解释（一）》第三十一条规定，民法典第一千零六十三条规定为夫妻一方的个人财产，不因婚姻关系的延续而转化为夫妻共同财产。但当事人另有约定的除外。

比如，婚前个人全款买下的房产，按照《中华人民共和国民法典》以及相关司法解释的规定，如果没有约定，在分割时认定为婚前个人财产。如果有房产增值的部分，当然由所有者单独享有。

如果父母出资为子女购房，而此时子女已经结婚，父母希望出资所购房属于自己子女所有，子女的配偶并不享有权利，就要在购房前到公证处办理赠与公证，将购房所需资金赠与自己的子女个人所有，然后子女以此资金购房才属于子女个人所有。（不过子女需要举证，证明购房资金全部是由父母赠与，且无配偶出资）。

或者父母购房时就以自己为产权人，然后通过赠与或者遗嘱的方式指定赠与子女个人所有或者在子女继承时属于子女个人所有，排除其配偶的权利。

二、夫妻共同财产要怎么分割

根据《中华人民共和国民法典》第一千零八十七条规定，离婚时，夫妻的共同财产由双方协议处理；协议不成的，由人民法院根据财产的具体情况，按照照顾子女、女方和无过错方权益的原则判决。

对夫或者妻在家庭土地承包经营中享有的权益等，应当依法予以保护。

《中华人民共和国民法典》第一千零八十八条规定，夫妻一方因抚育子女、照料老年人、协助另一方工作等负担较多义务的，离婚时有权向另一方请求补偿，另一方应当给予补偿。具体办法由双方协议；协议不成的，由人民法院判决。

三、关于股权分割法律是怎么规定的

《最高人民法院关于适用〈中华人民共和国民法典〉婚姻家庭编的解释（一）》第七十二条规定，夫妻双方分割共同财产中的股票、债券、投资基金份额等有价证券以及未上市股份有限公司股份时，协商不成或者按市价分配有困难的，人民法院可以根据数量按比例分配。

《最高人民法院关于适用〈中华人民共和国民法典〉婚姻家庭编的解释（一）》第七十三条规定，人民法院审理离婚案件，涉及分割夫妻共同财产中以一方名义在有限责任公司的出资额，另一方不是该公司股东的，按以下情形分别处理。

1.夫妻双方协商一致将出资额部分或者全部转让给该股东的配偶，其他股东过半数同意，并且其他股东均明确表示放弃优先购买权的，该股东的配偶可以成为该公司股东；

2.夫妻双方就出资额转让份额和转让价格等事项协商一致后，其他股东半数以上不同意转让，但愿意以同等条件购买该出资额的，人民法院可以对转让出资所得财产进行分割。其他股东半数以上不同意转让，也不愿意以同等条件购买该出资额的，视为其同意转让，该股东的配偶可以成为该公司股东。

用于证明前款规定的股东同意的证据，可以是股东会议材料，也可以是当事人通过其他合法途径取得的股东的书面声明材料。

（以上人物均为化名）

5. 彩票中大奖后男子离婚，奖金是否为夫妻共同财产

我们知道，结婚后取得的财产都是夫妻共同财产，那么中奖的奖金是否例外呢？今天我们就通过一个案例来分享这方面的知识。

案例简介

王涛与董敏原系夫妻关系，与王涛的父母共同居住生活。王涛曾经营过彩票投注站。2014年3月的一天，王涛得知所投注的双色福利彩票中奖后，便要求与妻子董敏离婚。他们夫妻结婚多年来，只有一套住房，还是以女儿名义购买的，于是他们商量好，该房屋就不分了，由于女儿跟随董敏共同生活，房屋就让她们娘俩居住。当初为了购买房屋欠的债务30万元王涛答应董敏由其一人负责偿还。董敏一听，觉得这条件还可以，再说夫妻二人确实吵吵闹闹好多年了，离就离吧。于是董敏就同意了，同年5月，王涛与董敏在婚姻登记处办理了离婚登记。

离婚后王涛前往某彩票中心兑奖（约460万元）。领取奖金后，王涛将该款存入自己的银行卡中，并于当日通过转账的方式，向自己的母亲李燕转账350万元，其余归自己占有和处分。

后来董敏得知王涛中奖后，非常生气，认为彩票奖金是自己与王涛在婚姻关系存续期间的共同财产，找到王涛要求分割，王涛不同意。在经过多次协商未果后，通过起诉要求分割这笔奖金。

在诉讼中，王涛的母亲李燕申请参加诉讼，称彩票系自己购买，与董敏无关。我们一起来看看法院是如何解决这起纠纷的呢？

【法院判决】

法院审理后认为，综合购买彩票的时间，王涛与董敏离婚的时间，以及王涛兑奖的时间，这些时间节点的先后顺序以及离婚协议内容等情形，认定中奖彩票为王涛在婚姻关系存续期间所购买，兑奖所得的460万元奖金自然属于夫妻共同财产。

在本案中，王涛得知中奖后急于离婚并隐瞒中奖的心态明显，以达到隐瞒夫妻共同财产的目的，属于过错方，因此，王涛本应少分或不分。但董敏无论是在起诉时，还是在庭审中均主张要求分得彩票奖金230万元，该陈述系董敏对自己权利的处分，法院予以尊重。

董敏提出分得彩票奖金230万元的诉讼请求包含请求给付的意思表示。因彩票奖金大部分已被王涛处分，故应由王涛支付董敏230万元。

【律师说法】

根据《中华人民共和国民法典》第一千零六十二条规定，夫妻在婚姻关系存续期间所得的下列财产，为夫妻的共同财产，归夫妻共同所有：（一）工资、奖金、劳务报酬；（二）生产、经营、投资的收益；（三）知识产权的收益；（四）继承或者受赠的财产，但是本法第一千零六十三条第三项规定的除外；（五）其他应当归共同所有的财产。夫妻对共同财产，有平等的处理权。关于王涛购买彩票的奖金是属于家庭共同所有或是属于夫妻共同所有的问题，结合庭审，可以认定彩票奖金属于王涛与董敏婚姻存续期间的共同财产。

根据《中华人民共和国民法典》第一千零九十二条规定，夫妻一方隐藏、转移、变卖、毁损、挥霍夫妻共同财产，或者伪造夫妻共同债务企图侵占另一方财产的，在离婚分割夫妻共同财产时，对该方可以少分或者不分。离婚后，另一方发现有上述行为的，可以向人民法院提起诉讼，请求再次分割夫妻共同财产。

延伸解读

看了本案的判决，我们来了解一下夫妻共同财产都包含哪些。

1.工资、奖金、劳务报酬。这里的工资应作广义的理解，泛指工资性收入，实际中基本工资只是个人收入的一部分，在基本工资之外，还有各种形式的补贴、奖金、福利等，甚至还存在着一定范围的实物分配，这些收入都属于夫妻共同财产。

2.生产、经营、投资的收益。对于夫妻婚后用夫妻共同财产投资的，一方或双方共同经营所得的收益，应属于夫妻共同财产，并无争议。

对于夫妻一方以其个人财产投资、个人经营的，个人或者未经对方同意擅自以夫妻共同财产投资、个人经营的，因生产、经营所得的收益应否属于夫妻共同财产，依《中华人民共和国民法典》第一千零六十二条第（二）项的规定，夫妻在婚姻关系存续期间生产、经营、投资的收益归夫妻共同所有。这里的收益，既包括农民的生产劳动收入，也包括工业、服务业、信息业等行业的生产、经营、投资的收益。

3.知识产权的收益。对于婚后夫妻一方取得的知识产权是否属于夫妻共同财产，应把握以下三个方面：

第一，知识产权中的人身权只归知识产权人专有，不因婚姻关系而发生共有。

第二，知识产权中的财产权应根据期待权（期待利益）与既得权（既得利益）的理论及有关法律来解决。

在婚姻关系存续期间，夫妻一方就其知识产权既未与他人订立使用或转让合同，也未自己实施使用，该项知识产权的经济利益只是一种期待权，该项财产权利不能归夫妻共有；如作为知识产权人的夫妻一方已与他人签订了使用合同，无论知识产权人是否已得到报酬，该报酬均为夫妻共同财产。

第三，知识产权的收益是指婚姻关系存续期间，实际取得或者已经明确可以取得的财产性收益。

知识产权是一种智力成果权，它既是一种财产权，也是一种人身权，具有很强的人身性，与人身不可分离，婚后一方取得的知识产权权利本身归一方专有，权利也仅归权利人行使，作者的配偶无权在其著作中署名，也不能决定作品是否发表。但是，由知识产权取得的经济利益，则属于夫妻共同财产，如因发表作品取得的稿费，因转让专利获得的转让费，等等，归夫妻共同所有。

4.因继承或赠与所得的财产，但遗嘱或赠与合同中确定只归夫或妻一方的财产除外。共同财产制关注更多的是家庭，是夫妻共同组成的生活共同体，而不是个人，在这一制度下，夫妻一方经法定继承或遗嘱继承的财产，同个人的工资收入、知识产权收益一样，都是满足婚姻共同体存在的必要财产，应当归夫妻共同所有。法定继承的财产归夫妻共有，并没有扩大法定继承人的范围，在遗嘱继承中，可以将遗嘱人交由夫妻一方继承的遗产视为留给整个家庭的财产，如果遗嘱人的本意是只给夫妻一方，不允许其配偶分享，则可以在遗嘱中指明，确定该财产只归一方所有，根据《中华人民共和国民法典》第一千零六十二条第（四）项和第一千零六十三条第（三）项的规定，该遗产就不是夫妻共同财产而是一方的特有财产了。

关于赠与的财产，一般而言，结婚后夫妻一方接受赠与的财产视为家庭共同的财产，归夫妻共同所有，但若赠与人只想赠与夫妻一方，排除配偶的财产共有权,则可以在赠与合同中指明该财产只归其中的一方所有。

5.其他应当归共同所有的财产。这项规定属于概括性规定。随着社会经济的发展和人们生活水平的提高,夫妻共同财产的范围在不断地扩大,共同财产的种类在不断地增加。

根据《最高人民法院关于适用〈中华人民共和国民法典〉婚姻家庭编的解释(一)》第二十五条规定,婚姻关系存续期间,下列财产属于民法典第一千零六十二条规定的"其他应当归共同所有的财产"。

(1)一方以个人财产投资取得的收益;

(2)男女双方实际取得或者应当取得的住房补贴、住房公积金;

(3)男女双方实际取得或者应当取得的基本养老金、破产安置补偿费。

最高人民法院《关于人民法院审理离婚案件处理财产分割问题的若干具体意见》(1993年11月3日)第二条规定,夫妻双方在婚姻关系存续期间所得的财产,为夫妻共同财产,包括下列几个方面。

(1)一方或双方劳动所得的收入和购置的财产;

(2)一方或双方继承、受赠的财产;

(3)一方或双方由知识产权取得的经济利益;

(4)一方或双方从事承包、租赁等生产、经营活动的收益;

(5)一方或双方取得的债权;

(6)一方或双方的其他合法所得。

(以上人物均为化名)

6.车祸的赔偿金是夫妻共同财产吗

案例简介

刘杰与李爽通过朋友介绍认识,经过一年的自由恋爱,双方于2018年9月登记结婚,同年12月刘杰出车祸导致腿部受伤,获得赔偿金35万元,刘杰直接将该笔款项存在了银行。后李爽提起诉讼要求离婚,并分割这笔赔偿金,刘杰不同意，认为这是自己身体受伤获得的赔偿，属于个人财产。

【争议焦点】

因为身体受伤获得的赔偿金是否属于夫妻共同财产？

【法院判决】

这种因人身权受到侵害所获得的损害赔偿费用，因其具有严格的人身性质，是用于保障受害人生活的基本费用，只能作为一方的个人财产，不得作为夫妻共同财产。这些费用直接因身体损伤而发生，也都是直接用于损害的治疗和因残疾而产生的特定消费。因此，该赔偿金只能归受害的一方所有，另一方不得主张以夫妻共同财产予以分割。

【律师说法】

按照《中华人民共和国民法典》第一千零六十三条第（二）项规定，一方因受到人身损害获得的赔偿或者补偿属于个人财产。

本案中，刘杰获得的赔偿金是由于其身体受到严重伤害而获得的赔偿，因此刘杰对于这笔赔偿金具有专属权，属于对刘杰身体受到伤害的一种赔偿，这种权利只有刘杰本人可以享有，是刘杰的个人财产，不属于夫妻共同财产，故李爽无权分割该款项。

【法律链接】

关于婚前财产我们来看看法律是如何规定的，根据《中华人民共和国民法典》第一千零六十三条规定，下列财产为夫妻一方的个人财产：

（一）一方的婚前财产；

（二）一方因受到人身损害获得的赔偿或者补偿；

（三）遗嘱或者赠与合同中确定只归一方的财产；

（四）一方专用的生活用品；

（五）其他应当归一方的财产。

延伸解读

我们再来看看什么是夫妻财产制？

夫妻财产制是规定夫妻财产关系的法律制度，包括夫妻婚前财产和婚后所得财产的归属、管理、使用、收益和处分，以及家庭生活费用的负担，夫妻债务的清偿，婚姻终止时夫妻财产的清算和分割等内容，其核心是夫妻婚前财产和婚后所得财产的所有权归属问题。

法律设立夫妻财产制，调整夫妻财产关系，对保护夫妻的合法权利和财产利益，维护平等、和睦的家庭关系，并保障夫妻与第三人交易安全，具有重要意义。

我国的夫妻共同财产制度具有哪些特征？

1.夫妻共同财产的主体。只能是具有婚姻关系的夫妻。未形成婚姻关系的男女两性，如未婚同居、婚外同居等，以及无效或被撤销婚姻的男女双方，不能成为夫妻共同财产的主体。

2.夫妻共同财产的时间节点。婚姻关系存续期间，即自合法婚姻缔结之日起，至夫妻一方死亡或离婚生效之日止。

3.夫妻共同财产的来源。包括夫妻双方或一方所得的财产，既包括夫妻通过劳动所得的财产，也包括其他方式所得的合法财产。当然，法律直接规定为个人特有财产的和夫妻约定为个人财产的除外。夫妻一方的婚前财产为夫妻一方所有的个人财产，不因婚姻关系的延续而转化为夫妻共同财产。这里讲的"所得"，是指对财产权利的取得，而不要求对财产实际占有。"婚后所得"，是指财产权的取得时间是在婚姻关系存续期间，即从婚姻关系发生效力之日起，到配偶一方死亡或离婚生效时止。

4.夫妻对共同财产享有平等的所有权，双方享有同等的权利，承担同等的义务。夫妻对共同所有的财产，有平等的处理权。特别是夫妻一方对共同财产的处分，除另有约定外，应当取得对方的同意。

5.不能证明属于夫妻一方的财产，推定为夫妻共同财产。最高人民法院《关于人民法院审理离婚案件处理财产分割问题的若干具体意见》中规定，对个人财产还是夫妻共同财产难以确定的，主张权利的一方有责任举证。当事人举不出有力证据，人民法院又无法查实的，按夫妻共同财产处理。

6.分割夫妻共同财产，原则上应当均等分割。夫妻共同财产是一种共同共有关系。即夫妻双方作为共有人对全部夫妻财产不区分份额，平等地享有所有权。根据生产、生活的实际需要和财产的来源等情况，由双方协议处理，协议不成时，由人民法院根据财产的具体情况，以照顾子女、女方、无过错方权益为原则判决。

7.夫妻一方死亡，如果分割遗产，应当先将夫妻共同财产的一半分归另一方所有，其余的财产为死者遗产，按照继承法处理。

在确定夫妻共同财产的范围时，应当注意以下问题：

（1）夫妻共同财产的范围只限于夫妻一方或双方在婚后所得的财产。夫妻一方的婚前财产为夫妻一方的个人财产，不因婚姻关系的延续而转化为夫妻共同财产。

（2）婚后所得的财产，是指财产权的取得时间是在婚姻关系存续期间。即从婚姻关系发生效力之日起，到配偶一方死亡或离婚生效时止。

（3）夫妻共同财产与个人财产的关系。对于夫妻一方婚后所得的财产，除了依照《中华人民共和国民法典》第一千零六十三条之规定归一方个人所有之外，均属于夫妻共同财产。因此，对于某些婚后所得的财产，夫妻一方主张应归其个人财产的，应该承担举证责任。对于无法确定到底为一方的婚前财产还是婚后取得的共同财产，应认定为夫妻共同财产。

夫妻对共同所有的财产，有平等的处理权。夫妻共同财产的性质是共同共有，不是按份共有，因此夫妻对全部共同财产，应当不分份额地享有同等的权利，承担同等的义务。不能根据夫妻双方经济收入的多少来确定其享有共同财产所有权的多少。夫妻双方对共同财产享有平等的占有、使用、收益和处分的权利。

（以上人物均为化名）

▶7. 大爷苦陷家暴数十载，为何离婚这么难

我们知道一般家暴的受害者多为女性，殊不知，随着女性权利的解放，家暴案件中，男性受害者也越来越多，今天我们就来说说这样一个案例。

案例简介

60多岁的王大爷苦受妻子家庭暴力30多年，在儿女成家后，坚决要求离婚，妻子誓死不同意，最终在双方儿女及法官的劝解下，才得以解除婚姻。

原来王大爷在1985年经人介绍与张大妈相识，不久二人便举行了婚礼，一直没有办理结婚手续，属于事实婚姻。婚后生育一儿一女。在外人眼中，张大妈贤惠温柔，儿女乖巧懂事，但王大爷内心苦不堪言，外表贤惠温柔的张大妈在家里性格极度暴烈，处处强势，一言不合就对王大爷拳脚相加。

王大爷看着年幼的儿女实在不忍心离婚，于是一直忍耐。希望随着年龄的增长，妻子的脾气能够温顺点。然而近年来，妻子的脾气更为暴躁，几乎每天都对王大爷恶语相向，经常把门反锁不让王大爷回家居住，甚至还把王大爷的东西丢出去。儿女多次相劝，张大妈一开始还能听进去，但过不了几日就又开始暴力相加了。

2014年，王大爷被张大妈打伤住院后，双方开始分居生活。在分居期间张大妈多次找到王大爷，辱骂王大爷不回家，在外面是否有了别的女人之类的话，双方关系进一步恶化。

随着儿女成家，孙子的出生，儿女多次相劝希望张大妈能够和王大爷和平相处，然而张大妈依旧我行我素，王大爷绝望之下决定到法院起诉离婚，儿女看着年迈的父亲痛苦的样子，也不忍心再劝解了。

法庭向张大妈送达应诉材料时，张大妈听闻王大爷竟然起诉离婚后震怒，扬言要打死王大爷。案件调解时，张大妈怒斥王大爷，认为王大爷有外遇，不觉得自己有过错的地方，坚决不同意离婚。法官经过一番调查，发现双方和好无望，维持婚姻只会对王大爷造成更大的伤害。其儿女也在法庭苦劝母亲同意离婚，并承诺一定会照顾好张大妈，加上王大爷的苦苦哀求，最终在多方的努力协调下，王大爷愿意净身出户，将房子留给张大妈，双方签署调解协议，解除了多年的婚姻关系。

延伸解读

所谓家庭暴力，顾名思义就是指家庭里的暴力行为。主要是指以殴打、捆绑、残害或者其他手段对家庭成员从身体、精神等方面进行伤害的行为。家庭暴力使受害者身体上或精神上感到痛苦。这种行为主要存在于亲属之间，不仅是指有血缘关系的亲属之间，也可能存在于形成收养与抚养关系、姻亲关系的人与人之间的暴力行为。这些行为都严重侵害被害者的人身和人格的健康，若不予以重视，将会危及被害者的生命安全。

《最高人民法院关于适用〈中华人民共和国民法典〉婚姻家庭编的解释（一）》第一条规定，持续性、经常性的家庭暴力，可以认定为民法典第一千零四十二条、第一千零七十九条、第一千零九十一条所称的"虐待"。

遇到家庭暴力该怎么起诉离婚？

一、书写离婚起诉状

1.在开头写明被告和原告的基本情况，具体是指姓名、性别、出生年月、民族和住所地。

2.写明诉讼请求，一般在起诉离婚中会涉及如下几个方面的请求。

（1）离婚请求。

（2）孩子的抚养问题，包括由谁抚养、抚养费的多少以及探望孩子的时间和方式等。

（3）有关财产分割方面的请求。

（4）其他请求。比如，离婚损害赔偿等。

3.书写事实与理由，概括介绍下双方相识、相恋、结婚、生子的大体情况，以及因何原因导致起诉离婚等情况。

4.具状人的姓名和日期。离婚起诉状一般要求是书面形式，当然也可以是口头形式，口头到法院起诉的，法院会做记录，需起诉人签字或盖章。

二、准备诉讼需要的证据

这里所讲的证据主要是指家庭暴力证据、结婚证、身份证、孩子的户口或出生证明原件和复印件。相关财产方面的证据，包括房产证等证件。

第一，拿着之前准备好的起诉状、证据材料的原件和复印件，到被告户籍所在地或居住满一年以上的住所地的法院起诉，到立案庭办理相关手续。当然现在很多法院都可以通过网上办理立案了，这更加方便了，减少了当事人来回奔波的诉累。

第二，立案庭审查是否受理该离婚案件，并缴纳诉讼费用。现在很多法院都推出了二维码交费等方式，也可以选择通过网络方式交费。

第三，法院受理了该离婚案件后，将会在法定的时间内向对方送达起诉状副本、证据及其他材料。法院安排开庭时间并向双方发送传票。

第四，离婚调解是法律规定的必经程序，如果对方同意离婚，法院会组织双方进行离婚调解。既可能是在庭前组织调解，也可能是在第一次开庭时询问双方是否愿意调解。调解成功的，发民事调解书；如果不同意离婚或者调解不成功的，将会继续开庭。

第五，开庭时，双方都可以委托律师或其他代理人，法院会根据双方提供的证据和诉讼请求判决是否准予离婚，以及对有关子女抚养、财产分割等方面做出判决。这时，法院可能判决离婚也可能判决不予离婚。

温馨提示

其实现在有很多家庭都存在家暴这一现象，而很多家暴对象是女性，她们大多会选择隐忍，但是最好的方法是在出现家庭暴力的情况下，马上拨打110报警或寻求律师的帮助。当然还要注意收集证据：

1.让邻居、熟人或居委会的人等看到伤痕，让他们作证等。

2.向法院提交公安部门的出警记录、询问笔录。

3.当事人可以对自己所经历的家庭暴力，进行录音或是录像，这种视听资料属于间接证据的一种，不能直接证明案件的存在，还需要同其他的证据相互印证。

4.医院的诊断书。

（以上人物均为化名）

8.弟弟冒充哥哥离婚，法庭上被侄女揭穿

案例简介

今年38岁的张蒙与妻子分居已经近10年，就连妻子的去处他也不曾知晓。在近10年来的生活中，双方维系着一种有名无实的婚姻关系。其实早在2015年，张蒙就曾向法院起诉离婚，但因当时无法联系上妻子，张蒙缺少能证明双方夫妻关系不和的证据，法院最终驳回了张蒙的离婚申请。时隔两年后，张蒙决定再次起诉离婚。

因为张蒙常年在外打工，对于离婚诉讼的过程，张蒙不想耽搁太多时间，于是找来比自己年龄小一岁、相貌差别不大的同胞弟弟张涛，希望弟弟张涛能帮个"忙"，冒充自己向法院提起离婚诉讼。张涛答应了，从立案、领取法律文书，甚至庭审，张涛都"一手操办"，甚至没有露出丝毫破绽。

张蒙与妻子育有一女张宁，夫妻要离婚，女儿的抚养权必将是争议的话题。

为了争取到张宁的抚养权，法庭上，"张蒙"出示了一份张宁的证明书，上面写着"由于父母离婚，愿意跟着父亲一起生活"，并附有签名和手印。

【法院判决】

庭审中，法官认为，孩子的抚养权问题应该慎重，这关系到孩子以后的成长及幸福，由于张宁已经11周岁，需要张宁当面表态才行。经过联系发现，张宁一直跟随外婆生活。在当面交流过程中，张宁告诉法官，自己从来没有写过书面证明。法官觉得事情很蹊跷，便叫来"张蒙"。当面对质时，张宁拆穿了张涛的身份，一场偷梁换柱的把戏被当场拆穿。身份被揭穿后，张涛表示，之所以冒充哥哥，是因为哥哥常年在外打工不方便回来，于是就想着"好心"帮哥哥一把，本以为离婚就是个程序，没有想到这么复杂。最终，张蒙的离婚起诉被驳回。

法院以其妨害民事诉讼活动的行为，对张蒙、张涛兄弟二人进行了训诫，并分别处以罚款。

本案中，两兄弟的行为违反了婚姻法的相关规定，离婚自由，但是需要本人亲自提起，不能由他人代劳。基于本案的特殊性，我们来跟大家聊聊关于离婚案件中的一些法律知识。

首先，离婚诉讼应该在哪里起诉。

1.一般而言，离婚诉讼一般应向被告住所地的人民法院提起，但下列诉讼，由原告住所地的人民法院管辖；原告住所地与经常居住地不一致的，由原告经常居住地的人民法院管辖。

（1）对不在中华人民共和国领域内居住的人提起的有关身份关系的诉讼；

（2）对下落不明或者宣告失踪的人提起的有关身份关系的诉讼；

（3）对被劳动教养的人提起的诉讼；

（4）对被监禁的人提起的诉讼。

若是夫妻一方离开住所地超过一年，另一方起诉离婚的案件，由原告住所地的人民法院管辖。夫妻双方离开住所地超过一年，一方起诉离婚的案件，由被告经常居住地的人民法院管辖；被告没有经常居住地的，由原告起诉时居住地的人民法院管辖。

2.军婚诉讼的特殊规定，若是非军人对军人提出的离婚诉讼，如果军人一方为非文职军人，由原告住所地的人民法院管辖。离婚诉讼双方当事人都是军人的，由被告住所地或者被告所在的团级以上单位驻地的人民法院管辖。

3.涉外诉讼的相关规定，则需要区别以下几种情形：

（1）在国内结婚并定居国外的华侨，如定居国法院以离婚诉讼须由婚姻缔结地法院管辖为由不予受理，当事人向人民法院提出离婚诉讼的，由婚姻缔结地或一方在国内的最后居住地的人民法院管辖。

（2）在国外结婚并定居国外的华侨，如定居国法院以离婚诉讼须由国籍所属国法院管辖为由不予受理，当事人向人民法院提出离婚诉讼的，由一方原住所地或在国内的最后居住地的人民法院管辖。

（3）中国公民一方居住在国外，另一方居住在国内，不论哪一方向人民法院提起离婚诉讼，国内一方住所地的人民法院都有权管辖。

（4）如国外一方在居住国法院起诉，国内一方向人民法院起诉的，受诉人民法院有权管辖；中国公民双方在国外但未定居，一方向人民法院起诉离婚的，应由原告或者被告原住所地的人民法院管辖。

其次，离婚诉讼程序有哪几个阶段：

第一阶段：起诉阶段。

这一阶段包括以下三个程序：

1.原告向人民法院递交起诉书正、副本及相关的证据；

2.人民法院接受原告提交的文件、材料，进行审查；

3.经审查起诉符合法律规定，做出受理决定并立案，若需要补充材料的一并告知。

第二阶段：答辩阶段。

1.人民法院决定立案之后，会在第一时间将原告的起诉书副本送达被告，并通知被告做出书面答辩；

2.被告自收到人民法院送达的起诉书副本之日起十五日内做出答辩，既可以口头答辩，也可以书面答辩。被告在十五日内不提出答辩的，不影响人民法院照常审理案件并做出判决。

如果被告确因非个人意志的原因在十五日内不能做出答辩，可以据实向人民法院申请，请求延期。

第三阶段：开庭审理阶段。

这一阶段是进入离婚诉讼的实质性阶段，主要是审查证据、查明案情、分清是非，确认当事人的权利、义务。它包括以下几个程序：

1. 法庭调查；

2. 法庭辩论；

3. 法官主持调解（调解既可以在庭前，也可以在庭审时，还可以在庭后）；

4. 调解无效、判决。

温馨提示

在这里提醒大家，离婚诉讼因涉及身份关系而具有一定的特殊性，原则上必须当事人本人亲自参加诉讼，不允许他人冒名顶替，否则应依法承担不利的法律后果和相应的法律责任。

（以上人物均为化名）

9. 儿子非亲生，状告前妻获精神抚慰金

案例简介

张华与王娟在2000年1月登记结婚。婚后第五年王娟生下儿子张涛。平静的日子过了十年，张华觉得日子无味，实在忍受不下去了，便与王娟协议离婚。《离婚协议》约定：婚内的一套房子归王娟所有，儿子张涛由王娟直接抚养，跟随王娟共同生活，张华无须支付抚养费但拥有探望权，具体探望时间由双方协商确定。然而离婚后，张华探视儿子的权利却因王娟的各种阻挠而无法实现，张华苦恼不已。

2012年2月，张华以王娟拒绝自己探望儿子为由，向法院提起民事诉讼，请求法院判令变更儿子的抚养权，将张涛改由张华直接抚养。

然而在诉讼过程中，却出现了戏剧性的一幕——王娟称张涛与前夫张华并无血缘关系。后法院委托司法鉴定中心鉴定，该中心出具司法鉴定意见书，鉴定结果排除了张涛与张华之间的亲生血缘关系。

于是法院驳回了张华主张变更抚养权的诉讼请求。得知真相后，张华遭受了沉重的精神打击，遂又与前妻对簿公堂。要求王娟返还在婚姻关系存续期间给付

9. 儿子非亲生，状告前妻获精神抚慰金

张涛的抚养费20万元，并要求赔偿精神抚慰金10万元。

【争议焦点】

离婚了，损害赔偿金还能获得法院的支持吗？

法院开庭后，原、被告在庭审中围绕是否应当赔偿及赔偿金额的问题展开了激烈辩论。法庭辩论阶段，原、被告双方围绕争议焦点，分别发表了自己的观点。

原告认为，物质、精神均受到了损失，必须赔偿。鉴定报告显示我与张涛不存在血缘关系，这事对我犹如晴天霹雳，打击非常大。陈述时，张华情绪激动。我与王娟结婚后，尤其是王娟怀孕期间和生孩子后，我对她照顾有加。对于张涛，本人一直视为掌上明珠，给予了无微不至的关怀。现在鉴定张涛不是我的亲生骨肉，说明王娟在婚后对婚姻、对家庭、对子女的态度和行为都是极端不负责任的。张华坚持认为，我向她主张的抚养费20万元、精神抚慰金10万元赔偿完全合理合法，应该得到法院的支持。

被告王娟认为，张华要求赔偿为张涛支付的抚养费20万元缺乏依据。退一步讲，即使法院认为张华遭受了抚养费的损失，抚养费也应以我们生活的农村居民人均消费支出为标准，根据这个标准计算得出的实际抚养费不到4万元，而不是张华主张的20万元，并且4万元的费用自己与张华分别承担了一半。另外，王娟认为张华诉求的10万元精神抚慰金金额过高。她陈述双方婚后感情开始出现裂痕，她由于文化水平不高，才想通过与他人生育子女来维持双方的婚姻，其主观过错程度较低。现独自一人抚养张涛，没有固定收入，承担责任的经济能力较差。且在张涛出生后，其承担起大部分抚养责任，张华并未付出太多的经济及感情。

【法院判决】

法院审理后认为，被告构成欺诈性抚养，应该赔偿原告。根据《中华人民共和国民法典》第一千零四十三条规定，家庭应当树立优良家风，弘扬家庭美德，重视家庭文明建设。夫妻应当互相忠实，互相尊重，互相关爱；家庭成员应当敬老爱幼，互相帮助，维护平等、和睦、文明的婚姻家庭关系。

本案属于典型的违反夫妻忠实义务案例，受害人在离婚后发现欺诈性抚养，基于欺诈性抚养关系提起赔偿诉讼，应当获得法律支持。但是，张华没有证据证明其每月实际为张涛支付了数万元的抚养费，对其主张的该标准难以支持。

法院认为，张华在不知情的情况下抚养孩子数年，且此前为了能与孩子见面，起诉至法院要求变更抚养权，对孩子的关爱由此可见一斑。王娟与他人生子

并欺瞒，在双方之前的婚姻关系中明显属于过错方，张华不可避免地在精神上遭受了严重伤害，王娟应对张华进行精神损害赔偿。故结合当地平均生活水平、王娟的过错程度和承担责任的经济能力，判决王娟返还抚养费6万元，并支付张涛精神损害抚慰金6万元。

【律师说法】

在司法实践中，欺诈性抚养损失该如何认定？

首先，所谓欺诈性抚养，是指在婚姻关系存续期间乃至离婚以后，妻子一方明知其在婚姻关系存续期间所生子女为非婚生子女，而采取欺诈手段，称其为婚生子女，使丈夫一方承担对该子女的抚养义务。

其次，对欺诈性抚养过错方，法律规定应承担最直接的返还项目就是受害人已经支付的抚养费。因受害人与该子女没有血缘关系或收养关系，故没有法定抚养的义务，已经支付的抚养费理应予以返还。抚养费的金额，有证据的依证据确定，没有证据的可按照法律关于侵权责任中被抚养人生活费的计算标准进行确定。除此之外，欺诈性抚养可能对受害人造成严重的精神损害，造成严重精神损害的，侵害人依法应承担精神损害抚慰金。

温馨提示

夫妻双方要切实履行忠诚义务，树立正确的价值观和婚姻家庭观，从法律和道德层面规范自身行为，互敬互爱，忠实担当，涵养良好家风，弘扬传统美德，以家庭和谐促进社会和谐。

（以上人物均为化名）

10.儿子非亲生，多年抚养费可否主张

案例简介

林生、王梦于2010年经人介绍相识，第二年的6月双方在当地民政局办理结婚登记手续，并按民俗举行了婚礼，次年儿子林小冰出生。婚后，两人经常发生

争吵，后双方协议离婚，约定林小冰归王梦抚养，林生每月承担2000元抚养费。离婚后半年的一次朋友聚会上，林生得知林小冰非自己亲生，遂找前妻理论。

让林生没有想到的是，王梦很淡定，居然很快承认林小冰是自己和前男友所生，自己根本不爱林生，只是因为前男友甩了自己，自己有了身孕，才嫁给林生的。

林生没有想到王梦竟这般让他失望，自己苦心经营的婚姻竟是一场骗局，真心爱人，竟然为他人做嫁衣。

沉思良久，林生决定拿起法律的武器，向妻子讨个说法。于是林生将王梦告上法庭，要求其返还夫妻关系存续期间及离婚后支付的所有的抚养费，共计11万元，并要求王梦支付自己的精神损害抚慰金30万元。

【法院判决】

在审理中法院认为，在结婚时女方隐瞒事实已与他人怀孕，并且在与男方婚后生下该孩子，也未曾告知，具有重大过错。现在鉴定结论已经证明该孩子与男方没有血缘关系，故男方没有法定抚养义务，女方应返还自小孩出生后男方支出的全部抚养费。女方在结婚之初，以及结婚以后，均在主观上存在过错，在精神上确实对林生造成了一定的伤害，故判决王梦向林生支付精神损害抚慰金10万元。

【律师观点】

本案支持男方诉求的主要原因是：女方在结婚之初，以及结婚以后，均在主观上存在过错。故意隐瞒小孩是与他人所生的事实，致使男方误将小孩当成是自己的亲生子女，男方在不明真相的情况下虽对小孩进行了抚养，但其既非小孩的生父，也非养父、继父，故无法定抚养义务。致使男方在受欺骗、违背自己真实意愿的情况下支付孩子的抚养费。如对男方的该主张不予支持，实际上是鼓励了现实生活中类似的违法行为，于法相悖，于理不符。

延伸解读

那么我们来了解一下什么是离婚损害赔偿，它有哪些构成要件？

离婚损害赔偿，它既是婚姻关系民法属性的直接反映，也是保护离婚当事人合法权益的需要。离婚损害赔偿，是指夫妻一方有过错致使婚姻家庭关系破裂，离婚时对无过错的一方所受的损失，有过错的一方应承担的民事赔偿责任。离婚损害赔偿责任是侵权责任，有四个构成要件。

一、违法行为方面

违法行为是承担法律责任的前提，它是指行为人有违反婚姻家庭法律规范的行为，既可以是作为的行为，如重婚、有配偶者与他人同居，也可以是不作为的行为，如遗弃。无论是作为的行为还是不作为的行为，都是对婚姻对方当事人或其他家庭成员合法权益的一种侵害，并且都具有一定的社会危害性。根据《中华人民共和国民法典》第一千零九十一条规定，只有配偶一方具有婚姻法所规定的破坏双方婚姻家庭关系的行为即重婚、与他人同居、实施家庭暴力、虐待及遗弃家庭成员等违法行为，配偶一方才有可能依法承担离婚损害赔偿责任。现实生活中造成离婚损害的侵权行为绝不限于重婚，与他人同居，实施家庭暴力，虐待、遗弃家庭成员，也可以包括其他重大过错，例如，长期通奸、嫖娼、卖淫、吸毒、嗜赌、故意犯罪等这些行为都是使配偶一方蒙羞、财产受损的行为，都是可能导致婚姻关系破裂的原因，都是对配偶权利义务的漠视和对婚姻本质的侵蚀，都是应该承担赔偿责任的侵权行为，这些都是应当归入其他重大过错中的。

二、损害事实方面

《中华人民共和国民法典》第一千零九十一条规定，只有配偶一方具有婚姻法所规定的破坏双方婚姻家庭关系的行为即重婚、与他人同居、实施家庭暴力、虐待及遗弃家庭成员等违法行为，配偶一方才有可能依法承担离婚损害赔偿责任。因此损害事实包括物质的损害事实和精神的损害事实。损害赔偿基本上可以归为两类：一类是重婚和有配偶一方与他人同居的等行为造成损害，主要是精神损害，即赔偿受害配偶身份利益的损害，精神痛苦与精神创伤的损害，以及为恢复损害所造成的财产利益的损失；另一类是实施家庭暴力以及虐待、遗弃等行为造成的损害事实，包括物质和精神上的损害事实。物质损害应当包括人身损害和财产损害，而不只是财产损害。例如，因虐待、遗弃行为而承担离婚损害赔偿责任的，只要存在该行为，并不是非要构成"情节恶劣"的后果，即使没有造成无过错方的物质损害事实，也要承担损害赔偿责任。这里主要是对无过错方的精神损害赔偿。物质损害，是指由于配偶一方的违法行为导致离婚而造成配偶他方的财产损失。财产损失根据其形态可分为直接损失和间接损失。直接损失是指受害人现有财产的减少，如配偶一方实施家庭暴力，从而造成配偶他方的身体受到伤害，而支出的医疗费、误工费等；间接损失则是指受害人预期可得利益的丧失。对于间接损失是否能包括在离婚损害赔偿的赔偿范围内，我国法律并没有明确的规定。有的学者认为，财产损失只包括一种实际的损失，可得利益的损失不包括在内。

三、因果关系要件方面

过错行为与损害事实之间具有法律上的直接因果关系。离婚损害赔偿必须是在过错方破坏家庭关系行为直接导致离婚这一最终结果时，无过错方才能主张。直接因果关系，应理解为这些损害行为是导致婚姻关系破裂的实质性原因，而不是当事人提出的表面理由，如一些生活琐事产生的矛盾等。

四、主观过错方面

过错是侵权责任构成要件中的重要因素，过错责任是侵权法规则体系中的一般原则。由于构成离婚损害赔偿的行为是侵害夫妻配偶权的行为，属于一般侵权行为，因此，在离婚损害赔偿中也应适用过错责任原则，即只有行为人主观上具有过错才需要承担损害赔偿责任。在离婚损害赔偿中，离婚本身并不构成侵权行为，离婚是对婚姻关系破裂事实的认定，而构成侵权的是离婚的原因。从《中华人民共和国民法典》第一千零九十一条规定的五种行为的性质和特征来看，也只能是因故意而不可能是因过失而实施的。这里的过错是主观和客观相结合的概念，不是单纯指行为人主观状态上的过错，而同时意味着行为人的行为违反了法律和道德，并造成对他人的损害，过错体现了法律和道德对行为人的否定评价。

根据《中华人民共和国民法典》第一千零九十一条规定，只有配偶一方具有婚姻法所规定的破坏双方婚姻家庭关系的行为即重婚、与他人同居、实施家庭暴力、虐待及遗弃家庭成员等违法行为，配偶一方才有可能依法承担离婚损害赔偿责任。从国外立法来看，离婚损害赔偿的权利主体，有些国家限定在无过错方，如瑞士、日本等国。也有一些国家和地区未限于无过错方。法国《民法典》第280-1条规定："如离婚判为过错全属一方，该方无权享受任何赔偿金。但考虑到共同生活的时间及曾给予他方职业上的合作，而在离婚后拒绝付予一切金钱上的补偿明显为不公平后，该方得取得一笔特殊的赔偿金。"事实上，在婚姻关系存续期间，配偶的任何一方都很难保证没有任何过错。就离婚而言，现实中仅因一方的过错而离婚的情况很少，很多离婚是配偶双方的混合过错造成的，有时可能是双方的过错互为因果，只是在程度上有所差异。

（以上人物均为化名）

11. 分手时签订的分手协议是否有效

男女双方解除恋爱、同居等关系时，要求解除关系一方为了偿还自己的情感之债，弥补对方的情感伤害，以寻求心理平衡，而自愿给付对方一定数额的金钱或财物，或双方协商约定一方给付对方一定数额的金钱或财物。分手费由此产生，且经常通过分手协议的方式来实现。那分手费协议有效吗？分手纠纷层出不穷，很多时候就是因为约定的不明确。通过下面这个案件来详细了解一下这方面的知识。

案例简介

张小明与王娟曾为恋人，交往期间有多笔金钱往来。后因为感情不和分手，分手时两人私下签订了一份《分手协议》，协议载明了双方曾为恋人关系，分手后因存在经济纠纷，王娟承诺支付两人交往期间张小明为其买房、购车等费用共计80万元。协议签订后，王娟向张小明支付了人民币30万元，便拒绝再支付剩余的50万元。张小明认为，其与王娟签订的《分手协议》属于民间借贷，王娟应当偿还剩余的50万元借款，遂将王娟诉至法院，请求法院判令王娟偿还借款50万元。法院经审理认为，双方在结束恋爱关系后达成的《分手协议》，并非单纯解决情感问题，还有解决经济纠纷的意思表示，就经济纠纷的解决达成的《分手协议》既不违反法律、法规的强制性规定，也不违反公共秩序和善良风俗，是双方的真实意思表示，合法有效，应当依约履行。双方之间虽然不构成民间借贷关系，但《分手协议》合法有效，双方应当按照合同履行义务，判决王娟向原告张小明支付人民币50万元。

【争议焦点】

本案的争议焦点在于王娟与张小明签订的《分手协议》是否为民间借贷，以及这份协议是否有效。从《分手协议》的内容来看，双方是为了解决恋爱期间产生的经济纠纷，而该经济纠纷的产生是因张小明在恋爱期间向王娟提供了买车、购房、交往的费用，这些费用并不是张小明借给王娟的，而是到期归还的借款，因此《分手协议》所约定的解决经济纠纷的80万元，不属于民间借贷，而属于《中华人民共和国民法典》合同编规定的无名合同。

双方在结束恋爱关系后达成的《分手协议》，并非单纯解决情感问题，还有解决经济纠纷的意思表示，就经济纠纷的解决达成《分手协议》既不违反法律、法规的强制性规定，也不违反公共秩序和善良风俗，是双方的真实意思表示，合法有效，应当依约履行。

延伸解读

看完了这个案例，我们来了解一下什么是分手协议书。

所谓分手协议书，是指男女双方为解除同居关系，就财产分割、子女抚养等问题所达成的书面协议。我们通常所称"分手"仅指恋爱中的男女因感情无法继续发展下去，解除双方同居生活的行为，不包含"有配偶者与他人同居"状态下的分手。

那么分手协议有法律效力吗？分手协议是否合法，应从两个方面来把握。

主观方面。分手协议成立要求有男女双方的合意。即不仅需要给付一方愿意将其财产给付对方的意思表示，还要有接受一方愿意接受的意思表示。否则，分手协议不能成立。

客观方面。双方约定或一方承诺给付的行为，客观上应当是当事人在没有受到任何威胁、恐吓或胁迫等情形下做出的，也就是说在正常状态下双方约定或一方承诺给付。同时，满足合同法对当事人订立民事合同行为合法性的规定。

男女双方解除恋爱、同居关系时，双方约定或一方承诺给付一定的费用，并签订协议，其实质是建立合同关系，双方约定或一方承诺给付的行为是订立民事合同行为。只要遵守合同法上关于订立协议的要求，该协议就是有效的。

男女分手一方索要分手费是否合法？根据《最高人民法院关于适用〈中华人民共和国民法典〉婚姻家庭编的解释（一）》第三条规定，当事人提起诉讼仅请求解除同居关系的，人民法院不予受理；已经受理的，裁定驳回起诉。当事人因同居期间财产分割或者子女抚养纠纷提起诉讼的，人民法院应当受理。根据《中华人民共和国民法典》第一千零五十四条规定，同居期间所得的财产，由当事人协议处理；协议不成的，由人民法院根据照顾无过错方的原则判决。长期的同居生活中必定会产生共同财产，所以要进行分割。如果主张分割同居期间共同财产，法院是会支持的，但是以索要分手费支付一定的财物，则没有任何法律依据，法院是不会支持的。索要分手费在法律上是没有任何相关规定的，无法可循，无据可依。所以说索要分手费是不符合法律规定的，即使提起诉讼，也得不到支持。

一般而言，男女双方签署的分手协议书包括如下内容。

1. 双方解除同居关系自愿分手的意思表示；
2. 关于非婚生子女的抚养权、抚养费、探望权的处理意见；
3. 关于同居期间双方共同财产的分割意见；
4. 其他分手协议需要约定的内容。

温馨提示

虽然恋爱中的男女在进行结婚登记之前所进行的同居行为未被我国法律所禁止，但它违背了传统的伦理道德、公序良俗，也不被我国法律所提倡。因此，同居行为本身是不受法律保护的。

因此对于分手协议书的书写，应当特别注意：如果《分手协议》中写有男方给予女方青春损失费、分手费等内容，因为该约定有损公序良俗，所以约定无效。如果男方已经给付完该青春损失费用之后，想再要回来，法院也是不予支持的。很多时候面对这种情况，建议彼此之间不要发生过激的争吵和身体伤害，要冷静下来去找专业的律师咨询，双方平心静气地坐下来商谈。

如果协议符合法律生效条件是有法律效力的，因此在拟订分手协议时想要它有效就应该要找专业的律师来拟定。

（以上人物均为化名）

12. 夫妻婚内订立借款协议，离婚时一方主张对方偿还

案例简介

王涛与楼娟系夫妻关系，双方因性格不合，常为琐事发生争吵。2010年3月

12.夫妻婚内订立借款协议，离婚时一方主张对方偿还

的某一天，双方再次发生激烈争吵，楼娟当即离家出走，一直未归。两个月后，王涛诉至法院要求离婚。由于找不到楼娟，王涛也无法提供相应的证据，于是法院做出驳回王涛的离婚诉讼请求。

判决后，双方感情未有好转，于是汪涛再次诉讼离婚。要求判令：①与楼娟离婚；②双方财产依法分割；③楼娟归还王涛借款人民币1万元。

【争议焦点】

夫妻婚内订立借款协议，离婚时一方是否可主张对方偿还？

【法院判决】

经法院审理查明，虽二人系自主婚姻，婚初关系尚可，但于之后的共同生活中双方为家庭琐事等发生争执，致使夫妻产生矛盾，且在前次离婚诉讼后夫妻关系未能得到改善，双方分居至今，故可认定二人夫妻关系已破裂。王涛主张婚姻关系存续期间楼娟向其借款1万元，该事实有楼娟出具的借条证明。

根据法律规定，夫妻可以约定婚姻关系存续期间所得的财产以及婚前财产归各自所有、共同所有或部分各自所有、部分共同所有。夫妻之间借款的行为并未被法律所禁止，故楼娟向王涛借款人民币1万元的事实，本院予以确认。依照《中华人民共和国民法典》第一千零六十五条、第一千零七十九条、第一千零八十七条的规定，判决准予双方离婚，楼娟返还王涛婚内借款1万元。

温馨提示

婚内夫妻之间的借款能否成立，离婚时如何处理？

本案中，一方在婚内向另一方借款并订立借款协议，不违反法律禁止性规定，因此借款协议有效。《最高人民法院关于适用〈中华人民共和国民法典〉婚姻家庭编的解释（一）》第八十二条规定，夫妻之间订立借款协议，以夫妻共同财产出借给一方从事个人经营活动或者用于其他个人事务的，应视为双方约定处分夫妻共同财产的行为，离婚时可以按照借款协议的约定处理。

因此，夫妻之间可以成立借贷法律关系，夫妻之间协议约定以夫妻共同财产出借给夫妻一方用于个人事务，应视为双方处分夫妻共同财产的行为，该协议有效，双方应按借款协议履行。对于夫妻之间以夫妻共同财产出借引发的借贷纠纷，应在离婚诉讼中一并处理，这样可以兼顾民事主体个人权利的保护与婚姻关

系的维护。

延伸解读

论婚内借款协议的效力及其处理

近年来,随着市场经济的快速发展,公民个人及家庭所有的财产日益增多,财产的分配方式也纷繁复杂,传统的夫妻财产观念受到巨大冲击。很长一段时间以来,我国婚姻法只关注对财产的静态权属调整,忽略了对夫妻财产的动态调整,导致现实生活中遇到很多难以处理的问题,如婚内借款协议的处理。

《最高人民法院关于适用〈中华人民共和国民法典〉婚姻家庭编的解释(三)》的出台,弥补了婚姻法上的诸多不足,也对夫妻婚内借款的处理做出明确规定。该司法解释第十六条规定:"夫妻之间订立借款协议,以夫妻共同财产出借给一方从事个人经营活动或用于其他个人事务的,应视为双方约定处分夫妻共同财产的行为,离婚时可按照借款协议的约定处理。"

该解释适用以下条件。

1.夫妻共同财产制是前提。

我国婚姻法规定的夫妻财产制种类主要包括法定财产制和约定财产制。《中华人民共和国民法典》第一千零六十二条的规定,为法定财产制提供了明确的法律规定。《中华人民共和国民法典》第一千零六十五条的规定则对约定财产制予以了明确,夫妻可以约定婚姻关系存续期间所得的财产以及婚前财产归各自所有、共同所有或部分共同所有。约定应当采用书面形式。由此可见,夫妻双方可以约定的财产制行为一般为分别所有制、限制共同制和一般共同制。如果未约定,或者约定不明确的,则依据《中华人民共和国民法典》第一千零六十二条、第一千零六十三条的规定予以处理。在分别财产制下,由于夫妻双方财产归各自所有,且有明确约定。在一方因个人事务向另一方借款的情况下,可以按照一般的民间借贷予以审理。

2.借款用途应为一方从事个人经营活动或其他个人事务。

由于婚姻关系的隐蔽性,很多时候,难以判断借款用途是否系一方从事个人经营活动。实践中,可以尝试从以下几个方面加以考虑:①投资的财产是否为一个人所有;②双方是否明确约定经营活动完全由一方参与;③如果经营主体是法人,其财产是否与夫妻共同财产混同。如果符合以上几种情况,则可认定为一方因从事个人经营活动而借款。

对于个人事务的判断则相对容易。《中华人民共和国民法典》第一千零六十四条规定，夫妻双方共同签名或者夫妻一方事后追认等共同意思表示所负的债务，以及夫妻一方在婚姻关系存续期间以个人名义为家庭日常生活需要所负的债务，属于夫妻共同债务。夫妻一方在婚姻关系存续期间以个人名义超出家庭日常生活需要所负的债务，不属于夫妻共同债务；但是，债权人能够证明该债务用于夫妻共同生活、共同生产经营或者基于夫妻双方共同意思表示的除外。对婚后共同债务的认定已明确做出规定，只要不涉及履行法定义务及用于夫妻共同生活，均认定为个人事务。

3. 债务未予偿还。

婚姻关系存续期间，债务未完全履行。对全部未予偿还的，直接使用本条规定；对部分已偿还的，则离婚一方当事人只能就未偿还部分主张权利。这是适用该规定的隐含条件。

（以上人物均为化名）

13. 夫妻假离婚，前妻能否要求分割丈夫遗产

案例简介

张大志与陈小敏于2000年登记结婚，次年生育女儿陈璐。为了生育一儿子，躲避计划生育，张大志与陈小敏想到了假离婚的方法，便于2008年12月办理了离婚登记。离婚后双方仍然以夫妻的名义在一起生活，并以张大志的名义全款购买了一套3居室。三年后，儿子张小志出生。双方日子过得很平静，两个人似乎都忘记了已经离婚这事儿，便一直未办理复婚手续。2015年3月的一天，张大志在外务工期间意外死亡，获得一次性工亡补助金约90万元。陈小敏便以妻子的名义要求分割这笔赔偿款，并要求继承那套3居室，但张大志的母亲不同意，于是陈小敏诉至法院。

【法院判决】

法院经审理认为，按照《最高人民法院关于适用〈中华人民共和国民法典〉婚姻家庭编的解释（一）》第十五条规定，被宣告无效或被撤销的婚姻，当事人同居期间所得的财产，按共同共有处理。陈小敏虽然与张大志离婚了，但是离婚后他们仍然以夫妻的名义生活在一起，并且生育了儿子，一套3居室的房子也是在同居期间共同购买的，应当按照同居期间共同财产处理，所以陈小敏可以要求分割房屋，法院予以支持。但是由于其没有合法的婚姻关系，不是法定继承人，所以无权继承张大志的遗产。

对于一次性工亡补助金，参照遗产处理原则，由于张大志的父亲已经死亡，所以由张大志的母亲以及张大志的两个孩子共同分配。

【律师说法】

本案中，陈小敏可以主张分割房屋，但是对于张大志的遗产以及一次性工亡补助金其无权主张。

按照《最高人民法院关于适用〈中华人民共和国民法典〉婚姻家庭编的解释（一）》第二十二条规定，被确认无效或者被撤销的婚姻，当事人同居期间所得的财产，除有证据证明为当事人一方所有的以外，按共同共有处理。故陈小敏有权主张分割房屋，而不是继承该房屋。

关于张大志死亡后获得的一次性工亡补助金，根据法律规定，其分配参照遗产处理原则，应当依法在其继承人之间进行分配。根据《中华人民共和国民法典》第一千一百二十七条规定，遗产按照下列顺序继承：第一顺序，配偶、子女、父母……本案中，张大志与陈小敏已经办理了离婚登记手续，不再属于法律意义上的配偶，自然不是第一顺序继承人，故其无权分得该笔款项，这笔一次性工亡补助金应依法由张大志的母亲及两个子女共同参与分配。

延伸解读

遗产继承是指生前享有财产因死亡而转移给他人的死者为被继承人。

一、遗产继承顺序是怎样的

1.应该先看死者是否留有遗嘱，有遗嘱的，应按遗嘱执行。

2.没有遗嘱的，哪些人可以作为继承人呢？

继承人分第一顺序（配偶、子女、父母）和第二顺序（兄弟姐妹、祖父母、外祖父母)。继承开始后,由第一顺序继承人继承,第二顺序继承人不继承。没有第一顺序继承人继承的,由第二顺序继承人继承。

3.最后,才是确定各继承人的份额。

按照《中华人民共和国民法典》继承编的规定,同一顺序继承人继承遗产的份额,一般应当均等。对生活有特殊困难又缺乏劳动能力的继承人,分配遗产时,应当予以照顾。对被继承人尽了主要扶养义务或者与被继承人共同生活的继承人,分配遗产时,可以多分。有扶养能力和有扶养条件的继承人,不尽扶养义务的,分配遗产时,应当不分或者少分。继承人协商同意的,也可以不均等。

二、法定遗产继承分配比例

法定遗产继承分配比例指的是在法定继承中确定同一顺序的法定继承人应分得的遗产份额的基本准则。《中华人民共和国民法典》第一千一百三十条对法定继承的遗产分配原则做了明确规定,我们应从以下两个方面来理解。

1.同一顺序继承人继承遗产的份额,一般应均等。这是法定继承中遗产分配的一般原则,即同一顺序的法定继承人应该平均分配遗产。该法条中的"一般"是指法律没有特别规定的情况。

2.特殊情况下法定继承人的继承份额,可以不均等。根据《中华人民共和国民法典》继承编一千一百三十条的有关规定,"特殊情况"主要是指:

(1)对生活有特殊困难又缺乏劳动能力的继承人,分配遗产时应当给予照顾。继承人只有同时具备生活有特殊困难和缺乏劳动能力的情形时,才能在遗产分配时给予照顾,而且一旦具备了这两个条件就应当给予照顾。

(2)对被继承人尽了主要扶养义务或者与被继承人共同生活的继承人,分配遗产时可以多分。不是应该多分,不具有强制性。

(3)有扶养能力和扶养条件的继承人,不尽扶养义务的,分配遗产时应该不分或少分。这是继承法中权利义务相一致原则的重要体现。继承人符合下列条件的,应不分或少分遗产:①继承人有扶养能力和条件;②不尽扶养义务;③继承人协商同意的,也可以不均等。

根据《中华人民共和国民法典》第一千一百二十二条规定,遗产是自然人死亡时遗留的个人合法财产。但是依照法律规定或者根据其性质不得继承的除外。世界各国民法确定遗产的范围和价值,都是从继承开始时,即被继承人死亡或宣告死亡(见失踪和死亡宣告)这一法律事实发生的时间确定的。

在我国，一般在继承开始地点（即死亡人最后的住所或主要财产所在地）的继承人，负责通知不在继承地点的其他继承人和受遗赠人和遗嘱执行人关于被继承人死亡的事实。保存遗产的人应当负责保管好遗产，不得擅自处理、隐匿和侵吞。如果在继承人中无人知道被继承人死亡，或虽有继承人知道但该继承人无行为能力又无法定代理人进行通知和管理的，则应由被继承人生前所在单位或居住地基层组织或公证机关负责通知和保管遗产。

综上可知，在法定继承当中，是区分第一顺序继承人与第二顺序继承人的。这里的第一顺序继承人包括死者的配偶、子女、父母。通常情况下是由他们对死者的遗产进行继承。

温馨提示

"假作真时真亦假，真作假时假亦真"，其实在法律上，根本不存在假离婚一说。所谓的假离婚其实只是人们在现实生活中，为了规避某些风险而采取的自欺欺人的做法。这种做法的后果有可能导致想规避风险的愿望没有达到，反而给自己增加了更多的法律风险。所以，不要将结婚离婚附加更多的条件，婚姻承载的只能是爱情。

（以上人物均为化名）

14. 夫妻间婚前的债务能否因离婚而消灭

案例简介

张大朋（男）与王小敏（女）于2010年相识。次年登记结婚。结婚前，张大朋以手头紧、需要用钱为由，向王小敏借款30万元，并于2013年年底出具了借条。2018年2月，两人因感情破裂协议离婚。后王小敏持借条向法院起诉，要求张大朋偿还借款30万元。

【争议焦点】

法院审理后，内部形成了两种意见：第一种意见认为，张大朋与王小敏结婚产生债的混同，王小敏的债权已归于消灭，应驳回王小敏的诉讼请求。第二种意见认为，张大朋与王小敏结婚不产生债的混同，王小敏与张大朋之间的债权债务关系仍然存在，王小敏的债权仍受法律保护。

最终法院采纳了第二种意见，认为，张大朋与王小敏结婚不产生债的混同，王小敏与张大朋之间的债权债务关系仍然存在，王小敏的债权仍受法律保护。

【法院判决】

法院审理后认为，结婚的当事人是两个不同的自然人主体，结婚行为本身并不会产生债的混同，故二人之间的债权债务关系仍然存在，王小敏的债权仍受法律保护。

【律师说法】

张大朋与王小敏结婚不产生债的混同。其原因如下。

首先，现行法律规定的是夫妻财产法定制与约定制。

根据《中华人民共和国民法典》的规定，夫妻关系存续期间所得的财产为夫妻共同财产，但是法律另有规定或者另有约定的除外。

夫妻约定财产制是夫妻对其财产所做的约定，是一种协议，是基于特定身份关系上发生的财产约定制度，同时受到其身份关系和财产关系的双重调整；也是一种财产合同，有适用合同法的可能性和必然性，只是主体和内容要受到一些限制。它体现了平等、自愿的契约自由原则，同时夫妻之间对财产的约定在本质上又是合同，在契约的形式、效力、解除等方面一定程度上要受《中华人民共和国民法典》合同编的影响。

《中华人民共和国民法典》第一千零六十五条规定，男女双方可以约定婚姻关系存续期间所得的财产以及婚前财产归各自所有、共同所有或者部分各自所有、部分共同所有。约定应当采用书面形式。没有约定或者约定不明确的，适用本法第一千零六十二条、第一千零六十三条的规定。夫妻对婚姻关系存续期间所得的财产以及婚前财产的约定，对双方具有法律约束力。夫妻对婚姻关系存续期间所得的财产约定归各自所有，夫或者妻一方对外所负的债务，相对人知道该约定的，以夫或者妻一方的个人财产清偿。

《中华人民共和国民法典》将夫妻约定财产制提高到一个新的高度，即在私法领域给予当事人充分的自由，允许其在法律规定的范围内自主处分其财产权利。

合同债权作为特殊身份关系的夫妻之间的财产契约，可以算是一种特殊的合同，主要是由《中华人民共和国民法典》婚姻家庭编调整，但在契约的订立、解除、违约责任等方面，要适用《中华人民共和国民法典》合同编的规定。因此，夫妻约定财产制在成立、形式、效力和解除方面应受《中华人民共和国民法典》合同编的制约。

其次，夫妻间婚前的债权债务不因结婚而混同。

根据《中华人民共和国民法典》合同编的规定，债有两端，一端是债权人，另一端是债务人。债权人与债务人合为一体，债权债务归于一人，合同的权利义务终止，也就不存在债权人和债务人了，即所谓的混同。

婚姻关系的当事人是两个具有独立人格的平等主体，只有在他们意思表示一致的基础上才能组成具有特殊身份关系的联合体。对外该联合体具有整体的性质，对内夫妻双方并不因为婚姻关系的建立而各自丧失独立的人格，当事人双方独立的民事主体地位是夫妻关系存续的前提。他们在婚前的债权债务不能因为结婚而混同。

债权债务的概括承受是发生混同的主要原因，也就是说债权人和债务人必须合二为一，成为一个民事主体。本案是借款的双方当事人结婚，对外来看好像是一种合并，即对于双方婚姻存续期间对外形成的债权债务来说，王小敏和张大朋是一个民事主体。

对内而言，王小敏和张大朋仍是两个独立的民事主体，因为根据我国法律，男女结婚后仍是独立的个体，并不能视为一个人。《中华人民共和国民法典》合同编中的"同归于一人"是指两个有债权债务关系的组织合并为一个组织或是由于债权或债务的转让使得债权和债务归于同一个主体。很明显，结婚的两个人不符合这一要件。

《中华人民共和国民法典》第一千零六十三条规定，一方的婚前财产，结婚后仍为夫妻一方的个人财产。这里，婚前的财产包括债务，意味着一方的婚前债务也应由该方个人承担。换言之，夫妻之间可以是债权人和债务人的关系，即王小敏和张大朋结婚不能产生债的混同。所以王小敏可以向张大朋主张自己的债权。

最后，夫妻可以有独立的个人财产。

依照现行法律规定，婚姻双方当事人均具有独立的个人财产，夫妻各自以自己的个人财产承担相应债务。依据《中华人民共和国民法典》婚姻家庭编的规定，婚前个人财产并不因结婚而改变。我们知道在原《中华人民共和国婚姻法》修订以前，婚前个人财产在夫妻关系存续期间，经过一定的时间，可以转化为夫妻共同财产。最高人民法院在《关于人民法院审理离婚案件处理财产分割问题的若干具体意见》第六条中，确立了一条婚前个人财产在婚后若干年后可以转化为夫妻共同财产的法律原则。该司法解释对保障我国婚姻家庭的稳定，增进夫妻感情和维护男女平等、保护妇女的合法权益都曾起到了重要的作用。但是，一方婚前个人所有的财产在婚后由双方共同使用、经营和管理的，在经过若干年后即可无条件地转化为夫妻共同财产。随着社会的发展，已经不能适应时代的需要。2001年《中华人民共和国婚姻法》修订时废除了这一理论，放弃了前述转化理念，明确规定"一方的婚前财产是夫妻个人财产"，着重于对个人财产的保护，使婚姻关系中个人财产固定化。《最高人民法院关于适用〈中华人民共和国民法典〉婚姻家庭编的解释（一）》第三十一条规定，民法典第一千零六十三条规定夫妻一方的个人财产，不因婚姻关系的延续而转化为夫妻共同财产。但当事人另有约定的除外。使得婚前个人财产的自然转化现象彻底消失。

（以上人物均为化名）

▶15. 夫妻离婚后可否变更孩子的抚养权

【案例简介】

王刚与李敏原系夫妻，后因感情破裂而离婚，婚生女儿王娟由王刚直接抚养。随着时间的推移，女儿逐渐长大，王刚因工作原因无暇照顾，且随女儿年龄的增长，作为父亲的王刚带着女儿有诸多不便，这也使得女儿王娟对王刚有诸多不满。

再加上王刚经常酗酒打骂王娟，王娟便向母亲李敏求助诉说，于是李敏向法院起诉，请求法院判令女儿王娟由自己直接抚养，王刚每月支付女儿抚养费1500元。

【争议焦点】

夫妻离婚后可否变更孩子的抚养权？

【法院判决】

法院在查明事实后，确定王刚有动手打女儿的行为，由于工作较忙，经常出差，对孩子疏于照顾。基于以上基本事实，为使小孩有一个健康、稳定的生活环境，判决变更王娟由李敏直接抚养，王刚每月支付1000元抚养费。

温馨提示

夫妻双方离婚后的任何时间内，一方或者双方的情况或者抚养能力发生变化，均可以提出变更抚养权要求。有两种方式可以办理：双方协商决定，协商不成，可以通过诉讼要求法院判决变更。

延伸解读

一、离婚后孩子的抚养权归属如何确定

夫妻双方离婚后，未成年子女归谁直接抚养？

依据《中华人民共和国民法典》以及相关的司法解释和长期的司法实践，其基本原则是"有利于子女健康成长"。

第一，哺乳期内的子女由母亲抚养为原则。

第二，哺乳期后的子女由谁抚养的问题。首先应由父母双方协商确定，协商不成的，由人民法院根据双方的情况判决。

二、离婚后孩子的抚养权如何判决

1.两周岁以下的子女，一般随母方生活。母方有下列情形之一的，可随父方生活。

（1）患有久治不愈的传染性疾病或其他严重疾病，子女不宜与其共同生活的；

（2）有抚养条件不尽抚养义务，而父方要求子女随其生活的；

（3）因其他原因，子女确无法随母方生活的。

2.父母双方协议两周岁以下子女随父方生活，并对子女健康成长无不利影响的，可予准许。

3.对两周岁以上未成年的子女，父方和母方均要求随其生活，一方有下列情形之一的，可予优先考虑：

（1）已做绝育手术或因其他原因丧失生育能力的；

（2）子女随其生活时间较长，改变生活环境对子女健康成长明显不利的；

（3）无其他子女，而另一方有其他子女的；

（4）子女随其生活，对子女成长有利，而另一方患有久治不愈的传染性疾病或其他严重疾病，或者有其他不利于子女身心健康的情形，不宜与子女共同生活的。

4.父方与母方抚养子女的条件基本相同，双方均要求子女与其共同生活，但子女单独随祖父母或外祖父母共同生活多年，且祖父母或外祖父母要求并且有能力帮助子女照顾孙子女或外孙子女的，可作为子女随父或母生活的优先条件予以考虑。

5.父母双方对八周岁以上的未成年子女随父或随母生活发生争执的，应考虑该子女的意见。

6.在有利于保护子女利益的前提下，父母双方协议轮流抚养子女的，可予准许。

三、孩子几岁可以自己选择抚养权

如果父母离婚，孩子八周岁以上就可以自己选择与父母中的哪一方一起生活，父母双方对八周岁以上的未成年子女随父或随母生活发生争执的，应考虑该子女的意见。

四、如何变更抚养权

1.夫妻在离婚后，一方或双方抚养能力发生较大变化，均可提出变更子女抚养权的要求。

2.变更子女抚养权一般先由双方协商确定。

3.如协议不成，可通过打官司诉讼的方式请求人民法院判决变更孩子抚养权。

4.抚养权变更需提出证据证明自己带孩子更有利于孩子的成长。

5.孩子年满十八周岁的，无须任何人的监护与抚养，所以孩子年满十八周岁后，不再存在抚养权问题。

五、法院处理变更抚养关系案件的依据

《中华人民共和国民法典》以及最高人民法院的相关司法解释规定，对子女的抚养问题，应当依法从有利于子女身心健康，保障子女的合法权益角度出发，结合父母双方的抚养能力和抚养条件等具体情况妥善解决。离婚后，子女抚养关系可以变更，但必须符合法律规定：

1.变更子女抚养关系的,应另行起诉。离婚后,一方要求变更子女抚养关系的,或者子女长到有识别能力时,主动提出与另一方一起生活时,应另行起诉。离婚后,变更子女抚养关系的请求,不涉及原离婚案件,不是对原离婚案件子女抚养问题的判决、调解协议的纠正,而是出现了处理原离婚案件当时不存在的子女抚养方面的新情况,所以,应当作新的案件另行起诉。

2.具有法定事由,应予支持变更抚养关系。具体的法定事由如下。

(1)与子女共同生活的一方因患严重疾病或因伤残无力继续抚养子女的。

(2)与子女共同生活的一方不尽抚养义务或有虐待子女的行为,或其与子女共同生活对子女身心健康确有不利影响的。

(3)八周岁以上未成年子女,愿随另一方生活,该方又有抚养能力的。

(4)有其他正当理由需要变更的。一方要求变更子女抚养关系有上述情形之一的,人民法院应予支持。此外,父母双方协议变更子女抚养关系的,应予准许。

六、抚养费给付的特殊规定

第一,十六周岁以上不满十八周岁,以其劳动收入为主要生活来源,并能维持当地一般生活水平的,父母可停止给付抚育费。

第二,尚未独立生活的成年子女有下列情形之一,父母又有给付能力的,仍应负担必要的抚育费。

(1)丧失劳动能力或虽未完全丧失劳动能力,但其收入不足以维持生活的;

(2)在校就读的;

(3)确无独立生活能力和条件的。

人民法院审理离婚案件,对子女的抚养问题,应当依照《中华人民共和国民法典》婚姻编及有关法律规定,从有利于子女身心健康,保障子女的合法权益出发,结合父母双方的抚养能力和抚养条件等具体情况妥善解决。根据上述原则,结合审判实践,提出如下具体意见。

1.两周岁以下的子女,一般随母方生活,母方有下列情形之一的,可随父方生活。

(1)患有久治不愈的传染性疾病或其他严重疾病,子女不宜与其共同生活的;

(2)有抚养条件不尽抚养义务,而父方要求子女随其生活的;

(3)因其他原因,子女确无法随母方生活的。

2.父母双方协议两周岁以下子女随父方生活,并对子女健康成长无不利影响的,可予准许。

3.对两周岁以上未成年的子女,父方和母方均要求随其生活,一方有下列情形之一的,可予优先考虑:

(1)已做绝育手术或因其他原因丧失生育能力的;

(2)子女随其生活时间较长,改变生活环境对子女健康成长明显不利的;

(3)无其他子女,而另一方有其他子女的;

(4)子女随其生活,对子女成长有利,而另一方患有久治不愈的传染性疾病或其他严重疾病,或者有其他不利于子女身心健康的情形,不宜与子女共同生活的。

4.父方与母方抚养子女的条件基本相同,双方均要求子女与其共同生活,但子女单独随祖父母或外祖父母共同生活多年,且祖父母或外祖父母要求并且有能力帮助子女照顾孙子女或外孙子女的,可作为子女随父或母生活的优先条件予以考虑。

5.父母双方对八周岁以上的未成年子女随父或随母生活发生争执的,应考虑该子女的意见。

6.在有利于保护子女利益的前提下,父母双方协议轮流抚养子女的,予以准许。

法院在审理子女抚养权案件时,对于八周岁以上的孩子,关于抚养权的归属会征求孩子的意见,如果孩子更愿意与父母其中一方共同生活,法院会听取孩子的意见。对于八周岁以下的孩子,法院在判决抚养权时会从哪一方对孩子的成长更为有利这一点来考虑。

(以上人物均为化名)

16. 夫妻离婚后探视权如何解决

案例简介

2018年5月,王敏以夫妻感情不和为由向法院起诉离婚,法院经过开庭调解不成后判决双方离婚,婚生女崔燕由父亲崔刚抚养,母亲王敏每月负担1000元抚养费至女儿独立生活为止。同时法院判决王敏离婚以后每月可探望女儿两次。

刚离婚时,王敏觉得非常内疚,觉得亏欠了女儿。一到星期天,她就买水果或者文具去看望孩子,女儿与她的感情也很好。但几个月过后,崔刚只要见王敏与女儿亲热,就联想到自己的家庭就是因为王敏的原因而破裂,心理失衡,便带着女儿东藏西躲,找出各种理由阻挠王敏探望女儿,多次将王敏拒之门外,不让其探望,王敏内心非常痛苦。

为了见到女儿,王敏先后两次将前夫崔刚告上法庭,请求执行探望权。在法院开庭时,申请人王敏说对方不让看孩子,另一方崔刚则坚称绝无此事。但谁都拿不出支持自己观点的直接证据,孩子又太小,没有办法自行辨别是非。一时间,孰是孰非极难判断。

【法院审理】

在这种情况下,法院无法认定崔刚是拒不执行法院判决,如果简单听信申请人王敏的说法,采取强制执行措施只会让两方矛盾激化。因无法达成探望协议,法院又难以强制执行,王敏在家庭的破裂与感情的煎熬之下身心俱疲,不得不长期忍受思女之苦。于是法院做了大量的调解工作,最后双方达成了探望协议。

温馨提示

《中华人民共和国民法典》第一千零八十六条规定,离婚后,不直接抚养子女的父或者母,有探望子女的权利,另一方有协助的义务。行使探望权利的方式、时间由当事人协议；协议不成的，由人民法院判决。父或者母探望子女，不利于子女身心健康的，由人民法院依法中止探望；中止的事由消失后，应当恢复探望。

应当说，上述规定体现了博大细腻的司法人文关怀，能够最大限度地抚慰子女由于父母离婚而造成的伤害，对父母离婚子女能够像其他孩子一样身心健康的成长、人格平衡发展起着非常积极的作用。然而由于探望权是基于父母子女关系享有的一种身份权，因此当一方当事人不让另一方探望孩子时，法院不可能像处理其他案件那样，用强制执行的手段将孩子从一方那里"抢过来"交给另一方探望。

这一点，婚姻法司法解释中也有明确规定，强制执行只能是对拒不履行协助另一方行使探望权的有关个人和单位采取拘留、罚款等强制措施，而不能对子女的人身、探望行为进行强制执行。可以说，法律在这方面的规定已经非常人性化了，"亲情障碍"才是造成探望权难以充分行使的根源。

现实生活中，许多当事人出于自身利益考虑，在另一方依照法律规定行使探望权时都或多或少地存在排斥、抵触甚至故意阻挠的情绪和行为，导致在司法实践中，许多当事人在探望孩子时为防止对方不配合，专门到法院邀请办案法官陪同前去探望。这样做虽然可以最大限度地实现当事人探望孩子的目的，但是法院不可能也没有能力对每个当事人、在每次探望时都派人陪同前往。

今后在处理探望权案件时，要始终坚持"三个有利于"原则，即有利于孩子的身心健康，有利于当事人探望方便，有利于判决或调解的执行。

延伸解读

哪些情形不宜探望？

根据司法实践，享有探望权的一方有下列情况之一的，可由法院裁决暂时中止其探望权：

1.曾犯罪行情节特别严重，社会影响极大，手段特别恶劣，无明显悔罪表现，有可能使未成年子女的身心健康受到损害的；

2.对未成年子女有虐待、劫持、胁迫等暴力倾向的；

3.遗弃、歧视未成年子女的；

4.患有严重传染病未治愈或精神病的；

5.有赌博、酗酒、吸毒、卖淫、嫖娼等恶习屡教不改的；

6. 对于年满八周岁以上的子女，明确表示不愿接受探望的；

7. 人民法院认为有其他不利于子女身心健康事由的。

（以上人物均为化名）

17. 夫妻离婚约定财产分割，能否对抗第三人

案例简介

王涛与周敏于1996年结婚，2015年离婚。上海市某房屋系夫妻二人于2012年购买，登记在周敏名下，王涛与周敏离婚时在离婚协议中约定上述房产归王涛所有，王涛独自承担剩下的房贷。周敏的个人债务100万元由周敏个人独自偿还。

双方离婚后，由于贷款一直没有还完，所以房屋也一直没有过户，依然登记在周敏名下。由于在婚姻关系存续期间，周敏欠陈刚100万元，到期后未偿还，陈刚将周敏诉至法院，要求偿还债务，并且查封了周敏名下的这套房屋。王涛向法院提出异议。王涛认为，自己对该房屋享有所有权，要求解除查封。

【争议焦点】

夫妻离婚时约定的财产分割，是否可以对抗第三人。

【法院判决】

《中华人民共和国民法典》婚姻家庭编规定，夫妻关系存续期间取得的财产归夫妻共同所有。该规定系为维护夫妻婚姻关系乃至家庭关系的稳定性，保证夫妻对婚姻关系存续期间取得的财产享有平等的权利。

《中华人民共和国民法典》物权编规定的不动产的设立方法则是为了突出物权变动的公示公信力和对抗效力，其针对的应当是不动产物权所有人之外的他人。

王涛与周敏签订《离婚协议书》虽然已经约定了该房屋归王涛所有，但双方未进行不动产物权的转让登记，物权的转让未发生效力，王涛并不能因此而取得涉案不动产物权。

温馨提示

如何认定财产分割是否能对抗债务人？

从本案我们可以看出：王涛与周敏在离婚协议中关于财产分割的约定，不具有对抗第三人的法律效力。

根据《最高人民法院关于适用〈中华人民共和国民法典〉婚姻家庭编的解释（一）》第三十五条规定，当事人的离婚协议或者人民法院生效判决、裁定、调解书已经对夫妻财产分割问题做出处理的，债权人仍有权就夫妻共同债务向男女双方主张权利。

本案所涉债务产生于双方夫妻关系的存续期间。根据《最高人民法院关于适用〈中华人民共和国民法典〉婚姻家庭编》第一千零六十四条规定，夫妻双方共同签名或者夫妻一方事后追认等共同意思表示所负的债务，以及夫妻一方在婚姻关系存续期间以个人名义为家庭日常生活需要所负的债务，属于夫妻共同债务。

夫妻一方在婚姻关系存续期间以个人名义超出家庭日常生活需要所负的债务，不属于夫妻共同债务；但是，债权人能够证明该债务用于夫妻共同生活、共同生产经营或者基于夫妻双方共同意思表示的除外。根据查明的事实，本案所涉债务应认定为夫妻共同债务，即便涉案房产确系王涛与周敏的夫妻共同财产，王涛作为共有人所享有的民事权益，不足以对抗第三人。

延伸解读

夫妻财产制度又称婚姻财产制，它是夫妻关系制度中非常重要的一项制度，是指关于夫妻婚前财产和婚后财产的归属、管理、使用、收益、处分，夫妻婚前债务、婚后债务的清偿，婚姻关系消灭时财产的清算等方面的法律制度。

在我国，夫妻财产制分为法定夫妻财产制和约定夫妻财产制两种。法定财产制，是指在夫妻双方婚前或婚后未对夫妻财产做出约定或者约定无效的情况下，依照法律规定当然适用的夫妻财产制。约定财产制，是指婚姻当事人以约定的方式，选择决定夫妻财产制形式的制度。夫妻财产约定是婚姻当事人通过一定方式将其意思表示出来，因而约定行为的形式具有明显的法律意义。

《中华人民共和国民法典》第一千零六十五条　男女双方可以约定婚姻关系

存续期间所得的财产以及婚前财产归各自所有、共同所有或者部分各自所有、部分共同所有。约定应当采用书面形式。没有约定或者约定不明确的，适用本法第一千零六十二条、第一千零六十三条的规定。

由此可见，夫妻财产制约定必须采用书面形式，采用口头形式或其他形式无效。夫妻财产约定应当采用书面形式的原因有如下三点。

1.夫妻财产约定涉及夫妻双方切身的经济利益，对夫妻双方婚后的生活及婚姻本身关系重大，应该慎重进行。

2.夫妻财产约定是一种存续期间相当长的约定，这种约定也可能会伴随夫妻终身，如果采用口头形式极易因事过境迁或者漫长岁月的经过产生记忆不准确而影响权利和义务的确定，引发争议。书面形式根据明显，证据清楚，可以使当事人的权利义务明确，对预防争议有很大好处。

3.夫妻财产约定往往涉及第三人的利益，口头形式及其他形式不便于第三人查核确定。

根据《中华人民共和国民法典》第一千零六十五条规定，夫妻财产约定制的效力包括对内效力与对外效力两方面的内容。

1.夫妻财产约定对内效力。夫妻财产约定对内效力是指夫妻财产约定对婚姻关系当事人的拘束力。《中华人民共和国民法典》第一千零六十五条第二款规定，夫妻对婚姻关系存续期间所得的财产以及婚前财产的约定，对双方具有法律约束力。

2.夫妻财产约定对外效力。夫妻财产约定对外效力是指夫妻对婚姻财产的约定可否对抗第三人。夫妻约定财产的对外效力如何认定，应从债的原理来分析。如果约定事先并没有征得债权人的同意，则该约定不能对抗债权人。债务人不能以债务人内部的约定来变更债的性质。同样，经法院判决、调解所确定的关于夫妻共同债务的承担，如事先并没有征得债权人的同意，也仅是对债务人之间关于债务份额的确认，仅对当事人具有法律的约束力，不能变更夫妻共同之债的性质。为此，《中华人民共和国民法典》第一千零六十五条第三款规定，夫妻对婚姻关系存续期间所得的财产约定归各自所有，夫或者妻一方对外所负的债务，相对人知道该约定的，以夫或者妻一方的个人财产清偿。

3.适用上的优先效力。婚姻法规定了法定财产制和约定财产制两种，就其适用上来看，约定财产制比法定财产制具有优先效力。夫妻间的财产关系只有当夫妻未为约定时或约定无效或被撤销时,始得适用法定财产制。

(以上人物均为化名)

18. 夫妻签订婚前财产约定,债务发生后其是否为夫妻共同债务

案例简介

李可与张涛系同学关系,王平与张涛系夫妻关系。后王平向原告李可借款50万元,并出具借条一张,载明:今借王平现金伍拾万元整(用于购房),借款人王平有落款、有日期。借款到期后经原告讨要,被告王平偿还38万元,余款12万元至今未还,为此李可诉至法院,要求张涛、王平夫妻共同偿还该欠款。

【法院审理】

法院查明:被告王平向原告李可借款50万元,并出具借条,事实清楚,证据充分,被告王平借款后陆续归还原告38万元,原告予以认可,余款12万元至今未付,原、被告双方对此均无异议,对此事实法院予以确认。债务应当偿还,被告未予偿还,侵犯了原告的合法权益,原告要求被告偿还借款12万元及利息,于法有据,法院予以支持。原告诉称该笔借款按银行同期贷款利率从被告借款之日起计算利息的诉求,法院认为,因借条上未显示约定有利息,且被告王平也未予认可,证据不足,法院不予支持。

关于被告张涛辩称其与王平在婚前签订有婚后夫妻财产及债权债务约定协议,该笔借款属王平个人借款应由其个人承担以及原告诉其归还借款属诉讼主体错误之意见。法院认为,夫妻财产约定的协议,对夫妻内部而言,其决定和约定应该有效,对夫妻外部而言效力如何是本案处理的关键。

《中华人民共和国民法典》第一千零六十五条第三款规定,夫妻对婚姻关系存续期间所得的财产约定归各自所有,夫或者妻一方对外所负的债务,相对人知道该约定的,以夫或者妻一方的个人财产清偿。《最高人民法院关于适用〈中华

人民共和国民法典〉婚姻家庭编的解释（一）》第三十七条规定，民法典第一千零六十五条第三款所称"相对人知道该约定的"，夫妻一方对此负有举证责任。也就是说，夫或妻的一方必须能够证明该约定第三人知道夫妻间事先有财产约定及约定将导致的后果的，才可以对抗第三人，法律将举证责任分配给了主张权利的夫或妻的一方。本案中，被告张涛未能举证证明原告李可在借款时知道其与王平夫妻之间有财产约定，属举证不能，应承担不利的法律后果，故对被告张涛的辩解理由，法院不予采信。

【法院判决】

法院查明原被告双方之间借款事实存在，于是判决被告王平、张涛于判决生效后7日内偿还原告李可借款12万元，并支付相应的利息，本案受理费、财产保全费等均由被告王平、张涛承担。

【争议焦点】

合议庭在合议过程中产生两种意见。

第一种意见认为，被告王平向原告李可借款的时间节点发生在被告王平、张涛夫妻关系存续期间，且用途为夫妻共同居住的房屋，应认定为夫妻共同债务，应共同偿还欠款。

理由如下：本案中，关于被告张涛辩称其与王平在婚前签订有婚后夫妻财产及债权债务约定协议，该笔借款属王平个人借款应由其个人承担以及原告诉其归还借款属诉讼主体错误之意见，法院认为，夫妻财产约定的协议，对夫妻内部而言，其决定和约定应该有效，对夫妻外部而言效力如何是本案处理的关键。《中华人民共和国民法典》第一千零六十五条规定，男女双方可以约定婚姻关系存续期间所得的财产以及婚前财产归各自所有、共同所有或者部分各自所有、部分共同所有。约定应当采用书面形式。没有约定或者约定不明确的，适用本法第一千零六十二条、第一千零六十三条的规定。

夫妻对婚姻关系存续期间所得的财产以及婚前财产的约定，对双方具有法律约束力。

夫妻对婚姻关系存续期间所得的财产约定归各自所有，夫或者妻一方对外所负的债务，相对人知道该约定的，以夫或者妻一方的个人财产清偿。《最高人民法院关于适用〈中华人民共和国民法典〉婚姻家庭编的解释（一）》第三十七条规定，民法典第一千零六十五条第三款所称"相对人知道该约定的"，夫妻一方对此负有举证责任。也就是说，夫或妻的一方必须能够证明该约定第三人知道夫妻间事先有财产约定及约定将导致的后果的，才可以对抗第三人，法律将举证责任分配给了主张权利的夫或妻的一方。本案中，被告张涛未能举证证明原告李可在借款时知道其与王平夫妻之间有财产约定，属举证不能，应承担不利的法律后果，故对被告张涛的辩解理由，法院不予采信。该笔债务发生于二被告夫妻关系存续期间，依法应认定为夫妻共同债务，应共同偿还欠款及利息。

第二种意见认为，因被告王平、张涛对婚前财产及婚后债权债务进行了约定，被告王平所借欠款应自己承担，张涛不应承担共同还款责任。

理由如下：婚姻关系存续期间，产生的债务如果用于家庭生活，那么属于共同债务，由双方共同承担；如果属于一方的个人债务，由个人承担。《中华人民共和国民法典》第一千零八十九条规定，离婚时，夫妻共同债务应当共同偿还。共同财产不足清偿或者财产归各自所有的，由双方协议清偿；协议不成的，由人民法院判决。男女一方单独所负债务，由本人偿还。本案中，被告王平向原告李可所借欠款并未用于家庭生活，二被告之间签订的婚前财产约定，对婚前财产及婚后债权债务进行了约定，婚前财产归各自所有，婚后各自的债权债务由各自承担，被告王平借原告的钱，应该自己承担，该借款与张涛无关，不应承担共同还款责任。

【律师观点】

律师认为，由于该笔债务发生于二被告夫妻关系存续期间，且用途为购房，而庭审中双方认可该笔借款确实用于购买夫妻双方目前共同居住的房屋，因此依法应认定为夫妻共同债务，应共同偿还欠款及利息。

（以上人物均为化名）

19. 夫妻一方对另一方赠与房产，可以撤销吗

案例简介

小张（男）与小王（女）是一对夫妻，两人在恋爱时，小王在小张的眼里是那么美丽无瑕，以至于小张对小王百般宠爱，恨不能将自己的全部都赠与小王。

所以在结婚前小张和小王双方约定，结婚后小张将自己的房屋赠与小王，并过户到小王名下，以表达自己对小王的爱。

结婚登记之后，小张迟迟未去办理关于房屋过户的事情，小张的此举动在小王看来便成了心中的痛，为此小王和小张大吵大闹过好多回。小王一再催促，让小张越发的觉得两个人不合适，房产自然不愿意给小王。小王一听火了，遂将小张告上法庭，要求其按照原约定履行房屋的过户手续。

【争议焦点】

法院接到小王的诉讼后，将婚姻财产的赠与分为两种意见。

第一种意见认为，应当根据《中华人民共和国民法典》第一千零六十五条第二款的规定："夫妻对婚姻关系存续期间所得的财产以及婚前财产的约定，对双方具有法律约束力。"赠与人是不能随意撤销的。

第二种意见认为，可以适用《中华人民共和国民法典》第六百五十八条的任意撤销权。根据最高人民法院民一庭负责人在2011年8月13日的《人民法院报》上答记者问，其中的表述是："经反复研究论证后，我们认为，我国婚姻法规定了三种夫妻财产约定的模式，即分别所有、共同共有和部分共同共有，并不包括将一方所有财产约定为另一方所有的情形。将一方所有的财产约定为另一方所有，也就是夫妻之间的赠与行为，虽然双方达成了有效的协议，但因未办理房屋变更登记手续，依照物权法的规定，房屋所有权尚未转移，而依照合同法关于赠与一节的规定，赠与房产的一方可以撤销赠与。"

【法院判决】

法院采纳了第二种意见，驳回了原告的诉讼请求。

温馨提示

约定财产制是相对于法定财产制而言的，是指由婚姻当事人以约定的方式，选择决定夫妻财产制形式的法律制度。

夫妻可以约定婚姻关系存续期间所得的财产以及婚前财产归各自所有、共同所有或部分各自所有、部分共同所有。没有约定或约定不明确的，适用《中华人民共和国民法典》婚姻家庭编关于共同财产制或个人财产制的规定。

夫妻对婚姻关系存续期间所得的财产以及婚前财产的约定，对双方具有法律约束力。夫妻对婚姻关系存续期间所得的财产约定归各自所有的，夫或妻一方对外所负的债务，相对人知道该约定的，以夫或妻一方的个人财产清偿。

根据《最高人民法院关于适用〈中华人民共和国民法典〉婚姻家庭编的解释（三）》的规定，婚前或者婚姻关系存续期间，当事人约定将一方所有的房产赠与另一方，赠与方在赠与房产变更登记之前撤销赠与，另一方请求判令继续履行的，人民法院可以按照《中华人民共和国民法典》第六百五十八条的规定处理。

本案中夫妻一方对另一方财产的赠与承诺若没有办理公证，在赠与财产的权利转移之前赠与人享有自由撤销权，故受赠人要求强制履行不会得到支持。

【法律链接】

一、《中华人民共和国民法典》婚姻家庭编

第一千零六十五条 【夫妻约定财产制】男女双方可以约定婚姻关系存续期间所得的财产以及婚前财产归各自所有、共同所有或者部分各自所有、部分共同所有。约定应当采用书面形式。没有约定或者约定不明确的，适用本法第一千零六十二条、第一千零六十三条的规定。

夫妻对婚姻关系存续期间所得的财产以及婚前财产的约定，对双方具有法律约束力。

夫妻对婚姻关系存续期间所得的财产约定归各自所有，夫或者妻一方对外所负的债务，相对人知道该约定的，以夫或者妻一方的个人财产清偿。

二、《最高人民法院关于适用〈中华人民共和国民法典〉婚姻家庭编的解释（三）》

第六条 婚前或者婚姻关系存续期间，当事人约定将一方所有的房产赠与另一方，赠与方在赠与房产变更登记之前撤销赠与，另一方请求判令继续履行的，人民法院可以按照合同法第一百八十六条（《中华人民共和国民法典》第六百五十八条）的规定处理。

三、《中华人民共和国民法典》

第六百五十八条 【赠与人任意撤销权及其限制】赠与人在赠与财产的权利转移之前可以撤销赠与。

经过公证的赠与合同或者依法不得撤销的具有救灾、扶贫、助残等公益、道德义务性质的赠与合同，不适用前款规定。

【延伸解读】

其实这个问题的关键点在于，对夫妻之间的房产赠与行为，究竟是按《中华人民共和国民法典》合同编第六百五十八条处理还是按照婚姻家庭编第一千零六十五条处理？

无论夫妻双方约定将一方所有的房产赠与对方的比例是多少，都属于夫妻之间的有效约定，实质上都是一种赠与行为。问题是这种有效的赠与约定是否可以撤销。

夫妻之间赠与的标的包括动产和不动产，《中华人民共和国民法典》第六百五十八条对赠与问题进行了详尽的规定，赠与人在赠与财产的权利转移之前可以撤销赠与，赠与的财产依法需要办理登记等手续的，应当办理有关手续，具有救灾、扶贫等社会公益、道德义务性质的赠与合同或者经过公证的赠与合同，赠与人不交付赠与的财产的，受赠人可以要求交付。

婚姻家庭领域的协议常常涉及财产权属的条款，对于此类协议的订立、生效、撤销、变更等并不排斥《中华人民共和国民法典》合同编的适用。在实际生活中，赠与往往发生在具有亲密关系或者血缘关系的人之间，《中华人民共和国民法典》合同编对赠与问题的规定也没有指明夫妻关系除外。一方赠与另一方不动产或约定夫妻共有，在没有办理变更登记之前，依照《中华人民共和国民法典》第六百五十八条的规定，是完全可以撤销的，这与《中华人民共和国民法典》婚姻家庭编的规定并不矛盾。

因此，夫妻一方将个人房产约定为共同共有或按份共有，赠与人在产权变更登记之前可以行使任意撤销权。

（以上人物均为化名）

▶20. 夫妻一方拒绝做亲子鉴定，是否可以认定为婚内出轨

案例简介

原告小赵与被告小张于2002年登记结婚，婚后育有两个儿子，名为赵旭、赵宽。因旧村改造、房屋署名及付款问题双方发生矛盾，双方于2018年在民政局协议离婚，并签订离婚协议书，约定：

20. 夫妻一方拒绝做亲子鉴定，是否可以认定为婚内出轨

1. 男女双方自愿离婚。

2. 大儿子赵旭由男方抚养，随同生活费、抚养费、教育费、医疗费等由男方全部负责。

3. 二儿子赵宽由女方抚养，随同生活费、抚养费、教育费、医疗费等由女方全部负责。

4. 男女双方各自名下存款保持不变。

5. 男方名下小产权住房一套，归男方本人所有。

6. 女方名下大产权住房一套，归女方本人所有。

7. 债务处理：双方在婚姻关系存续期间，女方在购买大产权房子时，产生借款债务100万元整，由女方自行承担，除此之外双方在婚姻关系存续期间没有任何其他债务。

8. 婚后双方各自的财产归各自所有，男女双方各自的私人生活用品及首饰归各自所有，婚后双方发生的财产、债务由各自承担，离婚后不得再找对方，双方协商签字后男女双方不得反悔。

协议签订后，双方在民政局领取了离婚证。2019年11月，案外人王敏告知原告小赵，被告小张与其前夫郑某存在不正当男女关系，赵宽实际系郑某的孩子，并提供了被告于2016年5月28日写给郑某的保证书。保证书写明，今有张某声明保证如下：若张某再婚（复婚除外），儿子赵宽自愿交由郑某抚养并监护。

小赵得知后，诉至法院。他认为，被告小张在婚姻存续期间违背夫妻忠贞义务，导致婚姻感情破裂，应当承担相应的法律责任，特起诉至法院。请求法院判决被告支付原告精神抚慰金20万元。

【法院查明】

庭审中，被告否认保证书为自己所写，否认赵宽是其与原告之外的人所生，原告申请亲子鉴定，被告以保护未成年人的合法权益为由拒绝做亲子鉴定。原告小赵与被告小张离婚后，被告小张未征得原告赵某同意，将赵宽之名改为张宽。另查：案外人王敏与郑某原系夫妻关系，在双方夫妻关系存续期间，王敏在郑某包里发现被告小张写给郑某的保证书，遂用手机拍下，后双方亦产生矛盾，并协议离婚，离婚后王敏将发现被告小张书写保证书之事告知原告。

【法院判决】

被告支付原告精神损害抚慰金10万元。

温馨提示

夫妻应当相互忠实。本案中,亲子鉴定主要是为了确定被鉴定人与原告是否存在生物学上的亲子关系,以及因此而衍生的法律上的权利义务关系。它的独特功能是可以鉴别被鉴定人与当事人间是否具有血缘关系,帮助完成对身份关系的辨认。

根据《最高人民法院关于适用〈中华人民共和国民法典〉婚姻家庭编的解释(一)》第三十九条规定,父或者母向人民法院起诉请求否认亲子关系,并已提供必要证据予以证明,另一方没有相反证据又拒绝做亲子鉴定的,人民法院可以认定否认亲子关系一方的主张成立。本案中,原告提供了被告与他人生养子女的证据材料,被告不予认可但未举出相反证据,原告申请做亲子鉴定,被告又予以拒绝,故推定被告所生之子赵宽与原告不存在亲子关系。

《中华人民共和国民法典》第一千零四十三条规定,夫妻应当互相忠实,互相尊重。夫妻互相忠实不仅是道德义务,更是法律义务。被告在与原告婚姻关系存续期间,与婚外异性生育一子,此行为不同于家庭暴力、遗弃、虐待家庭成员等能够给相对方明显的感知,而是有较强的隐蔽性及欺骗性。

原告作为普通人,亦不具有对此类不忠实行为的判断、侦察能力,且被告对于与婚外异性生育一子之事予以掩饰,未将实情告知原告,故应当认定被告对原告一直存在欺骗行为。虽然原、被告双方已经离婚,但原告是由案外人告知才了解事实真相,因此对于本案而言,诉讼时效应当自原告知道或者应当知道权利被侵犯之日起计算。原告自知道其权利被侵害起至起诉之日,并未超过诉讼时效,故对于被告所称原告主张已经超过诉讼时效的辩解意见不予采信。

本案中,被告在与原告婚姻关系存续期间与他人存在不正当男女关系,伤害了原告的个人感情,其行为是不道德的,亦违反了我国法律的相关规定,原告作为无过错方有权提出损害赔偿之诉,对于因被告过错给原告造成的精神损害,被告应承担赔偿责任。

延伸解读

《中华人民共和国民法典》第一千零九十一条规定,有下列情形之一,导致离婚的,无过错方有权请求损害赔偿。

1.重婚；

2.与他人同居；

3.实施家庭暴力；

4.虐待、遗弃家庭成员；

5.有其他重大过错。

《最高人民法院关于适用〈中华人民共和国民法典〉婚姻家庭编的解释（一）》第三十九条规定，父或者母向人民法院起诉请求否认亲子关系，并已提供必要证据予以证明，另一方没有相反证据又拒绝做亲子鉴定的，人民法院可以认定否认亲子关系一方的主张成立。父或者母以及成年子女起诉请求确认亲子关系，并提供必要证据予以证明，另一方没有相反证据又拒绝做亲子鉴定的，人民法院可以认定确认亲子关系一方的主张成立。《中华人民共和国民法典》第一千零七十三条规定，对亲子关系有异议且有正当理由的，父或者母可以向人民法院提起诉讼，请求确认或者否认亲子关系。对亲子关系有异议且有正当理由的，成年子女可以向人民法院提起诉讼，请求确认亲子关系。

《最高人民法院关于确定民事侵权精神损害赔偿责任若干问题的解释》。

第一条 因人身权益或者具有人身意义的特定物受到侵害，自然人或者其近亲属向人民法院提起诉讼请求精神损害赔偿的，人民法院应当依法予以受理。（新修改的解释已经删除第九条，故文章页要删除该条，调整为《最高人民法院关于确定民事侵权精神损害赔偿责任若干问题的解释》

第十条 精神损害的赔偿数额根据以下因素确定。

1.侵权人的过错程度，但是法律另有规定的除外；

2.侵权行为的目的、方式、场合等具体情节；

3.侵权行为所造成的后果；

4.侵权人的获利情况；

5.侵权人承担责任的经济能力；

6.受理诉讼法院所在地的平均生活水平。

（以上人物均为化名）

21. 夫妻一方私自变卖共有房屋是否有效

【案例简介】

原告王萍与被告祝军在夫妻关系存续期间，曾购买一套房屋用于生活居住，2007年3月因感情不和分居至今。所购房屋一直由原告王萍居住。

2008年3月的一天，被告祝军在未告知原告的情况下，持伪造的原告授权其办理上述房屋转让事项的委托书，将房屋作价77万元转卖与被告朱晓敏，在2008年4月，朱晓敏取得上述房屋的所有权证，但原告仍一直居住在该房屋中。2010年3月上旬，朱晓敏电话告知原告王萍其已购买上述房屋并要求原告腾退房屋，原告才知晓房屋已被出卖之事实。于是王萍将自己的丈夫以及房屋的买主朱晓敏一起诉至法院。

原告诉称，房屋属于夫妻共同财产，祝军是在其毫不知情的情况下变卖房屋并伪造授权办理了过户登记，买卖合同无效。

朱晓敏辩称，其不知道该房屋属夫妻共同共有，应该属于善意取得，该房屋买卖合同有效，但其并未支付房屋价款。

【争议焦点】

合同是否有效？朱晓敏能否取得房屋？

【法院判决】

被告祝军在没有告知原告，更未征得原告同意的情况下，持伪造的原告授权委托书将上述房产转卖与他人，其行为属于无权处分，原告事后也没有追认。朱晓敏作为祝军的同事，在知晓其已有婚姻的情况下，在配偶没有到场的情况下与其签订买卖合同，有一定的过错，且该房屋价款并未实际支付，名为买卖，实为赠与，严重损害了王萍的合法权益。因此，被告祝军与朱晓敏签订的买卖合同应认定为无效。

被告朱晓敏作为房屋的买方，有明显的过错，且在取得房屋所有权时未支付对价，故其行为并不构成善意取得。

温馨提示

根据法律规定，共同共有人对共有财产享有共同的权利，承担共同的义务，在共同共有关系存续期间，部分共有人擅自处分共同财产的，一般认定无效，但第三人善意、有偿取得该财产的，应当维护第三人的合法权益。可见法律是鼓励合法交易的。本案中的朱晓敏作为房屋的买方，有明显的过错，且在取得房屋所有权时未支付对价，故其行为并不构成善意取得。被告祝军在无权处分下与朱晓敏签署买卖合同，合同无效。

延伸解读

我们认为，夫妻之间的权利义务的确值得关注，但是在外部权利义务关系与内部权利义务关系发生冲突时，要优先保护外部权利义务关系。那么应当如何认定夫妻一方与第三人签订的房屋买卖合同的效力呢？经过调研，我们认为应当按善意取得制度来处理该类问题，因此我们根据《最高人民法院关于适用〈中华人民共和国民法典〉婚姻家庭编的解释（三）》第二十八条规定，一方未经另一方同意出售夫妻共同所有的房屋，第三人善意购买、支付合理对价并已办理不动产登记，另一方主张追回该房屋的，人民法院不予支持。

夫妻一方擅自处分共同所有的房屋造成另一方损失，离婚时另一方请求赔偿损失的，人民法院应予支持。这一款的适用有以下几个条件：

1.第三人属于善意购买，而非与配偶一方恶意串通损害另一方的利益；

2.买受人支付了合理对价；

3.买受人已经办理了产权登记手续。

在这三个条件均已具备的情况下，不能认定房屋买卖合同无效。

当初在制定这一款时，就有许多专家指出，如果所卖的房屋是夫妻双方唯一的居住用房，应当认定房屋买卖合同无效，理由是房屋一旦卖给第三人之后，出卖人家庭成员的权益就无从保障。

其实作为夫妻唯一的居住用房的房屋也存在复杂的情况，该房屋既可能是一套大豪宅，也可能是一套小蜗居。如果夫妻一方出售的是一套大豪宅，能够再用卖房的钱去买一套住房，这时就应当保护善意第三人的利益。然而如果夫妻一方出售的是其拥有的唯一一套小蜗居，该房屋出售后其一家人就无房可住了，此时个人的生存权是第一位的，生存权应当优先于债权保护。

《最高人民法院关于人民法院民事执行中查封、扣押、冻结财产的规定》第六条规定："对被执行人及其所扶养家属生活所必需的居住房屋，人民法院可以查封，但不得拍卖、变卖或者抵债。"第七条规定："对于超过被执行人及其所扶养家属生活所必需的房屋和生活用品，人民法院根据申请执行人的申请，在保障被执行人及其所扶养家属最低生活标准所必需的居住房屋和普通生活必需品后，可予以执行。"

由上述两条可见，对于包括夫妻双方在内的家庭成员居住权的保护问题，在上述关于执行的司法解释中已经予以明确规范。此外，对于哪些债权是不能执行的，需要在与执行相关的法律或司法解释之中予以明确。例如，一个老太太欠了很多债务，但是她每月的收入只有仅能保障其基本生活的养老金，人民法院能否判决将老太太的全部养老金予以扣除以用来清偿其债务呢？这显然是不合理的，因为我们要优先保护该老太太的生存权而非其债权人的债权。

此外，还有一种情况，如夫妻一方擅自处分夫妻共有房屋，在保护善意第三人利益后，可能确实损害了出卖人配偶的权利，为此，《最高人民法院关于适用〈中华人民共和国民法典〉婚姻家庭编的解释（一）》第二十八条规定，一方未经另一方同意出售夫妻共同所有的房屋，第三人善意购买、支付合理对价并已办理不动产登记，另一方主张追回该房屋的，人民法院不予支持。

夫妻一方擅自处分共同所有的房屋造成另一方损失，离婚时另一方请求赔偿损失的，人民法院应予支持。

（以上人物均为化名）

22. 夫妻之间"借钱不还"行不行

案例简介

民间有一句俗话"亲兄弟明算账"，据此可以看出，自古以来人们对于钱财

22. 夫妻之间"借钱不还"行不行

就算得特别清楚,就算是亲兄弟也不例外。其实,这句话同样适用于夫妻关系。

有人认为夫妻双方在结婚之前借了对方的钱,结婚之后就变成了夫妻共同财产或者债务,不用再归还。其实不然,即使双方成为夫妻,该还的钱依旧要还,不然很可能因此惹上官司。

最近,张茜就遇到这样一件类似的事情。原来,张茜和前夫肖坤经人介绍认识。之后的频繁接触让两人对彼此有了一定的了解,没过多久两人就开始恋爱交往。

在两人交往三个月后,肖坤开始以各种理由陆续向张茜借钱,先后几次累计加起来共有30多万元。后来为了保险起见,张茜要求肖坤出具借款凭证,肖坤爽快地答应了随即向张茜出具了借条。借条上清楚写明了双方债务关系、具体借款数额等事项,并约定有钱就立马还给张茜。最后肖坤签了字并捺上了手印,借条正式生效。

在接下来的日子里,肖坤陆陆续续还过几次钱给张茜,但是还剩下十几万元没还。在经过两年多的交往后,两人办理了结婚登记。结婚之后,两人过了一段甜蜜幸福的日子。可惜好景不长,渐渐地,张茜发现了肖坤一些生活上的陋习。起初都是些小矛盾,但由于肖坤不愿意改且脾气暴躁,有几次甚至动手打了张茜,对此忍无可忍的张茜向法院提起了离婚诉讼。法院在审理后认定二人感情破裂,准许离婚,两人离婚时无夫妻共同财产以及无夫妻共同债务。

离婚后,肖坤去了外地下落不明。这时,张茜才想起来肖坤在结婚之前向她所借的30多万元仍有15万元尚未偿还。通过多方打听,张茜联系上了肖坤要求对方还钱。可是肖坤却以这是夫妻之间的债务为由拒不偿还,还说在婚姻期间,自己为家庭做的花费已经包含了借款,所以不应再还钱给张茜。几次聊天都以争吵收尾,肖坤更是拉黑了张茜的电话,整个人再次消失。

眼见肖坤如此作为,张茜却没有办法。无奈的她将肖坤诉至法院,请求法院判令肖坤偿还欠款,并且找到了专家律师代理此案件。

【争议焦点】

夫妻之间借钱是否可以不还?

【法院判决】

法院审理认为,双方结婚不产生债的混同,婚前张茜和肖坤的债权债务关系在结婚后仍然存在,张茜对肖坤的个人债权仍受法律保护。在诉讼时效内,对张茜的诉讼请求应予以支持,判决肖坤归还借款。

温馨提示

1.夫妻之间婚前的债权债务不因结婚而混同。

根据《中华人民共和国民法典》第五百七十六条规定，债权和债务同归于一人的，债权债务终止，但是损害第三人利益的除外。债权人与债务人合为一体，债权债务归于同一人，合同的权利义务终止，也就不存在债权人和债务人了，即所谓的混同。债权债务的概括承受是发生混同的主要原因，也就是说债权人和债务人必须合二为一，成为一个民事主体。

婚姻关系的当事人是两个具有独立人格的平等主体，只有在双方意思表示一致的基础上才能组成具有特殊身份关系的共同体。对外该共同体具有整体的性质，对内夫妻双方并不因为婚姻关系的建立而各自丧失独立的人格。

也就是说，对于双方婚姻存续期间对外形成的债权债务来说，一般情况下张茜和肖坤是一个民事主体。对内而言，张茜和肖坤仍是两个独立的民事主体。

在本案中，张茜和肖坤形成的债务关系是结婚登记前形成，是属于两个独立民事主体之间合法的借贷关系，依法应受法律保护。所以，张茜和肖坤在婚前的债权债务不能因为结婚而混同。

2.借款是在婚前产生的，并且是由张茜以个人财产出借，属于其个人债权。结婚后，不因婚姻关系的缔结而转化。对于他们夫妻而言，债务仍属于男方个人债务，应由男方个人财产偿还，而不能以夫妻共同财产支付。

根据《中华人民共和国民法典》第一千零六十三条规定，下列财产为夫妻一方的个人财产。

（1）一方的婚前财产；

（2）一方因受到人身损害获得的赔偿或者补偿；

（3）遗嘱或者赠与合同中确定只归一方的财产；

（4）一方专用的生活用品；

（5）其他应当归一方的财产。

延伸解读

《最高人民法院关于适用〈中华人民共和国民法典〉婚姻家庭编的解释（一）》第三十一条规定，民法典第一千零六十三条规定为夫妻一方的个人财产，不因婚姻关系的延续而转化为夫妻共同财产。但当事人另有约定的除外。否定了之前婚姻法关于婚前个人财产在婚后若干年后可以转化为夫妻共同财产的规定。

本案中，张茜和肖坤的婚姻关系存续时间较短，两人也并未约定恋爱期间双方的债务消灭或免除。因此，婚姻关系存续期间以及离婚之后，张茜依然对肖坤享有个人债权。

（以上人物均为化名）

▶23. 夫妻之间签订的忠诚协议有效吗

案例简介

张林（男）与王娟（女）于2010年6月结婚，为了保证彼此对爱情的忠诚，双方于2012年1月签订了一份《协议》，其主要内容为：任何一方都要洁身自好，不得发生婚外性行为，否则违约方需从其个人财产中支付50万元给对方，用于补偿对方因此而遭受到的名誉损失及精神损失等，该协议经过了公证机关的公证。

签完协议后，双方感情一直很稳定，就在两个人都快忘了还有这份《协议》存在的时候，张林的单位来了一个漂亮的女同事，两个人因为工作的关系，渐渐发生了办公室恋情，慢慢地开始有了身体的接触。

事不凑巧，正好有一天，他们正在办公室谈情说爱的时候，被王娟发现了，在与张林谈判未果后，王娟一气之下将张林诉到了法院，要求离婚，并且按《协议》的内容支付自己50万元损失。

【法院判决】

庭审中，王娟提交了"公证书""存款单""收入证明"等证据，用于证明《协议》的签订系双方的真实意思表示，收入与存款用于证明自己与对方的收入情况。张林对于《协议》的真实性也予以认可。

法院查明该协议系双方自愿签订，双方经济状况较好，均有能力支付这笔款项，且该协议经过了公证。因此法院判决，确认双方达成的"忠诚"协议合法有效，判决双方离婚，并支持了王娟的诉求。

【争议焦点】

夫妻之间签订的忠诚协议是否受法律保护？

【律师说法】

我们先来看看什么是夫妻间的忠实义务？

根据《中华人民共和国民法典》第一千零四十三条规定，夫妻应当互相忠实，互相尊重，即夫妻双方在共同生活中应当互相忠实，以维护婚姻关系的专一性和排他性。夫妻忠实义务是保护被侵权者的利益，夫妻必须都爱情专一、感情忠诚，互相忠实于对方。夫妻忠实义务强调男女平等。广义上，还包括不得恶意遗弃配偶以及不得为第三人的利益而牺牲、损害配偶的利益。夫妻间的忠实义务主要靠人们的自觉性和良好的道德水平自由约束。

什么是忠诚协议呢？

忠诚协议是具有合法婚姻关系的夫妻双方，所约定的双方不得违反的婚外性行为义务、约定违约责任、以变更夫妻人身权利义务或财产权利义务为主要内容的协议，目的是维系夫妻双方婚姻关系的持续、稳定。

违反夫妻间的忠实义务，应承担什么责任？

违反忠实义务的行为有很多，包括通奸、重婚、同居、遗弃等。针对不同的行为，有不同的处理方式，因此，承担的责任也不尽相同。通奸的，一般由道德机制约束，法律不予强制规定；有同居、重婚行为的，可以直接依据相关法律要求赔偿，触犯刑法的，还要追究相应的刑事责任。

延伸解读

忠诚协议是最近几年出现的新问题，有关忠诚协议的效力还存有较大争议，司法实践中审理这类案件还缺乏一个统一的标准，往往是采取个案分析的原则。

这主要看每个协议本身的具体内容，签订内容为"如有一方背叛对方，离婚时则向对方赔付100万元"这样的协议很难获得法院的认可，一则笼统，二则约定了条件是离婚时，这样一来，有可能被认为是离婚协议的缩影，一方反悔的，另一方的主张就难以得到支持。

如果"忠诚协议中约定，夫妻关系存续期间财产及婚前财产归属的，"这样的条款则视为夫妻财产约定，对双方有约束力，离婚时有过错方应该以自己可以支配的部分，对无过错方进行赔偿，而这是以无过错方所受的伤害或者损害来衡量的。

　　双方签订的关于一方有过错，离婚时财产分割的惩罚性协议，一般是有效的。如协议内容"一方有婚外性行为，导致离婚的，夫妻共同财产全部归另一方"这样的协议一般就可以认定为有效。一般来说，经过公证后的"忠诚协议"得到法院认可的也比较多。因此若双方签署《忠诚协议》，最好请教专业人士。

　　相关的法律规定。《中华人民共和国民法典》第一千零九十一条规定，有下列情形之一，导致离婚的，无过错方有权请求损害赔偿：①重婚；②与他人同居；③实施家庭暴力；④虐待、遗弃家庭成员；⑤有其他重大过错。《中华人民共和国刑法》第二百五十八条规定，有配偶而重婚的，或者明知他人有配偶而与之结婚的，处二年以下有期徒刑或者拘役。

温馨提示

　　从实践中处理的情况来看，对忠诚协议到底应该如何处理，并没有一个统一的规定，学者们对此观点不一。实践中到底该如何处理，还需司法解释加以明确。不过对夫妻而言，忠诚协议本身是挽救不了婚姻的，只有夫妻间相互忠诚，相互尊重，维系好夫妻感情基础，才能创造出和谐、美满的婚姻生活。

（以上人物均为化名）

▶24. 父母拿不出彩礼，20岁男子自杀

　　结婚彩礼是我国从古代流传到现在的一种民间习俗，结婚彩礼一般是指男女双方就结婚达成一致时，由男方支付给女方的礼金。彩礼给付本来应该是自愿给付，但是有些地方的彩礼数额之多已经让有些家庭承受不了。今天我们就通过一个案例了解下关于彩礼方面的法律知识。

案例简介

　　2009年年初的一天晚上，警方接到张先生的报警电话。电话称，他在和儿子通电话时觉得儿子不太对劲，有自杀倾向。由于家里人只知道小张在市区一家餐

饮店打工，不知道具体住址，只好求助警方。

民警立即赶到小张打工的餐饮店，店长表示，小张请假休息了。民警通过询问小张的同事得知他平时所住宿舍地址，并火速赶往宿舍找人。当打开房门后，民警发现小张躺在地上，口吐白沫，意识不清，房间里有一股刺鼻的农药味。民警立即和小张的同事将其抬下楼，一路拉着警笛将小张送往医院抢救。幸好抢救及时，小张渐渐醒了过来。当天夜里，小张的父母也赶到了医院。

民警了解到，小张有一个女朋友，最近到了谈婚论嫁的地步。可是女方提出的20万元彩礼将他难住了。后来小张给母亲打电话，母亲表示，他们都是打工的，家里没这么多钱。晚上，小张又给父亲打电话，得到了同样的答复。

小张当时就在电话里说，没钱我就喝农药。这才有了开头小张父亲的报警电话。在小张洗胃后渐渐苏醒时，护士和民警都对小张进行了劝慰，这么年轻，为了彩礼的事情喝农药，万一真的救不过来真的不值，父母将儿子养这么大该多伤心。

延伸解读

一、婚姻法彩礼返还新规定

1.考虑到现实生活中的实际情况，最高人民法院关于婚姻法司法解释（二）第十条规定当事人请求返还按照习俗给付的彩礼的，如果查明属于以下情形，人民法院应当予以支持。

（1）双方未办理结婚登记手续的；

（2）双方办理结婚登记手续但确未共同生活的；

（3）婚前给付并导致给付人生活困难的。

适用前款第（2）、（3）项的规定，应当以双方离婚为条件。

该解释虽然没有概括应当返还彩礼的所有情形，但在法律上肯定了在一定条件下，收受的彩礼应当返还。有一条值得注意的是如果领了结婚证，没有在一起生活的，可以退还彩礼；一起生活了的，就算共同财产，可以按财产的方式处理。没领结婚证的当然可以主张。订立婚约是结婚的一个阶段，但不认为婚约是一种契约之债，所以当一方不履行婚约时，另一方不得提起履行婚约之诉，也不得追究违约责任。所以不能以耽误了对方青春之类的借口提出索赔。

2.《最高人民法院关于人民法院审理离婚案件处理财产分割问题的若干具体意见》。

第五条　已登记结婚，尚未共同生活，一方或双方受赠的礼金、礼物应认定为夫妻共同财产，具体处理时应考虑财产来源、数量等情况合理分割。各自出资购置、各自使用的财物，原则上归各自所有。

第十九条　借婚姻关系索取的财物，离婚时，如结婚时间不长，或者因索要财物造成对方生活困难的，可酌情返还。对取得财物的性质是索取还是赠与难以认定的，可按赠与处理。

二、涉及彩礼纠纷应当注意下列问题

1. 解决彩礼纠纷时应遵循的原则。决定彩礼是否返还，以当事人是否缔结婚姻关系为主要判断依据。给付彩礼后未缔结婚姻关系的，原则上应返还彩礼；如果已结婚的，原则上彩礼不予返还（一些特殊情形除外）；按照习俗举办了结婚仪式但没有领取结婚证书的，解除同居时彩礼原则上不予返还。

2. 结婚前给付彩礼的，必须以离婚为前提，才能考虑支持返还请求。如果给付彩礼之后，在婚姻关系存续期间，给付人要求返还给付的，不予支持，因为此时夫妻尚作为一个共同体，应遵循夫妻法定财产共有制。如果当事人在离婚诉讼的同时提出该项请求，法院准许离婚的，可根据情况做出是否支持返还彩礼请求；判决不准离婚的，不能支持当事人返还彩礼的请求。

3. 必须是当地确实存在婚前给付彩礼的习俗。一般来说，彩礼问题主要大量存在于我国广大的农村和经济相对不发达地区，人们迎亲嫁娶，多是按民风、习俗形成的惯例。如果当地没有此种风俗存在，就谈不上给付彩礼的问题。对于不能认定为彩礼的、属于男女交往间所为的给付财物如何处理，要视其具体情况及性质，由法院依法做出处理。

4. 要区别彩礼给付时当事人的主观意愿。一般来讲，彩礼的给付往往迫于当地行情及社会压力而不得不给，完全自愿给付且无任何附加条件的属于一般赠与行为，如果没有特殊规定，通常不予支持返还彩礼的请求。

5. 给付彩礼后办理了结婚登记，但双方并未真正在一起共同生活，对于要求返还彩礼的，应予以支持。双方登记结婚后，如果一直没有共同生活，也就没有夫妻之间相互扶助、共同生活的经历，实质意义上真正的共同生活还没有开始。

从法律角度审视彩礼给付的目的，我们不难发现彩礼的目的，是彩礼予以返还的一个基本条件。作为给付彩礼的代价中，本身就蕴含着以对方答应结婚为前提。如果没有结成婚，其目的落空，此时彩礼如仍旧归对方所有，与其当初给付时的本意明显背离。司法解释规定彩礼予以在一定条件下返还，在法理上体现了对对价行为公平性的保护。

（以上人物均为化名）

▶25. 父母为你买的房子，房子一定是你的吗

案例简介

王生结婚前父母帮他买了套房子，以备结婚用，而且是全款买的，房产证上是王生的名字。结婚两年后由于工作关系，房子离工作地远，所以王生便把它卖了。后来小两口又在离王生单位较近的地方买了套大房子，由于房屋总价较高，所以王生夫妻两个人贷了款，后来两个人闹起了矛盾，王生心里犯了难，这个房屋到底应该怎么分割？

【律师说法】

依据相关的司法解释，要根据以下因素判断：①父母出资购房时间、房屋登记的所有权人。②父母出资购房的出资比例。③出资方式。

关于出资方式有下面几种情况。

一、父母全资，但未登记

1.如果一方父母出资发生在其子女结婚前，则应根据《最高人民法院关于适用〈中华人民共和国民法典〉婚姻家庭编的解释（一）》第二十九条第一款规定，将该出资认定为对其子女一方的赠与。受赠一方子女可以获得该债权转化物——不动产的所有权。

2.如果一方父母出资发生在其子女结婚后，则应根据《最高人民法院关于适用〈中华人民共和国民法典〉婚姻家庭编的解释（一）》第二十九条第二款规定，将该出资认定为对夫妻双方的赠与，除非有证据证明父母明确表示赠与一方子女。相应地，子女双方以该共同受赠的出资购买的不动产，是婚后用夫妻共同财产购买的财产，属于夫妻共同财产。

25.父母为你买的房子，房子一定是你的吗

二、父母全资，已登记

1.婚后由一方父母出资为其已婚子女购买不动产，产权登记在其子女名下，视为只对自己子女一方的赠与。

2.由双方父母出资购买的不动产，产权登记在一方子女名下的，该不动产可认定为双方按照各自父母的出资份额按份共有，但当事人另有约定的除外。

三、父母部分出资，父母名义签合同后过户给子女

1.如果该不动产过户发生在子女结婚前，显然，该不动产所有权应属于子女婚前财产。

2.如果该不动产过户发生在子女结婚后且该不动产登记在出资父母一方的子女名下，则仍可适用本条规定，视为只对自己子女一方的赠与，该不动产应认定为夫妻一方的个人财产。

3.如果该不动产过户发生在子女结婚后且该不动产登记在夫妻中非子女一方名下或夫妻双方名下，用夫妻共同财产偿还该不动产的贷款，则该不动产应认定为夫妻双方共同财产。

四、父母只负责出资

1.如果该出资发生在子女结婚前，则该出资属于接受该出资子女的婚前个人财产。

2.如果该出资发生在子女结婚后，则根据《最高人民法院关于适用〈中华人民共和国民法典〉婚姻家庭编的解释（二）》第二十二条第二款规定，应将该出资认定为对夫妻双方的赠与。相应地，婚后以子女一方或双方名义签订的不动产买卖合同并以该出资作为首付款所购买的不动产，不管登记在子女一方还是双方名下都应视为夫妻共同财产。

延伸解读

现如今，很多父母出于避税等原因用子女名字购房，那么父母用子女名字买房到底好不好，我们一起来看看。

把房产登记在子女名下有以下好处。

1.规避税费。把房子直接登记在未成年子女名下，既方便又省钱。相比赠与、继承等能省下数万元过户税费，还不用担心将来会征收遗产税。

2.提前为孩子准备婚前财产，不用担心其婚后被配偶分割。提前为孩子购置

房产，一方面为孩子将来结婚做准备，另一方面根据目前的法律规定，夫妻一方婚前的房产婚后仍然属于个人财产，其配偶无权分割。

3.规避家庭破产风险，为自己和孩子都留条后路。有些家长从事风险性商业经营活动，以孩子的名义购置房产，一方面可以给子女提供一定的经济保障。另一方面如果家长面临生意失败、资不抵债等风险，还能为自己和孩子都留条后路。

4.夫妻双方出现感情危机，从保护子女权益出发，把房产登记在子女名下。正所谓家家有本难念的经，一些家庭中夫妻之间产生矛盾时往往互不相让，谁也不愿在财产上吃亏，此时有些夫妻会共同出于对子女的爱护，协商将房产登记在子女名下。

既然这么多好处，那么又有哪些弊端？

弊端一：父母离婚时易出纠纷。当父母离婚时，夫妻任何一方都无法分得该房屋。但是，从直接抚养孩子的角度来看，谁直接抚养子女，谁就可以事实上使用或者拥有该房屋。所以，孩子拥有房产将会造成夫妻财产分割及子女抚养难以达成协议的困境。

弊端二：财产权属不能忽略。"小房主"成年后，可能会和父母发生财产权属纠纷。虽然房屋的产权人系孩子，或者与其父母共有（通常是51%：49%），但实际上并不是其出资购房。当"小房主"成年后，由于其不履行赡养父母的义务或者其他种种原因，父母想收回其房屋时就会因存在法律障碍而无法收回该房屋。

弊端三：导致孩子独立买房时可能多付首付。如果孩子和父母没有共有房产，即父母房产证上没有孩子的名字，那么孩子成年后购买首套房，按照政策首付比例非常低，并可享受首套房房贷利率优惠。

温馨提示

若您想要以孩子的名义买房，必须注意这几点。

1.由于未成年子女不具有完全行为能力，购买房屋涉及的金额巨大，该子女对房屋权利的行使需要父母代理。

2.以子女名义购房后，房屋产权即属于子女。父母作为监护人不能随意处理子女的财产。必须提供监护人签名，保证其具有监护人资格和出售房产是为了未成年人利益的保证书，且保证书须经公证处公证。

3.孩子如婚后发生意外，配偶有权继承婚前财产。如果孩子在婚后不幸去世，根据《中华人民共和国民法典》继承编的规定，孩子的配偶、子女和父母同为第一顺序继承人，有权继承死者的遗产，这个遗产，包括孩子去世时名下的所有财产，当然也包括婚前财产。

（以上人物均为化名）

26. 父亲给女儿买别墅做婚房，小两口闹离婚，购房款怎么算

案例简介

吴先生经营着一家家族企业，2006年，他的女儿吴小丽与同在企业工作的张军相识相恋，随后登记结婚。2011年，吴先生出资为二人购置别墅，包括装修等，前前后后花费了近800万元，房子登记在二人名下。到了2016年，小两口感情不和闹离婚，吴先生一纸诉状把吴小丽和张军告上法院，称当时的购房款是女儿、女婿向他借的钱，之后一直以经济困难为由不愿意归还，并向法院出具了五张借条。所谓"不愿还款"的吴小丽，对这些借条的真实性毫无异议。

【法院审理】

法院经审理认为，吴先生出资购房时与两被告并无借贷合意。2011—2014年，原告在为案涉房屋出资时，未与被告约定该出资系借款，事后与被告吴小丽单方办理借款手续的原因是2014年年初两被告感情发生矛盾，原告看其感情不好就提出房子的事情要立下字据。

该补办借款手续的行为亦未征得被告张军同意，原告与两被告之间关于案涉款项的出资不符合借款合同的定义，双方之间并未形成民间借贷关系。本案中，原告与两被告之间具有特殊身份关系，且补签借款材料系在两被告之间夫妻关系不和时形成，未经被告张军同意。考虑到社会风俗习惯以及现有证据，法院难以采信双方之间存在借贷合意。

【法院判决】

因原告主张借贷关系证据不足，故对于原告主张要求两被告归还借款并支付

利息的诉讼请求不予支持。

【律师说法】

根据《中华人民共和国民法典》婚姻家庭编以及相关司法解释规定，当事人结婚后，父母为双方购置房屋出资的，该出资应当认定为对夫妻双方的赠与，但父母明确表示赠与一方的除外。本案中，原告为登记于两被告名下的案涉房屋购买、装修、还贷进行出资，该出资应视为对夫妻双方的赠与。

律师提醒，赠与是实践性合同，一经交付即完成。在本案中，案涉房屋已于2011年登记在小两口名下，吴先生对案涉房屋在购买、装修、还贷等支出款项也已经完成，该赠与已经生效。事后，在小两口因感情不和而分居的情况下，吴先生与吴小丽单方面补签了五份"借条"及《归还借款协议书》，并未通知被告张军参与，未征得被告张军的同意，该补签行为不能将出资性质由赠与转化为借款。

延伸解读

赠与合同符合实践合同的概念，但是，法律上没有给出明确的依据。法律上对赠与合同是否为实践合同的这个问题没有统一的规定，到目前为止，专家学者们对赠与合同到底是实践合同还是诺成合同还存在着很大的争议，大多数的人还是普遍认为赠与合同在原则上应该是实践合同。实践合同和诺成合同的区别主要在于成立的要件和当事人义务的确定。

一、法律上规定赠与合同是否为实践合同

赠与合同是诺成合同还是实践合同，专家学者们争议很大。个人认为赠与合同原则上为实践合同，诺成合同为例外。《中华人民共和国民法典》合同编并没有单独将赠与合同定位于实践合同或者诺成合同，而是根据现实的需要，分两种情况做出规定。具有救灾、扶贫等社会公益、道德义务性质的赠与合同或者经过公证的赠与合同，为诺成合同；其余的赠与合同为实践合同。其根据就是《中华人民共和国民法典》合同编第六百五十八条第一款规定，赠与人在赠与财产的权利转移之前可以撤销赠与。这条规定使赠与合同带有实践合同的性质，即一般的赠与合同在未交付标的物之前，赠与人可以撤销赠与，此时赠与合同对受赠人不产生法律效力。

实践合同又称要物合同，是指除当事人双方意思表示一致外，还须交付标的物或完成其他现实交付才能生效的合同，如借用合同。以合同除意思表示外是否需要其他现实成分为标准将合同划分为诺成合同和实践合同。诺成合同与实践合

26.父亲给女儿买别墅做婚房，小两口闹离婚，购房款怎么算

同区分之意义在于确定合同是否生效以及标的物风险转移时间。

诺成合同自当事人双方意思表示一致时即可成立，不以一方交付标的物为合同的成立要件，当事人交付标的物属于履行合同，而与合同的成立无关。买卖合同是典型的诺成合同。

诺成合同和实践合同区分。

第一，成立的要件不同。诺成合同仅以合意为成立要件，而实践合同以合意和交付标的物或完成其他给付为成立要件。

第二，当事人义务的确定不同。在诺成合同中，交付标的物或完成其他给付，是当事人的给付义务，违反该义务便产生违约责任；而在实践合同中，交付标的物或完成其他给付，不是当事人的给付义务，只是先合同义务，违反它不产生违约责任，但可构成缔约过失责任。

二、赠与合同成立的条件是什么

1.所赠财物必须是属于赠与人自己所有的合法财物。赠与人赠与的财物属国家、集体、他人或是非法所得的财物，赠与合同无效。赠与如果是为逃避履行法定义务，将自己的合法财产赠与他人，利害关系人主张权利，该赠与合同无效。

2.必须是赠与人自身意志的真实表示。

3.受赠人愿意接受赠与的真实意思表示。如果受赠与人不愿意接受赠与，或者受赠与人愿意接受赠与，而赠与人没有赠与的意思，则赠与合同不成立。

三、赠与合同具有以下特征

1.赠与合同是赠与人将自己合法所有的财产无偿给予受赠人的，因此赠与合同具有转移财产所有权的特征，赠与合同成立，赠与人丧失财产所有权，受赠人获得财产所有权。

2.赠与合同是赠与人单方承担将财产所有权转移至受赠人的义务，受赠人是无偿接受赠与人所赠与的财物，并不需要承担因此而产生的义务，因此赠与合同是单方义务无偿合同。

3.赠与合同具有其实践性。公民之间的赠与关系的成立，以赠与物交付为准，赠与房屋，如根据书面赠与合同办理了过户手续的，应认定赠与关系成立。未办理过户手续，赠与人根据书面赠与合同将产权证书交付受赠人，受赠人根据受赠合同已占有、使用该房屋的，可认定赠与有效，但应令其补办过户手续。

（以上人物均为化名）

27. 哥哥有义务抚养弟弟吗

【案例简介】

小新14岁那年,父母相继去世,他与比他大6岁的哥哥相依为命,靠父母留下的积蓄度日。两年后,积蓄用完了,好在哥哥也大学毕业了,并找到一份不错的工作,每月都有2000多元的收入。靠哥哥的帮助,小新上了高中。后来,哥哥交了女朋友,开始为结婚攒钱,对小新的资助越来越少,常常是学校要交钱,小新不好意思向哥哥张口,只能从自己的伙食费里省。哥哥的女朋友还经常暗示小新,让他平时打打工,不能总依靠哥哥,哥哥没有抚养弟弟的法定义务。可小新总觉得自己还是未成年人,有一定收入的哥哥有抚养义务。为此,兄弟俩搞得很不愉快。

【争议焦点】

哥哥是否有义务抚养弟弟?

【温馨提示】

《中华人民共和国民法典》婚姻家庭编规定,未成年人父母去世或无监护能力时,依顺序由有监护能力的祖父母或外祖父母、哥哥或姐姐担任未成年人的监护人。有负担能力的哥哥、姐姐对父母已经死亡的未成年的弟弟、妹妹,有抚养的义务。

从上面的规定可以看出,哥哥姐姐有抚养弟弟妹妹的义务,但要符合以下几个条件:一是父母已去世或没有抚养能力,二是弟弟妹妹必须是未成年人,三是哥哥姐姐一定要有负担弟弟妹妹的经济能力。这几个条件小新的哥哥都符合,可见他有义务抚养小新。

【延伸解读】

法定抚养义务人有哪些?我国法律规定除父母对未成年子女有抚养义务外,当出现特定情况时,继父母、祖父母、外祖父母、养父母都有法定抚养义务。那么父母对子女的抚养义务有哪些呢？

一、法定抚养义务人

法定抚养义务人，是指依照《中华人民共和国民法典》的规定负有抚养未成年人义务的人。

法定抚养义务人有下列几种。

1. 父母。父母对子女有抚养教育的义务，若父母不履行抚养义务时，未成年的或不能独立生活的子女，有要求父母付给抚养费的权利。

2. 继父母。继父或继母和受其抚养教育的继子女间的权利和义务，适用婚姻法对父母子女关系的有关规定。可见继父母对未成年的继子女有抚养的义务。

3. 养父母。国家保护合法的收养关系。养父母和养子女间的权利和义务，适用婚姻法对父母子女关系的有关规定。若收养人不履行抚养义务，有虐待、遗弃等侵害未成年养子女合法权益行为的，送养人有权要求解除养父母与养子女间的收养关系。

4. 祖父母、外祖父母。有负担能力的祖父母、外祖父母，对于父母已经死亡或父母无力抚养的未成年的孙子女、外孙子女，有抚养的义务。只有这两种情况之一出现时，祖父母、外祖父母才有法定抚养义务。

二、父母对子女的抚养义务

父母对子女的抚养义务有以下几种。

1. 父母对子女有抚养教育的义务。

2. 父母有保护和教育未成年子女的权利和义务。

3. 未成年子女对国家、集体或他人造成损害时，父母有承担民事责任的义务。

抚养，简单地说就是"保护并教养"。抚养关系是长辈和晚辈之间的，并且是长辈对无行为能力人（主要是未成年人）的保护并教养，强调的是教育和保护。抚养的目的是让子女健康成长。

三、法律对法定抚养义务人范围的规定

狭义抚养义务主要是指平辈之间的相互抚养，比如说夫妻之间、兄弟姐妹之间，而并非是父母子女之间的抚养关系。广义的抚养包括赡养、扶养以及抚养。

《中华人民共和国民法典》规定了长辈对晚辈、夫妻之间、同辈之间的扶养义务。《中华人民共和国民法典》第一千零七十四条规定，有负担能力的祖父母、外祖父母，对于父母已经死亡或者父母无力抚养的未成年孙子女、外孙子女，有抚养的义务。有负担能力的孙子女、外孙子女，对于子女已经死亡或者子女无力赡养的祖父母、外祖父母，有赡养的义务。《中华人民共和国民法典》第一千零六十八条规定，父母有教育、保护未成年子女的权利和义务。未成年子女造成他人损害的，父母应当依法承担民事责任。《中华人民共和国民法典》第一千零七十一条第二款规定，不直接抚养非婚生子女的生父或者生母，应当负担未成年子女或者不能独立生活的成年子女的抚养费。《中华人民共和国民法典》第一千零七十二条第二款规定，继父或者继母和受其抚养教育的继子女间的权利义务关系，适用本法关于父母子女关系的规定。

《中华人民共和国民法典》第一千零五十九条规定，夫妻有相互扶养的义务。需要扶养的一方，在另一方不履行扶养义务时，有要求其给付扶养费的权利。

《中华人民共和国民法典》第一千零七十五条规定，有负担能力的兄、姐，对于父母已经死亡或者父母无力抚养的未成年弟、妹，有扶养的义务。由兄、姐扶养长大的有负担能力的弟、妹，对于缺乏劳动能力又缺乏生活来源的兄、姐，有扶养的义务。

（以上人物均为化名）

▶28. 给第三者的财产还能要回来吗

案例简介

张生和王娟在同一个小区长大，可谓青梅竹马、两小无猜。初中开始就相恋，大学毕业后一起打拼，大学毕业后两个人就领取了结婚证，在旁人眼中，真可谓有情人终成眷属，婚后张生事业有成，可是王娟的身材渐渐走样，张生不再对其情有独钟了。

在一次企业家论坛上，张生结识了一个年轻貌美的小姑娘刘敏，很快张生就与刘敏发展了婚外情，并于2012年起先后向刘敏的账户转款计300万元，另代刘敏支付房款、购车款、保险费等20余万元。王娟知晓后诉至法院，要求确认张生擅自将夫妻共有财产赠与刘敏的行为无效,并要求刘敏归还。

【争议焦点】

夫妻一方擅自向婚外情人赠送的财产有效吗?另一方可以要求返还吗?

【法院判决】

法院经审理后认为,张生在赠与刘敏300万元时并未经过其配偶王娟的同意,该处分也并非用于夫妻日常生活,属于无权处分。刘敏在接受赠与时,已经知道张生的婚姻状态,仍无偿接受,其行为不属于善意取得,故法院认定该赠与行为无效,据此支持了王娟的诉求。

【律师说法】

本案是一起配偶一方将夫妻共同财产擅自赠与第三者,该赠与合同应属无效的典型案例。

从法理上分析,张生与刘敏之间的赠与合同存在效力问题。由于王娟和张生未对婚姻关系存续期间所得的财产进行过书面约定,故张生在婚姻关系存续期间所得的财产应归夫妻双方共同所有,双方对共同财产依法享有平等的处理权。非因家庭日常生活需要对夫妻共同财产做重要处理决定时,双方应协商取得一致意见。

本案中,张生事先未经财产共有权人王娟的同意,擅自将与王娟共有的夫妻共同财产赠与刘敏,且事后该赠与行为未得到王娟的追认,属于无权处分,该赠与行为侵犯了王娟的财产权利,故该赠与合同无效。

从情理上分析,张生在合法婚姻关系存续期间,认识了刘敏并进而发展为婚外情人关系,这种行为本身已违背了夫妻间的忠诚义务,违背了普世的价值取向,是应该遭到社会大众唾弃的。

不仅如此,张生擅自将夫妻共同财产赠与情人,更是侵害了配偶王娟的财产权益。在日常生活中,不少妇女面对第三者涉足离婚财产分割等现象,常以忍让为主,而没有意识到可以拿起法律武器保护自己。

法院对于本起案件的处理体现了倡导夫妻忠诚的社会主义道德风尚的裁判价值取向,加强了对合法配偶的财产权益的保护,对婚外情等不道德行为予以强烈的谴责。

【法律链接】

《中华人民共和国民法典》第一千零六十二条 【夫妻共同财产】夫妻在婚姻关系存续期间所得的下列财产,为夫妻的共同财产,归夫妻共同所有。

（一）工资、奖金、劳务报酬；

（二）生产、经营、投资的收益；

（三）知识产权的收益；

（四）继承或者受赠的财产，但是本法第一千零六十三条第三项规定的除外；

（五）其他应当归共同所有的财产。

夫妻对共同财产，有平等的处理权。

《最高人民法院关于适用〈中华人民共和国民法典〉婚姻家庭编的解释（一）》第一千零六十条规定，夫妻一方因家庭日常生活需要而实施的民事法律行为，对夫妻双方发生效力，但是夫妻一方与相对人另有约定的除外。

夫妻之间对一方可以实施的民事法律行为范围的限制，不得对抗善意相对人。

延伸解读

不管是怎样的合同，在当事人签字之后其实都是有可能出现合同无效的情况，从而导致合同不具有法律效力。

需要说明的是，违反法律、行政法规的强制性的合同，不管当事人在主观上是故意所为，还是过失所致，只要合同违反法律、行政法规的强制性规定，就确认该合同无效。严格来讲，我国并没有针对赠与合同无效的情形做出专门的规定，因此判断赠与合同是否无效，只能通过《中华人民共和国民法典》合同编中的一般规定进行分析。

（以上人物均为化名）

▶29. 股权收益在离婚时应如何分配

案例简介

2008年1月，张涛与杨静登记结婚。后育有一女张杨。2018年12月，因夫妻感情破裂，张涛诉至法院，要求解除婚姻关系。2019年年底法院判决双方离婚，并对子女抚养及财产分割等均做出处理。

离婚后，杨静向法院提起诉讼，请求：①分割张涛所持有的甲公司50%的股份所代表的财产性权益（包括该股份所产生的收益）。②分割张涛婚前取得的甲公司20%股份的婚后增值价值和收益。③分割张涛婚前取得的乙公司10%股份的婚后增值价值和收益。

经查，甲公司的股东为张涛和乙公司，其中张涛的投资额为350万元，持有70%的股份，乙公司的投资额为150万元，持有30%的股份。张涛持有的70%股份中，20%的股份系婚前取得，50%的股份系与杨静在婚姻关系存续期间取得。乙公司于2001年3月设立，自2006年2月起，张涛持有10%的股份。

【争议焦点】

股权、股权收益在离婚时应如何分配。

【法院判决】

法院经审理，判决如下：①张涛婚后持有的甲公司50%的股份，归张涛所有，张涛向杨静支付股权折价款N万元；②张涛向杨静支付其婚前持有的甲公司20%的股份婚后所产生的增值及收益折价款N万元；③张涛向杨静支付其婚前持有的乙公司10%的股份婚后所产生的增值及收益折价款N万元。

【法律链接】

根据《最高人民法院关于适用〈中华人民共和国民法典〉婚姻家庭编的解释（一）》第二十六条规定，夫妻一方个人财产在婚后产生的收益，除孳息和自然增值外，应认定为夫妻共同财产。张某一直系甲公司及乙公司的股东，本案所涉的张某在婚前取得的甲公司20%股份、乙公司10%股份婚后所产生的收益，并不属于孳息和自然增值，而是属于张某一方个人财产在婚姻关系存续期间的主动增值，该增值发生的原因与自然增值相反，是与夫妻一方或双方对该财产所付出的劳务扶持、管理相关，故应认定为夫妻共同财产。

延伸解读

夫妻离婚股权如何分割？

股权属于个人财产时，离婚股权如何分割，离婚财产怎么分配？此种情况下，对于股权如何分割需要分为两部分：股权及收益。

一、离婚股权如何分割

个人婚前就已经存在或者婚后约定归个人所有的财产投资的股权属于夫妻个

人财产，在离婚财产分割时，不参与离婚财产的分割。因此，离婚股权并不予以分割。

二、离婚股权产生的收益如何分割

根据《中华人民共和国民法典》婚姻家庭编规定，一方以个人财产投资取得的收益属于夫妻共同财产。因此，在婚姻关系存续期间，一方个人股权产生的收益如公司的利润分红，股价上涨抛售增值的部分则属于夫妻共同财产。在离婚财产分割时按照夫妻共同财产进行分割。

三、夫妻有限责任公司，离婚时股权如何分割

此种情况下，离婚股权分割比较简单。因为是夫妻公司，不涉及第三人。一般情况下，对此类股权分割按照共同财产平均分割。不管先前出资谁多谁少，都可以得到公司50%的股权。对于产生的收益也按照夫妻共同财产进行平均分割。

四、以夫或妻一方名义与他人投资成立公司，夫妻离婚时股权如何分割

这种形式的有限公司，由于涉及第三人，关系较为复杂。我国法律对此也有明确规定。例如，夫妻双方协商一致将出资额部分或者全部转让给该股东的配偶，过半数股东同意，其他股东明确表示放弃优先购买权的，该股东的配偶可以成为该公司股东。夫妻双方就出资额转让份额和转让价格等事项协商一致后，过半数股东不同意转让，但愿意以同等价格购买该出资额的，人民法院可以对转让出资所得财产进行分割。过半数股东不同意转让，也不愿意以同等价格购买该出资额的，视为其同意转让，该股东的配偶可以成为该公司股东。

此时由于涉及公司的经营股权分割可能会遇到公司其他股东的阻碍，甚至可能有股权一方串通其他股东对股权进行造假。

五、夫妻双方共同与他人投资形成的有限公司，离婚时股权如何分割

此种情况就相对简单一些，夫妻本来都是股东，不存在向股东之外第三人转让股权的问题，也不存在一方退出而变更公司问题，分割时只需按照《中华人民共和国民法典》婚姻家庭编的规定，依照夫妻共同财产的基本原则对夫妻共有股权在二人之间进行公平分割。一方如果不愿意继续经营主张退出公司的，另一方或者其他股东均可购买并予以折价补偿。

在解决离婚财产怎么分配的问题中，涉及股权的分割是最麻烦的，特别是一方不参与经营管理的公司，如何调查夫妻另一方所占有的股权是一个大的难题。因为，根据公司章程规定，公司可以拒绝股东以外的其他人对公司经营状况进行

调查。此时，如何确定对方的股份就成为一个特别麻烦的事情。如果不知道对方有多少股权，对方有转移、隐匿财产的行为就会无法察觉，也无法调查。

（以上人物均为化名）

▶30.孩子的抚养权可以变更吗

案例简介

2007年2月，王娟与张明登记结婚。次年生育一对龙凤胎，女儿张静，儿子张海。2018年12月，王娟起诉要求与张明离婚。后法院做出判决，判决双方离婚，两个孩子张静由原告自行抚养，张海由被告自行抚养，双方互不给付抚养费。

离婚后，张明去外地工作，而两个孩子均随王娟共同居住生活。就这样过了半年后，王娟以张明没有履行抚养义务为由诉至法院，请求判令儿子张海改为由自己直接抚养，并要求张明支付抚养费。张明以外出为由未到庭进行答辩和提供证据。

【法院判决】

法院认为，原、被告离婚后，婚生儿子一直与原告生活，现已年满八周岁，具有一定的识别能力，其要求与原告一起生活，同时原告有固定的收入，具有抚养孩子的能力，而被告长期外出务工，无法履行抚养孩子的义务。从更有利于孩子健康成长考虑，依据《中华人民共和国民法典》第一千零八十四条、第一千零八十五条，最高人民法院《关于人民法院审理离婚案件处理子女抚养问题的若干具体意见》第十六条之规定，对于原告的诉求予以支持。

【律师说法】

依照《中华人民共和国民法典》第一千零八十四条、第一千零八十五条，最高人民法院《关于人民法院审理离婚案件处理子女抚养问题的若干具体意见》第十六条第一款第（三）项之规定，张海一直与原告生活，被告外出打工又无暇顾及，且并未出具答辩意见，可见其对变更孩子抚养权并无异议。为了孩子的健康成长，理应支持原告的诉求。

> **延伸解读**

一、离婚后孩子归谁直接抚养更合适

依据《中华人民共和国民法典》婚姻家庭编及其相关司法解释和长期的司法实践,其基本原则是"有利于子女健康成长"。

第一,哺乳期内的子女由母亲抚养为原则。

第二,哺乳期后的子女由谁抚养的问题。首先应由父母双方协商确定,协商不成的,由人民法院根据双方的情况判决。

二、离婚后孩子的抚养权如何判决

1.两周岁以下的子女,一般随母方生活。母方有下列情形之一的,可随父方生活。

(1)患有久治不愈的传染性疾病或其他严重疾病,子女不宜与其共同生活的;

(2)有抚养条件不尽抚养义务,而父方要求子女随其生活的;

(3)因其他原因,子女确无法随母方生活的。

2.父母双方协议两周岁以下子女随父方生活,并对子女健康成长无不利影响的,可予准许。

3.对两周岁以上未成年的子女,父方和母方均要求随其生活,一方有下列情形之一的,可予优先考虑。

(1)已做绝育手术或因其他原因丧失生育能力的;

(2)子女随其生活时间较长,改变生活环境对子女健康成长明显不利的;

(3)无其他子女,而另一方有其他子女的;

(4)子女随其生活,对子女成长有利,而另一方患有久治不愈的传染性疾病或其他严重疾病,或者有其他不利于子女身心健康的情形,不宜与子女共同生活的。

4.父方与母方抚养子女的条件基本相同,双方均要求子女与其共同生活,但子女单独随祖父母或外祖父母共同生活多年,且祖父母或外祖父母要求并且有能力帮助子女照顾孙子女或外孙子女的,可作为子女随父或母生活的优先条件予以考虑。

5.父母双方对八周岁以上的未成年子女随父或随母生活发生争执的,应考虑该子女的意见。

6.在有利于保护子女利益的前提下,父母双方协议轮流抚养子女的,可予准许。

三、孩子几岁可以自己选择由谁抚养

如果父母离婚，孩子八周岁以上就可以自己选择与父母中的哪一方一起生活，父母双方对八周岁以上的未成年子女随父或随母生活发生争执的，应考虑该子女的意见。

人民法院审理离婚案件，对子女抚养问题，应当依照《中华人民共和国民法典》第一千零八十四条有关法律规定，从有利于子女身心健康，保障子女的合法权益出发，结合父母双方的抚养能力和抚养条件等具体情况妥善解决。根据上述原则，结合审判实践，提出如下具体意见：

1.两周岁以下的子女，一般随母方生活，母方有下列情形之一的，可随父方生活。

（1）患有久治不愈的传染性疾病或其他严重疾病，子女不宜与其共同生活的；

（2）有抚养条件不尽抚养义务，而父方要求子女随其生活的；

（3）因其他原因，子女确无法随母方生活的。

2.父母双方协议两周岁以下子女随父方生活，并对子女健康成长无不利影响的，可予准许。

3.对两周岁以上未成年的子女，父方和母方均要求随其生活，一方有下列情形之一的，可予优先考虑。

（1）已做绝育手术或因其他原因丧失生育能力的；

（2）子女随其生活时间较长，改变生活环境对子女健康成长明显不利的；

（3）无其他子女，而另一方有其他子女的；

（4）子女随其生活，对子女成长有利，而另一方患有久治不愈的传染性疾病或其他严重疾病，或者有其他不利于子女身心健康的情形，不宜与子女共同生活的。

4.父方与母方抚养子女的条件基本相同，双方均要求子女与其共同生活，但子女单独随祖父母或外祖父母共同生活多年，且祖父母或外祖父母要求并且有能力帮助子女照顾孙子女或外孙子女的，可作为子女随父或母生活的优先条件予以考虑。

5.父母双方对八周岁以上的未成年子女随父或随母生活发生争执的，应考虑该子女的意见。

6.在有利于保护子女利益的前提下，父母双方协议轮流抚养子女的，可予准许。

法院在审理子女抚养权案件时，对于八周岁以上的孩子，关于抚养权的归属会征求孩子的意见，如果孩子更愿意与父母其中一方共同生活，法院会听取孩子的意见。对于八周岁以下的孩子，法院在判决抚养权时会从哪一方对孩子的成长更为有利这一点来考虑。

（以上人物均为化名）

▶31. 婚前贷款买房，婚后共同还贷，离婚时该怎么分

案例简介

2003年8月，王敏采用银行按揭贷款的方式购买了一套商品房，价格60万元人民币。第二年王敏与孙同结婚，婚后双方对该房屋装修后入住并一直共同还贷。后王敏办妥了所购房屋产权证书。2010年5月，王敏与孙同因感情不和商议离婚，但在分割房产时双方发生了争议。因王敏于2003年用60万元所购房屋现已升至160万元。丈夫孙同认为，该房产是在婚后取得房产证，且双方婚后进行了装修和共同还贷，因此，该房产及其增值部分应按夫妻共同财产予以分割。王敏则不同意孙同分割该房产增值部分的要求。双方争执不下，最后孙同诉至法院请求法院裁判。

【律师说法】

本案是一起典型的夫妻离婚时应该如何分割不动产的纠纷。对于夫妻离婚所涉不动产财产的分割纠纷，必须弄清两方面问题。

首先，要弄清夫或妻一方婚前购买、婚后取得产权证的房产，应属于购买一方的婚前财产，还是应属于夫妻婚后的共同财产。房屋买卖属于不动产交易，买受人要取得房屋产权，不仅要和出卖人订立房屋买卖合同，交付购房款，而且还必须和出卖人一起到国家房地产管理机关办理房屋产权登记。经登记注册，买受人取得房产证后，该房屋的产权才从卖房者手中转移到购房者手中，此时买受人

才从法律意义上取得该房屋的所有权。

鉴于不动产交易尤其是商品房买卖多为按揭贷款的方式进行，且办理房产证需要较长时间的特殊性，在认定夫或妻一方婚前购买、婚后取得房产证的房产的归属时，实践中人民法院一般不以取得房屋产权为依据，而以取得房屋的期待权为依据，来确定房屋的权属，即一般而言，订立了购房合同并支付了部分房款的夫或妻一方婚前购买、婚后取得房产证的房产应认定为是购买人一方的婚前财产。

本案中，王敏的房屋确实是在婚前购买，并且已经在婚前办理完成按揭手续。所以婚后还贷的行为，实质上只是夫妻共同去偿还王敏个人所欠银行的债务。换句话说就是，个人与银行之间的债务清偿，而不是支付房款，房款在首付款和银行放贷时已经支付完毕。从物权的角度来看，婚前一方按揭贷款购买的房屋仍属于一方婚前财产，配偶一方参与还贷只是在夫妻离婚时产生新的债务关系，并非参与到之前的房屋买卖合同关系。根据《最高人民法院关于适用〈中华人民共和国民法典〉婚姻家庭编的解释（三）》规定，离婚时，房屋所有权登记一方应将婚姻关系存续期间所归还银行的贷款和对应增值的一半补偿给配偶。这也体现了一种公平原则。

其次，要弄清属于夫或妻一方婚前财产的房产婚后升值，其增值部分应属于原夫或妻一方所有，还是应属于夫妻共同所有。要求认真分析其升值的原因，根据其升值原因的性质，确定其增值部分的归属。

第一，如果在夫妻共同生活期间，双方对该房屋进行了装修，维护管理，因装饰装修和维护维修导致该房屋升值，那么，按照民法的"添附"理论，该房屋的增值部分应当属于夫妻共同所有。

第二，如果在夫妻共同生活期间，房地产行情发生变化，房价地价升值，从而导致该房屋价值增长，那么，按照投资风险效益的原理，其增值部分应属于原夫或妻一方所有。按照《中华人民共和国民法典》第一千零六十二条规定和一千零六十三条的规定，夫妻在婚存续期间所得的财产，如工资、奖金、劳务报酬和生产、经营、投资的收益以及其他应当归共同所有的财产等，属于夫妻共同财产，离婚时应依法分割。夫妻一方婚前取得的财产属个人财产，归夫妻一方所有，离婚时对方无权分割。依照《最高人民法院关于适用〈中华人民共和国民法典〉婚姻家庭编的解释（一）》第二十五条规定，婚姻关系存续期间，下列财产属于民法典第一千零六十二条规定的"其他应当归共同所有的财产"。

第三，如果婚前所购房屋在婚后共同还贷的，夫妻一方对共同还贷部分所对应的房屋增值份额应该享有补偿权。婚前财产在婚后的收益，如果一概作为个人财产处理，是对夫妻之间可能的分工和其各自对家庭的贡献的漠视。房产虽系男方在婚前购买，但婚后按揭款属于夫妻共同财产，这一部分资金被购房一方占用，直接导致另一方在婚姻存续期间的投资机会、投资规模以及生活品质受到一定的限制和影响。如果这一部分房屋增加值也被列入个人财产归购房一方享有，则对另一方显然有失公允。

尽管一方婚前房产仍归该个人所有，但该房产在婚后的增值，凝聚了另一方配偶的贡献，则该配偶有权享受这种收益，有权得到补偿。只是法律和司法解释均无明文规定。

综上所述，对夫妻离婚不动产财产分割纠纷案件，既要认真查清该房产的购买时间、取得房产证时间及双方结婚时间，还要在双方对不动产增值部分归属产生纠纷时认真分析该房产增值的根本原因。只有这样，才能全面客观地处理好双方争议的法律问题。

具体到本案，因该房屋系王敏婚前购买，虽然直到婚后才取得房产证，但鉴于不动产交易的特殊性，可以取得不动产物权的期待权为依据。王敏订立了购房合同并支付了房款，虽然婚前未取得房产证，但其取得了对该房产的期待权，该房产应认定为购买人即王敏一方的婚前财产。

另外，就房屋增值部分，由于双方婚后对该房屋装修造成该房屋价值增长，则其增值部分应属于夫妻共同财产。对于共同还贷部分对应的增值部分，孙同应该享有补偿权，一般判决中仅仅是将婚后还款的一半补偿给另一方，毕竟婚后还贷只是偿还一方债务的行为，是个人与银行之间的债务清偿，而不是支付房款，房款在银行放贷时已经支付完毕。所以，一方参与还贷不能因此而加入房屋买卖关系，跟房屋产权没有关系，并没有参加到最初的房屋买卖合同关系中，是在夫妻间形成新的债务关系。由于市场行情上涨引起的增值部分，则应属于该房屋所有人所有。但是婚姻关系是特殊的人身关系，不是商品交换、市场经营，鉴于这种特殊身份关系而产生的财产关系不同于一般的物权或合同关系，有其特定的法律规则，不能简单地适用合同法、物权法，而要以婚姻法和继承法为原则。

（以上人物均为化名）

32. 婚后父母出资购房该归谁

案例简介

小王与小赵于2001年5月登记结婚，2002年9月生育一子王康。2002年10月，小王购买商品房一套，总价款为40万元（目前价值800万元），购房款分三次付清，小王分别于10月19日交定金1万元、10月30日交付购房款20万元、11月7日交付购房款19万元。2002年10月31日办理了房屋登记，该房产登记在小王名下。小王的购房款是由其父亲帮忙筹集，小王的父亲王大于2002年10月15日通过银行汇给小赵20万元，王大还向亲戚借款20万元，并委托亲戚于10月28日通过银行汇给小王，小王收到上述款项后，均用于支付购房款。

2013年2月，小赵起诉至法院，要求与小王离婚，并分割上述房产。小赵称购房时双方商量由两家共同出资，小赵一方由5个姐妹每人出1万元、父母出5万元、小赵个人积蓄5万元共计15万元，剩余房款由小王一方筹集，具体来源不详。

后法院判决准予小王与小赵离婚，婚生子王康由小王抚养，小赵每月支付抚养费1000元；双方的家具、电器予以适当分割。对于小赵要求分割房屋的诉求，法院没有支持。法院认为，双方发生离婚纠纷时涉及的房产，由于该房屋系小王的父亲全款出资购买，且登记在小王名下，根据《最高人民法院关于适用〈中华人民共和国民法典〉婚姻家庭编的解释（三）》的规定，认定其属于小王的个人财产。

【争议焦点】

本案的争议焦点在于，小王和小赵在婚姻关系存续期间所购住房是否属于夫妻共同财产。

【法院判决】

法院经审理后查明，小王主张购房款由父母出资，且提供了相应的汇款凭证、款项去向等证据，具体到本案中，小王提供的汇款凭证上的金额、日期均与支付购房款的时间基本吻合。

法院根据《最高人民法院关于适用〈中华人民共和国民法典〉婚姻家庭编的解释（一）》第二十九条规定，当事人结婚前，父母为双方购置房屋出资的，该出资应当认定为对自己子女个人的赠与，但父母明确表示赠与双方的除外。

当事人结婚后，父母为双方购置房屋出资的，依照约定处理；没有约定或者约定不明确的，按照民法典第一千零六十二条第一款第四项规定的原则处理。因此，该房产应当视为小王的个人财产。判决驳回小赵要求分割房屋的诉求。

温馨提示

法院对小王主张的购房款系由其父亲支付予以认定，因此根据相关法律及《最高人民法院关于适用〈中华人民共和国民法典〉婚姻家庭编的解释（一）》的规定，认定该房产系小王的父亲对小王个人的赠与，房产应属小王个人财产，而非小王、小赵的夫妻共同财产。因此，小赵主张将该房产作为夫妻共同财产予以分割，法院不予支持。《最高人民法院关于适用〈中华人民共和国民法典〉婚姻家庭编的解释（三）》的这条规定，虽然保护了父母的财产权，但是对夫妻共同财产制也是个打击。

延伸解读

父母出资给子女购房婚前婚后的几种产权归属。

一、婚前买房

1.婚前一方父母全额出资，产权登记在出资方子女名下。

举例：小明和小丽准备结婚，小明的父母出全款给他们买了一套婚房，登记在小明名下。

当事人结婚前，父母为双方购置房屋出资的，该出资应当认定为对自己子女的个人赠与，但父母明确表示赠与双方的除外。既然是婚前父母出全款，房子又登记在小明一人名下，小明即拥有房子的绝对产权。

2.婚前一方父母出首付，产权登记在出资方子女名下。

举例：小明和小丽准备结婚，小明父母出首付给他们买了一套婚房，登记在小明名下，婚后由小明一人还贷。

这种情况跟上面的类似，婚前父母出资买房，房子又登记在出资方子女名下，房屋产权归小明。而婚后还贷部分属于夫妻共同财产，如果离婚，小丽可以主张要回用于还贷的共同财产。

3.婚前双方父母出全额，产权登记在双方子女名下。

举例：小明和小丽准备结婚，双方父母各出50万元全款给他们买了一套婚房，登记在小明、小丽二人名下。

由双方父母出资购买的不动产，产权登记在双方子女名下，该不动产可认定为双方按照各自父母的出资份额按份共有，但当事人另有约定的除外。双方父母出资为二人购房，并且房产证登记了两人名字，房屋产权属于夫妻二人，而出资部分双方各50万元被认定为对小明、小丽的赠与，如果担心将来发生意外情况，可以在赠与合同中约定某项条件，如分手，一旦条件达成，双方父母可以主张要回赠与资金。

4.婚前双方父母出首付，产权登记在双方子女名下。

举例：小明和小丽准备结婚，双方父母各出首付10万元给他们买了一套婚房，登记在小明、小丽二人名下。

和前一种情况类似，双方父母出资为二人购房，并且房产证登记了两人名字，房屋产权属于夫妻二人，而出资部分双方各10万元被认定为对小明和小丽二人的赠与。

二、婚后买房

1.婚后一方父母出全额，产权登记在出资方子女名下。

举例：小明和小丽结婚后，小明的父母出全款给他们买了一套婚房，登记在小明名下。

《最高人民法院关于适用〈中华人民共和国民法典〉婚姻家庭编的解释（一）》第二十九条规定，当事人结婚前，父母为双方购置房屋出资的，该出资应当认定为对自己子女个人的赠与，但父母明确表示赠与双方的除外。

当事人结婚后，父母为双方购置房屋出资的，依照约定处理；没有约定或者约定不明确的，按照民法典第一千零六十二条第一款第四项规定的原则处理。这里的出资指的就是全额出资，其解释主要是考虑到我国现实国情：房价飙升，父母为子女购房往往倾尽其毕生之积蓄，并且是在怀着对子女婚姻长久美满的美好期许的前提下为子女出资的。因此小明父母全款出资，房子是小明的个人财产，并非夫妻共同财产。

2.婚后一方父母出首付，产权登记在出资方子女名下。

举例：小明和小丽结婚后，小明的父母出首付给他们买了一套婚房，登记在小明名下，婚后由小明两人还贷。

《最高人民法院关于适用〈中华人民共和国民法典〉婚姻家庭编的解释（一）》第二十九条规定，当事人结婚前，父母为双方购置房屋出资的，该出资应当认定为对自己子女个人的赠与，但父母明确表示赠与双方的除外。

当事人结婚后，父母为双方购置房屋出资的，依照约定处理；没有约定或者约定不明确的，按照民法典第一千零六十二条第一款第四项规定的原则处理。这里的出资指的就是部分出资，虽然房子只登记了小明一个人的名字，但婚后是二人共同还贷，父母也没有明确的书面证明出资是只赠与小明，一般会被认定为对夫妻二人的赠与。

3.婚后双方父母出全额或首付，产权登记在双方子女名下。

举例：小明和小丽结婚后，双方父母给他们买了一套婚房，登记在小明、小丽名下。

这个就很好理解了，若无其他相反约定，无论全款还是贷款都应当认定为对双方的赠与，房子属于夫妻二人共同财产。

（以上人物均为化名）

33. 婚后还贷10年，离婚时她却一分钱也没得到

案例简介

王大朋于2000年购买了一套位于回龙观的商品房，总价20多万元，父母帮他付了首付款5万多元，贷款15万元。2004年，王大朋与张小娟结婚，婚后张小娟每个月给婆婆1600元现金，用于偿还贷款。2014年，夫妻俩不和，张小娟诉至法院。请求离婚，并分割这套房屋。

庭审中，王大朋同意离婚，但表示房屋系其婚前个人财产，首付款是其父母出的，贷款也是其父母每个月往他的卡里转账还款，所以并没有夫妻共同财产，并提供了转账凭证予以证明。这个房屋到底应该怎么分割呢？

33. 婚后还贷 10 年，离婚时她却一分钱也没得到

【争议焦点】

根据《最高人民法院关于适用〈中华人民共和国民法典〉婚姻家庭编的解释（一）》第七十八条规定，夫妻一方婚前签订不动产买卖合同，以个人财产支付首付款并在银行贷款，婚后用夫妻共同财产还贷，不动产登记于首付款支付方名下的，离婚时该不动产由双方协议处理。

依前款规定不能达成协议的，人民法院可以判决该不动产归登记一方，尚未归还的贷款为不动产登记一方的个人债务。双方婚后共同还贷支付的款项及其相对应财产增值部分，离婚时应根据民法典第一千零八十七条第一款规定的原则，由不动产登记一方对另一方进行补偿。

可见在本案中，张小娟想要获得房屋的折价款，必须要证明其共同参与了还款行为，而她却无法提供证明。

【法院判决】

最终由于张小娟无法提供证据，法院采纳了王大朋的意见，仅判决离婚，没有支持张小娟要求分割房屋的诉求。

温馨提示

我们在同情张小娟的同时，也提醒大家，风险无处不在，如果张小娟在结婚时，甚至是在还款时能够防范婚姻风险，也不至于落得人财两空。当然在婚姻里夫妻之间还是应该多点真诚，少点套路，多信任对方。也真心希望所有人都是为爱情而结婚，不要为了婚姻财产闹得不欢而散。

延伸解读

实践中，夫妻离婚时如何分割按揭房产，是双方当事人争执的焦点。法院在审判中会根据房产取得的时间是在结婚登记之前还是之后、购房款的来源、离婚时是否取得房产证等方面来确定房屋是个人财产还是夫妻共同财产，进而做出合理判决。

1.夫妻双方婚后共同贷款买房，取得房屋产权的，该房屋属于夫妻共同财产，按一般原则平均分割。

2.夫妻一方婚前通过按揭贷款购房，并支付完全部购房款，取得了房产证并已登记在一方名下的，这种情况应当属于一方婚前个人财产，离婚时一般仍归一

方个人所有。因为财产本身的性质不因婚姻关系的存废而发生变化，所以属于个人财产的房屋在婚后产生的增值部分也应当属于一方个人财产。

3. 夫妻一方婚前通过按揭贷款购房，取得了房产证，婚后夫妻共同还贷的房屋，依据《最高人民法院关于适用〈中华人民共和国民法典〉婚姻家庭编的解释（一）》第七十八条规定，夫妻一方婚前签订不动产买卖合同，以个人财产支付首付款并在银行贷款，婚后用夫妻共同财产还贷，不动产登记于首付款支付方名下的，离婚时该不动产由双方协议处理。依前款规定不能达成协议的，人民法院可以判决该不动产归产权登记一方，尚未归还的贷款为产权登记一方的个人债务。双方婚后共同还贷支付的款项及其相对应财产增值部分，离婚时应根据婚姻法第三十九条第一款规定的原则，由产权登记一方对另一方进行补偿。"也就是，该房产归房产登记方所有，双方婚后共同还贷支付的款项及其相对应财产增值部分按照夫妻共同财产来予以处理。

4. 夫妻一方婚前付了部分房款，婚后双方共同还贷，并且婚后才取得房产证的。该种情形与前一种情形的不同之处在于房产证的取得时间。房产登记只是属于对房屋所有权的公示和确认，依据《中华人民共和国民法典》第二百一十五条规定："当事人之间订立有关设立、变更、转让和消灭不动产物权的合同，除法律另有规定或者当事人另有约定外，自合同成立时生效；未办理物权登记的，不影响合同效力。"不动产物权人取得物权的时间应当在购房合同生效时起计算。婚前以个人名义购房并且完成了购房所应负的全部合同义务，产权登记及房产证颁发是开发商和行政机关的义务，不能因为第三人未能及时履行义务而剥夺守约人的权利，故此种情况的房产仍然属于一方的婚前个人财产，离婚时的分割原则和方式与上一种方式是一样的。

5. 夫妻一方婚前付了部分房款，婚后共同还贷，但是离婚时尚未取得房产证。这种情形就属于没有房产证或者离婚时尚未取得房屋所有证的情形，夫妻双方可以协商分割，协商不成的，一般不宜在诉讼中处理，当事人可以待房屋取得产权证后，另案起诉分割。

6. 夫妻双方的父母共同出资，全部或者是部分出资，产权登记在一方子女名下的，该不动产可认定为双方按照各自父母的出资份额按份共有，但当事人另有约定的除外。

7. 婚后父母付首付，由夫妻二人共同还贷的，该出资应当认定为对夫妻双方的赠与，但父母明确表示赠与一方的除外。

8.父母婚前支付首付应当属于对自己子女的个人赠与部分，属于该方的个人财产，如果产权登记在该方名下，可以依据《最高人民法院关于适用〈中华人民共和国民法典〉婚姻家庭编的解释（一）》第二十九条规定，当事人结婚前，父母为双方购置房屋出资的，该出资应当认定为对自己子女个人的赠与，但父母明确表示赠与双方的除外。

9.婚前一方父母支付全资，房屋登记在自己子女名下，或者婚前一方父母付首付，婚前婚后仍然由父母支付每月贷款的，这两种情形均属于父母支付全资。该房屋应当属于子女的婚前个人财产。

（以上人物均为化名）

34.婚后全款买的房屋，婚后办理的产权证，算是夫妻共同财产吗

案例简介

2007年1月，小张与小李通过朋友介绍认识，经一年的时间自由恋爱，双方于2008年7月登记结婚，2008年8月小张购买了一套商品房，登记在自己名下，并付了全款。2008年12月小张拿到了房产证。2009年12月双方因为感情不和，小李提起诉讼要求离婚，并要求分割夫妻共同财产。

【争议焦点】

婚后全款买的房屋，婚后办理的产权证，算是夫妻共同财产吗？

【法院判决】

该房屋系婚后双方共同购买，虽然只写在一人名下，但是属于夫妻婚后共同财产，不因为产权证是一个人的名字而改变其共有权的性质。根据《中华人民共和国民法典》婚姻编的规定，除双方约定财产制外，婚后双方的收入，双方取得的财产均属于夫妻共同财产。

温馨提示

本案中，小张与小李结婚后双方共同购买的房产，按照法律规定属于夫妻共同财产，至于房产证什么时间办理完毕，不影响产权的性质，故本案中小张名下的房屋属于夫妻共同财产，离婚时应当予以分割。如小李不主张该房屋归她所有，小李可以分得该房屋一半的折价款，如双方都要求房屋归自己所有，应当进行竞价，价高者得到房屋，支付另一方相应的折价款。如果双方都不想要房屋，法院可以将房屋进行拍卖，拍卖所得价款扣除拍卖费用后一人一半。

《中华人民共和国民法典》第一千零六十二条【夫妻共同财产】夫妻在婚姻关系存续期间所得的下列财产，为夫妻的共同财产，归夫妻共同所有。

1.工资、奖金、劳务报酬；

2.生产、经营、投资的收益；

3.知识产权的收益；

4.继承或者受赠的财产，但是本法第一千零六十三条第三项规定的除外；

5.其他应当归共同所有的财产。

夫妻对共同财产，有平等的处理权。

延伸解读

一般来说，夫妻双方通过法院诉讼离婚的主要原因是在财产分割上达不成一致的意见，尤其是对房屋的分割有争议，在房价持续攀升的城市里，房屋问题对于普通百姓来说是一个最大的问题，因此，在离婚时，房屋如何分割就成为离婚时的焦点问题。在实践中，离婚时房屋分割的情况相当复杂。分述如下。

1.夫妻一方婚前购买的房屋，且付清全部房款，应属于一方的婚前财产，离婚时，另一方无权要求分割。

（1）婚前取得产权证的。

《中华人民共和国民法典》婚姻家庭编规定：一方的婚前财产，为夫妻一方的个人财产。《最高人民法院关于适用〈中华人民共和国民法典〉婚姻家庭编的解释（一）》同时规定，夫妻一方所有的财产，不因婚姻关系的延续而转化为夫妻共同财产。既然夫妻一方婚前付清了全部房款，并取得了房产证，那么该房屋无疑是婚前财产。所以，离婚时，另一方无权要求分割。

34.婚后全款买的房屋，婚后办理的产权证，算是夫妻共同财产吗

（2）婚后取得产权证的。

仍旧是属于一方的婚前财产，离婚时，另一方无权要求分割。产权证虽然是物权凭证，但并不意味婚后取得产权证的房屋就应当是婚后财产，关键看出资情况，即夫妻一方在婚前是否已付清全部房款。

2.婚后夫妻一方以个人婚前财产购买的房屋，应属于一方的婚前财产，离婚时，另一方无权要求分割。

这涉及夫妻一方用婚前个人积蓄或资金来源于个人婚前财产购买的房屋的归属问题，由于这只是原有财产价值的存在形态发生了变化，其价值取得始于婚前，即所谓"万变不离其宗"，故应当认定为一方的个人财产，离婚时，另一方无权要求分割。

3.由一方婚前承租、婚后用共同财产购买的房屋，房屋权属证书登记在一方名下的，应当认定为夫妻共同财产。

在现实生活中主要集中在房改房等带有福利政策性质的房屋上，这些房屋的取得往往是由一方婚前承租或与职务、级别、工作年限等挂钩，所花费的费用要远远低于房屋的市场价值；而且当初分得房屋的情况又有许多具体情况，使得处理此类房屋争议相当棘手，而产权证往往由单位直接办在本单位职工名下，这在我国是比较普遍的现象，以前争议较大，现在有了明确的说法。按《中华人民共和国婚姻法》的基本原理和《最高人民法院关于适用〈中华人民共和国民法典〉婚姻家庭编的解释（二）》的规定，这一类的房屋还是属于婚姻关系存续期间所得，且用夫妻共同财产购买，应认定为夫妻共同财产。

4.夫妻双方婚后用共同财产购买的（包括贷款）房屋，应属于夫妻共同财产，离婚时，一般均等分割。

不论房产证上是一方的名字，还是双方的名字，均为夫妻共同财产。离婚时，一般均等分割，分割时应按房屋的市场价（评估价）计算，而不是按购房合同金额计算，取得房屋的一方要支付对方半价。如果涉及贷款，要先将贷款部分减去。比如，一套房子的购买价是50万元，首付15万元，贷款35万元，现值60万元（评估价），未还贷款30万元。按以下公式分割，60万元的现值减去30万元贷款等于30万元，30万元为可分割部分，每人可分得15万元。也就是说，由取得房屋的一方付给另一方15万元，取得房屋的一方单独偿还剩余的贷款本金及利息。

离婚分为协议离婚和诉讼离婚，协议离婚中需要离婚夫妻就房产的分割做出

协商，然后按照协议上的内容执行。如果是诉讼离婚，就按照法律规定的分割标准来执行。其实，如今夫妻离婚并不是什么丢人的事情，而在离婚的时候也就意味着需要对财产进行分割。其中特别是房产，更是夫妻离婚财产分割争论的焦点，所以如有关于这方面的问题建议一定要咨询人士。

（以上人物均为化名）

35. 婚后以个人财产购买的住房要如何认定

案例简介

王敏与刘均系再婚，二人于2013年冬经人介绍相识，2014年11月双方登记结婚。婚后，刘均将自己名下位于顺义某小区的一套住房卖掉，得330万元卖房款，刘均于2015年冬用此房款购买了另一小区的房屋一套（购房及装修共计花费350万元），王敏参与了购房和装修的全过程，该房屋现登记在王敏名下。现在王敏起诉要求与刘均离婚，但双方对于婚后购买的房屋归属问题发生争议。双方共述该房屋现价约值800万元。

【争议焦点】对于该房屋到底应该如何分割？

对于该房屋的归属有以下几种意见。

1.房屋登记在王敏名下，根据物权的公示原则，该房屋应属于王女士的个人财产；房屋可以视为刘某对王敏的赠与。

2.房屋是用刘均婚前房屋折价款购买（即卖掉原来自己名下的住房所得款）所购买，可以视为刘均个人财产的转化形式，故现在的房屋仍应属于刘均的个人财产。

3.因为房屋是在婚后购买的，且未登记在刘均名下，而是登记在王敏名下，二人财产已经发生混同，该房屋应属夫妻共同财产，王敏应得房款的一半。

4.与第三种意见的理由相同，认为该房屋应属于夫妻共同财产，但对于王敏可以分得的份额有不同意见。王敏获得的份额不是该房款现价的一半，而是应该用该房屋的现值减去刘均的婚前财产部分，剩下部分由夫妻平均分配。

【法院判决】

该案中,当事人之间存在争议,但同时也有一些共同点,即双方均应认可该财产确实是用了刘均婚前财产所卖款项购买,但也确实是在婚后购买,属于夫妻共同财产,从公平的角度来看,在分割该房屋时,应该减去刘均婚前房屋卖房款的部分。

考虑到双方共同生活的时间、双方的收入居住情况以及离婚后双方的生活水平等各因素,在法庭的调解下,双方达成协议,房屋归刘均所有,由刘均给付王敏房屋折价款20万元,协助刘均办理过户手续。

以上结果是双方自愿的结果,更多的是公民个人意见在私法上的体现。

【律师说法】

1.该房屋是否属于王敏的个人财产?

对于第一种意见,重点应探讨房屋能否视为刘均对王敏的赠与问题。

首先,以刘均当时的意思表示来看,房屋是为了双方共同生活而购买,而非单独购买并赠与王敏。

其次,应考虑刘均的经济状况,刘均是某单位的职工,每月工资收入5600元,并无其他经济来源,刘均没有一次性赠与300万元或一套房屋的经济实力。

最后,若认定该房屋是王敏的个人财产,将产生刘均没有居所的情况,而王敏尚有另外一套住房。

综上所述,不宜认定该房屋属于王敏个人所有。

2.该房屋是否属于刘均的个人财产?

有观点认为,该房屋属于《中华人民共和国民法典》第一千零六十三条第一款规定的一方的婚前财产,即使该财产形式有所转化,仍不改变其婚前财产的性质。若该房屋登记为刘均的名字,该财产的个人财产性质则不容置疑,但因该财产登记为王敏的名字,其财产性质则有待继续探讨。

从另一方面的理由认为,对于物权,有实际的所有权人和名义上的所有权人之分,王敏是该财产的名义上的所有权人,但因该财产实际出资人是刘均,故该房屋的实际所有权人应属于刘均。探讨是实际的所有权人还有名义上的所有权人的纠纷基础在于,所有权人只有一个,或者实际所有权人,或者是名义上的所有权人。对于该案而言,答案并非非此即彼,也可能存在二人夫妻共同所有的情形。

3.该房屋是否属于夫妻共同财产？

第三种意见认为，该房屋应属于夫妻在婚姻关系存续期间所得的其他应当归共同所有的财产，但《最高人民法院关于适用〈中华人民共和国民法典〉婚姻家庭编的解释（一）》第二十五条规定，婚姻关系存续期间，下列财产属于民法典第一千零六十二条规定的"其他应当归共同所有的财产"：①一方以个人财产投资取得的收益；②男女双方实际取得或者应当取得的住房补贴、住房公积金；③男女双方实际取得或者应当取得的养老保险金、破产安置补偿费。若依据司法解释的规定，推出的结论更应当是第四种意见的观点。

其实房产纠纷是诸多离婚案件中不容忽视的问题，律师认为应结合各案具体案情分析房产的归属问题。

延伸解读

主要见于《中华人民共和国民法典》的第一千零六十二和第一千零六十三条。

第一千零六十二条【夫妻共同财产】夫妻在婚姻关系存续期间所得的下列财产，为夫妻的共同财产，归夫妻共同所有。

1.工资、奖金、劳务报酬；

2.生产、经营、投资的收益；

3.知识产权的收益；

4.继承或者受赠的财产，但是本法第一千零六十三条第三项规定的除外；

5.其他应当归共同所有的财产。

夫妻对共同财产，有平等的处理权。

第一千零六十三条【夫妻个人财产】下列财产为夫妻一方的个人财产。

1.一方的婚前财产；

2.一方因受到人身损害获得的赔偿或者补偿；

3.遗嘱或者赠与合同中确定只归一方的财产；

4.一方专用的生活用品；

5.其他应当归一方的财产。

（以上人物均为化名）

36. 婚内出轨，净身出户的承诺是否有效

案例简介

黄小军（男）与李敏（女）于2008年7月登记结婚。后双方共同购买商品房一套，小轿车一辆。2017年1月，黄小军调动了工作，经常需要应酬，有时候甚至半夜才回家。面对妻子李敏的询问，一开始黄小军还解释原因，后来干脆就不回家了，直接住在酒店了。时间一长，李敏开始怀疑黄小军有外遇，由此引发了双方矛盾。

半年后，双方再次发生激烈的争吵，为了稳定妻子的情绪，黄小军向李敏出具了一份书面承诺："本人如日后在婚内出轨，婚后所有财产归妻子，本人自愿净身出户。"双方矛盾有所缓和，但是又过了半年，黄小军发现日子无法继续，于是诉至法院请求离婚，并依法分割夫妻共同财产。庭审中，李敏同意离婚，并提供证据证实黄小军早已出轨，要求依据承诺书判决所有财产归李敏所有。

那么李敏的诉求能否获得法院的支持呢？

【律师说法】

第一，从"净身出户"承诺书的内容分析，黄小军书写该份承诺书，承诺如婚内出轨，所有财产归妻子所有，其本人自愿净身出户，本质上是对于其将来违反夫妻之间忠诚义务而以书面形式约定的财产处分的协议，属于"忠诚协议"的范畴。

第二，从夫妻之间忠实义务的本身来看，《中华人民共和国民法典》第一千零四十三条第二款规定，"夫妻应当互相忠实，互相尊重"，该条款所规定的忠实义务，是一种情感道德义务，而不是法律义务，夫妻之间签订的忠诚协议，应由当事人本着诚信原则自觉自愿履行，法律并不禁止夫妻之间签订此类协议，但也不赋予此类协议的强制执行力。

夫妻一方以此道德义务作为对价与另一方进行交换而订立的协议，不能理解为确定具体民事权利义务的协议。

第三，从社会效应来看，如果赋予忠诚协议法律效力，主张按忠诚协议分割财产的一方当事人，既要证明协议内容是真实的，没有欺诈、胁迫的情形，又要证明对方具有违反忠诚协议的行为，势必导致举证一方为了举证而去捉奸，其成本和负面效应不可低估。

第四，《最高人民法院关于适用〈中华人民共和国民法典〉婚姻家庭编的解释（一）》第六十九条规定，当事人达成的以协议离婚或者到人民法院调解离婚为条件的财产以及债务处理协议，如果双方离婚未成，一方在离婚诉讼中反悔的，人民法院应当认定该财产以及债务处理协议没有生效，并根据实际情况依照民法典第一千零八十七条和第一千零八十九条的规定判决。该条款明确规定了以离婚为前提的协议的生效条件。

实际上，黄小军签订的"净身出户"承诺书正是约定在离婚时双方对于财产分割的约定，故应当依据《最高人民法院关于适用〈中华人民共和国民法典〉婚姻家庭编的解释（三）》规定，确定该条款未生效。

综上分析，无论是忠诚协议还是以出轨为前提的"净身出户"承诺书，均不具有法律效力，不能作为支付违约金、赔偿金、分割夫妻共同财产的依据。

本案中，李敏以"净身出户"承诺书主张全部夫妻共同财产归其所有，无法律依据。

延伸解读

夫妻双方决定离婚后，如果一方净身出户，有时会写明一份净身出户承诺书，保证不会分割财产。净身出户承诺书通常只是表明离婚一方的意愿或者是承诺。

一、什么是净身出户

净身出户，是指在婚姻双方决定离婚时，婚姻的一方要求另一方退出婚姻时不得到任何共同财产。通俗来说就是，离婚时一方要求另一方放弃一切钱财，按照我国《中华人民共和国民法典》婚姻家庭编来讲，这种要求是没有法律依据的。

二、净身出户协议有效吗

净身出户是指离婚时一方不带走任何财产，但这种行为在我国《中华人民共和国民法典》婚姻家庭编里没有依据。在这个问题上，法律是存在争议的，目前法律还没有明文规定这类协议的效力，是否有效要具体问题具体分析。就目前的司法实践而言，一般情况下法律是不支持所谓的附条件的"净身出户协议"的。

如一方提出离婚，则自愿净身出户。《中华人民共和国民法典》婚姻家庭编明确规定，公民有婚姻自由的权利，既包括结婚自由又包括离婚自由。以协议的方式限制对方离婚自由，将放弃全部财产作为离婚的条件，本质就是限制了公民的离婚自由，是违法的。所以，这种"净身出户协议"是无效的。

根据《中华人民共和国民法典》第一千零六十五条规定，男女双方可以约定婚姻关系存续期间所得的财产以及婚前财产归各自所有、共同所有或者部分各自所有、部分共同所有。约定应当采用书面形式。夫妻对婚姻关系存续期间所得的财产以及婚前财产的约定，对双方具有法律约束力。

（以上人物均为化名）

▶37. 婚内可以要求分割夫妻共同财产吗

【案例简介】

王娟（女）与张明（男）于2009年登记结婚，婚后感情尚可，2010年生育一女。后双方出现矛盾，逐渐发展到互不干涉、互不交流。王娟提出张明自2012年8月以来一直与他人保持不正当男女关系，双方发生争吵，王娟搬回父母家居住，两人之间多次协商离婚事项未果。2013年3月，王娟诉至法院要求离婚并主张分割共同财产，同年5月，法院以感情尚未破裂为由，判决不准予离婚。但王娟在该离婚案件庭审中发现，张明在双方矛盾激化自行协商离婚时，未经其同意于2013年3月将存在张明名下的银行存款90万元提取转移。

离婚案件中张明辩称，其是根据王娟的要求取出上述款项，并在家中将钱交给王娟。2013年6月，王娟诉至法院，要求分割张明转移的夫妻共同存款90万元。审理中张明称其是根据王娟的要求将90万元现金取出后，独自一人骑车带回家中，几天后又在某广场停车场内的汽车上将钱全部交给王娟，并开车将王娟送回其父母家。

【争议焦点】

1.分居期间一方可以自行处分夫妻共同财产吗？

2.不离婚也可以要求分割夫妻共同财产吗？

【法院判决】

法院经审理认为，夫妻对共同所有的财产，有平等的处理权。在双方矛盾发生并分居后，一方对存款的处理，应征得对方的同意。本案中，张明将存款取出，应负有向王娟披露存款去向的义务。张明主张上述巨额现金在取出后交给了王娟，但王娟不予认可，考虑到张明在两次庭审中针对款项如何给付前后陈述不一致，以及结合双方的婚姻状况、分居事实等，法院对张明的该项主张未予采信。现张明不诚实说明巨额存款去向，明显属于隐藏、转移夫妻共同财产的严重损害夫妻共同财产利益的行为，王娟要求在与张明婚姻关系存续期间分割上述财产，事实与法律依据充分，法院依法予以支持。经审理后，法院判决张明给付王娟45万元。

温馨提示

《中华人民共和国民法典》第一千零六十六条规定，对于不离婚而分割夫妻共同财产专门做出规定。根据该规定，在夫妻婚姻关系存续期间，不允许分割共同财产为原则，允许分割为例外。夫妻双方在不离婚的情况下，只有两种情形才可以请求分割共同财产：一是一方有隐藏、转移、变卖、毁损、挥霍夫妻共同财产或者伪造夫妻共同债务等严重损害夫妻共同财产利益行为的；二是一方负有法定扶养义务的人患重大疾病需要医治，另一方不同意支付相关医疗费用的。无论何种情形，夫妻一方请求分割共同财产都不得损害债权人利益。

上述规定在《中华人民共和国民法典》婚姻家庭编中也得到了体现，对于在夫妻关系中处于弱势一方的权益维护有着重要意义，可以有效防止另一方在离婚之前恶意转移、隐瞒夫妻共同财产，也确保处于财产弱势的一方在自己或者家人遭受重大疾病打击时，能及时得到有效的保障和治疗。

延伸解读

如何认定夫妻共同财产？

1.夫妻共同财产中公司股权的认定与分割。

在认定与分割夫妻共同财产中的公司股权时，对于夫妻一方婚前取得的股权和婚后以个人财产出资取得的股权,应认定为个人财产,离婚时归所有权人。夫妻双方婚后以共同财产出资而取得的股权,属于共同财产,离婚时要依法分割。

2.对个人婚前财产的孳息及增值在婚后取得的应否认定为夫妻共同财产问题。

对此,有三种观点:第一种观点认为,孳息属从物,根据物权法理论,从物的权利随主物,主物是婚前财产,孳息也应认定为婚前财产,增值财产也一样。第二种观点认为,新婚姻法明确规定,婚姻关系存续期间所得的财产为夫妻共同财产,孳息虽是从物,但属婚姻关系存续期间所得;而且,许多孳息是婚后付出劳动才能取得的,如房屋租金的催收管理、存款利息的存取等劳动。第三种观点认为,婚后所得孳息、增值应区分不同情况处理,对存款利息、未经炒作的股票增值等婚后完全未付出劳动的,应认定为婚前财产。对婚后付出了劳动的租金、经炒作后增值的股票等则应认定为夫妻共同财产。对该问题的处理应区别对待,应以是否付出劳动为标准,来衡量婚前或婚后财产。

3.在认定与分割夫妻共同财产中的房屋归属时,法院应当根据房屋来源的不同在夫妻之间进行分割。

对夫妻婚后购买的商品房,应认定为夫妻共同财产。但此类房屋大多是通过银行贷款,以分期付款的形式购买的,尚未完全取得所有权。根据相关司法解释的规定,法院不判决房屋的归属,而是根据实际情况判决由一方使用或双方共同使用。对于夫妻一方或双方的承租公房或通过房改取得产权的承租房,应根据不同情况分别处理。总的来说,应由承租人继续承租或判归承租人所有,但如果一方因对方原因未能取得本可获得的房屋承租权或所有权的,也可将房屋判归由非承租方承租或所有。

4.对涉及知识产权的夫妻共同财产的认定问题。

由于知识产权权利本身的人身专属性不可能由他人包括权利人的配偶行使,因此,它不属于夫妻共同所得,只能归属权利人本人,不能作为夫妻共同财产来分割。作为知识成果所产生的经济利益,是一种财产权,则应归夫妻共有,既包括已得利益也包括期待得到的利益。所以在当前的离婚案件中,对所涉知识产权也可以作为夫妻共同财产来分割。

5.在认定与分割夫妻从事生产、经营所得收益时,对婚前就开始从事生产、经营活动的夫妻,一方婚后所得收益的归属问题。

首先,应当考虑这类经营收益在时间上的特殊性,依据权利义务一致的原则,将这种跨越婚前婚后两个阶段的经营收益定性为婚前个人财产与婚后夫妻共同财产的融合。其次,应考虑经营在用途上的特殊性,夫妻通过经营所得的收益一部分用于维持和发展生产经营,对这部分经营收益,应根据经营者的情况而定。如果是由夫妻一方单独经营,或由一方与他人经营的,则应允许由从事经营的夫妻一方在生产经营需要的范围内拥有独立支配的权利。

（以上人物均为化名）

38. 婚内赠与孩子的财产可以撤销吗

案例简介

张敏与王军于2000年11月登记结婚,婚后生育一子王小军。因感情不和,双方于2008年9月在法院调解离婚。双方离婚时对于共同共有的位于北京市某小区房屋未予以分割,而是通过协议约定该房屋所有权在王军付清贷款后归儿子王小军所有。2013年,张敏诉称,该房屋贷款尚未还清,房屋产权亦未变更至王小军名下,目前还处于张敏、王军共同财产状态,故不计划再将该房屋属于自己的部分赠与王小军,主张撤销之前的赠与行为,由法院依法分割房屋。

王军则认为,离婚时双方已经将房屋协议赠与王小军,正是因为张敏同意将房屋赠与王小军,才同意离婚协议中其他加重他的义务的条款,如在离婚后单独偿还夫妻共同债务等。王军认为,离婚已经对孩子造成巨大伤害,出于对保护未成年人权益的考虑,不应该支持张敏的诉讼请求。

【法院判决】

法院认为,双方在婚姻关系存续期间均知悉该房屋系夫妻共同财产,对于诉争房屋的处理,张敏与王军早已达成约定,且该约定系双方在离婚时达成,即双方约定将房屋赠与其子是建立在双方夫妻身份关系解除的基础之上。在张敏与王军离婚后,张敏不同意履行对诉争房屋的处理约定,并要求分割诉争房屋,其诉讼请求法律依据不足,亦有违诚信。故对张敏的诉讼请求,法院不予支持。

38. 婚内赠与孩子的财产可以撤销吗

【争议焦点】

本案中双方争议的焦点是在离婚协议中约定将夫妻共同共有的房产赠与未成年子女，离婚后一方在赠与房产变更登记之前是否有权予以撤销。在离婚协议中双方将共同财产赠与未成年子女的约定与解除婚姻关系、子女抚养、共同财产分割、共同债务清偿、离婚损害赔偿等内容互为前提、互为结果，构成了一个整体，是"一揽子"的解决方案。如果允许一方反悔，那么男女双方离婚协议的"整体性"将被破坏。在婚姻关系已经解除且不可逆的情况下如果允许当事人对于财产部分反悔将助长先离婚再恶意占有财产之有违诚实信用的行为，也不利于保护未成年子女的权益。因此，在离婚后一方欲根据《中华人民共和国民法典》第六百五十八条第一款之规定单方撤销赠与时亦应取得双方合意，在未征得作为共同共有人的另一方同意的情况下，无权单方撤销赠与。

【法律条文】

解读《最高人民法院关于适用〈中华人民共和国民法典〉婚姻家庭编的解释（一）》第三十二条规定，婚前或者婚姻关系存续期间，当事人约定将一方所有的房产赠与另一方或者共有，赠与方在赠与房产变更登记之前撤销赠与，另一方请求判令继续履行的，人民法院可以按照《中华人民共和国民法典》第六百五十八条的规定处理。《中华人民共和国民法典》第六百五十八条规定，赠与人在赠与财产的权利转移之前可以撤销赠与。经过公证的赠与合同或者依法不得撤销的具有救灾、扶贫、助残等公益、道德义务性质的赠与合同，不适用前款规定。

延伸解读

就夫妻双方之间赠与房产，在变更登记前撤销赠与的效力如何，在司法实践中争议很大，因此《最高人民法院关于适用〈中华人民共和国民法典〉婚姻家庭编的解释（三）》第六条规定，对赠与合同的有关规定进行了明确的规定。《中华人民共和国民法典》合同编规定赠与合同是指赠与人将自己的财产无偿给予受赠人，受赠人表示接受赠与的合同。其具有双方合同、诺成合同、无偿合同的性质。在赠与合同中，赠与人需履行相应的义务，即赠与人必须完成赠与物的转移，办理所有权的转移所需办理的登记等手续，并承担相应的瑕疵担保义务。作为单务合同，受赠人享有无偿取得赠与物的权利，并对具有救灾、扶贫等社会公益、道德义务性质以及经过公证的赠与合同，可在赠与人不交付赠与物的情况下请求交付。

本条司法解释所指向的夫妻间赠与合同的标的物必须为房产而非其他。之所以对房产进行独立的法律规制，是因为房产具有其他财产不可比拟的重要性。房产本身价值较高，在目前经济快速发展的大形势下，房地产也日渐随着其价格的快速上涨成为投资热门。

作为家庭这一社会基本单位的物质载体，《中华人民共和国民法典》物权编等相关法律对以房产为代表的不动产进行了特别规定，即将登记而非交付作为物权转让的标志。不动产物权以登记作为权利享有与变更的公示方法，未经过户登记，即使双方当事人就不动产已达成转让协议并履行亦不发生权利转移。因此，在实际生活中，赠与合同双方订立房产赠与合同后，要及时办理产权变更登记，否则权利便容易受到侵害。

本解释中就夫妻双方赠与合同履行与撤销的规定，其实质为对《中华人民共和国民法典》第六百五十八条关于赠与合同撤销的具体化。从《中华人民共和国民法典》第六百五十八条可以看出，赠与人在享有任意撤销权的同时其权利也受到一定限制。首先，基于单务合同性质，法律赋予赠与人在一定条件下反悔的权利，即在交付以前可以任意撤销，一经公示如不动产进行登记所有权即行转移，便不可再行撤销。其次，对于具有救灾、扶贫等社会公益、道德义务性质的赠与合同或经过公证的合同，赠与人不得任意撤销。在夫妻间的房产赠与过程中，婚前或者婚姻关系存续期间的房产赠与并不属于道德、公益性质的合同，因此在房产变更登记前赠与方均有权予以撤销，且受赠人在其撤销合同后不得要求其继续履行。但经过公证的赠与合同则不得撤销，受赠人有权要求赠与人履行合同，完成房产的登记交付。

（以上人物均为化名）

39. 婚前入股，婚后收益属于夫妻共同财产吗

案例简介

王敏和张涛于2008年10月登记结婚，于2018年9月经人民法院调解离婚；

2019年7月20日,王敏无意中发现张涛在甲公司持有150万股的股份,并收到了该公司发放的2010年股金收益共计480万元。王敏认为,该收益属于夫妻共同财产,故向法院起诉,请求判令张涛给付王敏股金收益130万元。张涛则辩称,自己是婚前入股,所得收益与王敏无关。

【争议焦点】

婚前入股,婚后收益属于夫妻共同财产吗?

【法院判决】

法院经审理查明,张涛于2006年12月持甲公司股份150万股,2010年12月,甲公司进行员工信托持股转让,张涛共取得转让持股收益480万元。法院结合婚姻关系的存续时间,以及张涛购买股票的时间,判决张涛支付王敏在夫妻婚姻关系存续期间持股所得收益130万元。

温馨提示

张涛结婚前以个人的财产在甲公司持股,属于经营性投资,根据《中华人民共和国民法典》第一千零六十二条、《最高人民法院关于适用〈中华人民共和国民法典〉婚姻家庭编的解释(一)》第二十六条规定,在与王敏婚姻关系存续期间所取得的收益,应认定为夫妻共同财产。由于该公司员工信托持股转让的收益为所有未分配的利润,该利润无法确定在这期间何时形成及未分配的期间,应按员工自持股之日起至转让之日止按月平均计算;张涛自持股至转让持股时间共计四年,合计48个月,持股收益合计480万元,相当于每个月持股收益10万元,而这中间包括夫妻关系存续期间2008年10月至2010年12月,合计26个月,在其婚姻关系存续期间张涛持股收益为260万元,该收益应由张涛和王敏平均分配,王敏应分得130万元。

《最高人民法院关于适用〈中华人民共和国民法典〉婚姻家庭编的解释(一)》第二十五条规定,婚姻关系存续期间,下列财产属于民法典第一千零六十二条规定的"其他应当归共同所有的财产"。

1.一方以个人财产投资取得的收益;

2.男女双方实际取得或者应当取得的住房补贴、住房公积金;

3.男女双方实际取得或者应当取得的养老保险金、破产安置补偿费。

《最高人民法院关于适用〈中华人民共和国民法典〉婚姻家庭编的解释（一）》第二十六条规定，夫妻一方个人财产在婚后产生的收益，除孳息和自然增值外，应认定为夫妻共同财产。

> **延伸解读**

1.婚前投资婚后收益是否属于夫妻共同财产？法律是怎么规定的？

《最高人民法院关于适用〈中华人民共和国民法典〉婚姻家庭编的解释（一）》第二十五条规定，婚姻关系存续期间，下列财产属于民法典第一千零六十二条规定的"其他应当归共同所有的财产。由于该解释对"投资取得的收益"之含义并无明确界定，在诉讼中，对于当事人主张的所谓"投资收益"，应根据不同财产形态的性质区别认定。

2.婚前投资婚后收益是否属于夫妻共同财产？

对于法律所规定的"投资收益"应当区别不同情况。

（1）当事人以个人财产投资于公司或企业，若基于该投资所享有的收益是在婚姻关系存续期间取得的，则对该公司或企业生产经营产生的利润分配部分如股权分红等，依照《中华人民共和国民法典》第一千零六十二条第（二）项的规定，应为夫妻双方共同所有。

（2）当事人将属于个人所有的房屋出租，因对房屋这类重大生活资料，基本上是由夫妻双方共同进行经营管理，包括维护、修缮，所取得的租金事实上是一种夫妻共同经营后的收入，因此，婚姻关系存续期间所得的租金一般认定为共同所有。但若房屋所有人有证据证明事实上房屋出租的经营管理仅由一方进行，则婚姻存续期间的租金收益应归房产所有人个人所有。

（3）当事人以个人财产购买债券所得的利息，或用于储蓄产生的利息，由于利息收益是债券或储蓄本金所必然产生的孳息，与投资收益具有风险性的物质不同，应依本金或原物之所有权归属为个人所有。

（4）当事人以个人财产购买了房产、股票、债券、基金、黄金或古董等财产，在婚姻关系存续期间，因市场行情变化抛售后产生的增值部分，由于这些财产本身仅是个人财产的形态变化，性质上仍为个人所有之财产，抛售后的增值是基于原物交换价值的上升所致，仍应依原物所有权归属为个人所有。具体实践中，判断个人财产在婚姻关系存续期间所取得的收益是否属于夫妻共同所有时，人民法院可根据案件实际情况，对各种形式的个人财产的婚后收益，从是基于原个人财产的自然增值还是基于夫妻共同经营行为所产生来判断，前者原则为个人所有，后者原则为共同所有。此外，若收益是基于个人财产与共同财产混同后进行投资行为所产生，无证据证明具体比例的，推定为共同财产投资收益，归夫妻共同所有。

（以上人物均为化名）

40. 婚前约定交付婚姻保证金，离婚后能否要求返还

案例简介

郭刚与周娟经媒人介绍相识，周娟的父母只有周娟一个女儿，于是双方家长协商决定结婚后郭刚到周娟家里，与周娟的父母一起生活，这样的婚姻状态就是所谓的倒插门。

由于周娟的父母认为倒插门的婚姻不稳定，因为在当地有许多倒插门的女婿在女方家生活一段时间后，就会因各种问题发生离婚或者财产纠纷，为了确保郭刚婚后能与自己的闺女长久稳定地生活，周娟的父母要求郭刚婚前必须向周娟交纳5万元的婚姻"押金"。

于是在媒人的见证下，双方签下约定：郭刚将现金5万元交给周娟，如果男方不愿意和女方生活，没收押金；如果女方不愿意和男方生活，应退回男方押金。

2011年，郭刚带着部分生活家具入赘到周娟家并举行了婚礼，年底二人领取了结婚证。不过，一纸协议终究没能使这段婚姻维系长久，婚后的三年里两人常为家务琐事生气、吵架，2019年秋两人最终不欢而散。2020年年初，周娟以夫妻感情破裂为由向法院提起离婚诉讼。经调解，双方均同意离婚，但就这5万元押金产生了争议。

【争议焦点】

是否应返还婚姻保证金？

法院经审理认为，原被告婚前缺乏了解，婚后常为家务琐事生气、吵架，自2014年秋二人便分居生活，现原告提出离婚后，被告也表示同意，证明夫妻二人感情确已破裂，法院对其离婚的请求予以支持。

至于被告要求原告退还其押金5万元的诉求，该押金的目的是预防婚后一方有变，婚姻关系解体。但这种以"押金"形式束缚婚姻的行为违背了婚姻自由的原则，故应是无效的协议，原告依法应返还该5万元押金。

【法院判决】

法院最终根据《中华人民共和国民法典》婚姻家庭编的相关规定，判决原被告离婚，原告周娟在判决书生效后10日内一次性退还被告郭刚现金5万元。

温馨提示

婚前约定交付婚姻保证金，离婚后能否要求返还？

根据《最高人民法院关于适用〈中华人民共和国民法典〉婚姻家庭编的解释（二）》中对彩礼的规定，"彩礼"具有严格的针对性，必须是基于当地的风俗习惯，为了最终缔结婚姻关系，不得已而给付的，其具有明显的风俗性。

本案中双方婚前"押金"协议是否属于彩礼，从协议的内容来看还是有区别的，因为彩礼是以缔结婚姻为目的，而本案的押金主要是为了防止男方婚后变心，发生婚变，类似于婚姻保证金。"婚姻保证金"为离婚自由设置了障碍，违反了《中华人民共和国民法典》婚姻家庭编中的婚姻自由原则，本案中的婚姻押金协议虽然是双方自愿签订，谁也没有强迫谁，但仍属无效协议，因为婚姻关系是一种典型的人身关系，不能被钱绑架。

"死生契阔，与子成说。执子之手，与子偕老。"这是千百年来人们对美好爱情的憧憬和向往。但是，基于现实的种种因素，人们总是希望用一种形式，为爱情或婚姻加筑一道安全保障，因而总能听到关于爱情保证金、婚姻保证金的事例。

真正的美满婚姻，无须任何形式的保证。生活本来就是多变的，感情的事更是无法预知。如果通过签订婚姻保证金的方式，非但不能实现爱情保鲜，婚姻长久，反而将双方感情套上了枷锁，使双方陷入沉重的桎梏。

如果在婚姻中只是一味索取或不停给予，只会换来不停地抱怨，无休止的约束，双方的关系苦不堪言。只有放下指责，放下期待，双方内在的共同成长，两颗成熟的心才能越来越近,实现真正的长久。

延伸解读

律师认为,夫妻之间签订婚前、婚内协议,只要是双方的真实意思表示是完全可以的,但前提是不能违反法律禁止性规定。根据《中华人民共和国民法典》婚姻家庭编,结婚、离婚都是自由的,不能以保证金等形式进行约束,所以婚姻保证金协议应属无效协议。

此外,律师建议,夫妻间的婚姻保障,重点应该放在经营感情上,而不是形式上的东西。如果需要法律上的保障,可以在婚前、婚内签订财产协议。

就婚前协议而言,会根据双方的财产形式来确定是否有必要签。如果双方的主要财产形式是房产、汽车等权属登记明确的财产则必要不大;如果存在形式复杂、容易混同的财产,如公司股权、大量存款等,最好对财产的归属情况进行协议约定。当然还有一种情况:如果某一方愿意将自己各种形式的婚前财产变为两人共有,或者赠与给对方,在不违反法律禁止性规定的情况下也是可以进行协议约定的。

就婚内协议而言,夫妻双方可以对婚姻关系存续期间的财产制度,共同财产的分配等进行书面约定,如财产AA制,或者具体怎么分配,因为离婚时财产分割,以夫妻约定为先,没有约定才按照法律规定。

(以上人物均为化名)

▶41. 婚姻内赠与财产是否可以撤销

案例简介

冯先生与王女士在日本留学时相识。2000年,冯先生回国后购置了两套房屋。后王女士回国,两人于2002年2月登记结婚。婚后不久,两人即产生了矛盾。为平息矛盾,2003年7月签订了一份《房产财产赠与转让约定》,冯先生声明将自己婚前购置的其中一套房子赠与妻子,上述房产自声明签订之日开始,属于王女士个人财产，与双方夫妻关系无关，不属于夫妻共同财产，王女士在受赠人栏内签字。

双方一直没有办理过户手续，该套房屋的产权至今还在冯先生名下。后王女士即向法院起诉离婚，要求冯先生配合过户该套房屋，并要求确认该房屋为自己所有。但冯先生认为房屋尚未办理过户登记，自己可以要求撤销赠与。

【争议焦点】

理论界有两种不同的观点。一种观点认为，夫妻一方将婚前财产约定归另一方所有，是一种赠与行为，应适用《中华人民共和国民法典》合同编关于赠与合同的规定；另一种观点认为，《中华人民共和国民法典》合同编明确规定对于婚姻家庭、继承、收养关系的协议，适用其他法律的规定。因此当事人双方的婚前约定是约定财产制协议，适用《中华人民共和国民法典》婚姻家庭编的规定。

由婚姻关系和夫妻身份的特殊性决定，夫妻财产协议毕竟不同于一般的公民财产性协议，还要考虑其特殊性。《中华人民共和国民法典》合同编第四百六十四条第二款规定"婚姻、收养、监护等有关身份关系的协议，适用有关该身份关系的法律规定；没有规定的，可以根据其性质参照适用本编规定。"

由于夫妻财产约定涉及的主要不是以商品交换为核心的财产流转关系，而是公民个人婚后的财产状况问题，因此，《中华人民共和国民法典》合同编中许多规定不适用于夫妻财产约定。对于夫妻财产约定的法律效力，应结合《中华人民共和国民法典》婚姻家庭编的限制性规定和婚姻家庭关系的特点，参考合同生效的条件等，综合考虑决定。

因此，在起草婚内财产约定时，如涉及房产过户问题，应明确过户的条件及时间，并在条件及时间成就时，及时办理过户，杜绝隐患。

【法院判决】

法院经审理后认为，虽然冯先生与王女士的约定属于赠与协议，但根据合同法的有关规定，除了具有救灾、扶贫等社会公益、道德义务性质的赠与合同或者经过公证的赠与合同之外，赠与人在财产权利转移之前都可以撤销赠与。由于该套房屋未办理过户登记，房屋产权尚未发生转移，冯先生主张撤销赠与是符合法律规定的。法院遂判决驳回了王女士要求确认该房屋所有权属自己所有的诉讼请求。

41. 婚姻内赠与财产是否可以撤销

温馨提示

房产过户是指通过转让、买卖、赠与、继承遗产等方式获得房产，去房屋权属登记中心办理的房屋产权变更手续，即产权转移从甲方转移到乙方的全过程。

房产过户有以下三种不同的情形：有继承的房产过户，赠与的房产过户，二手房过户。

延伸解读

房产过户需要准备的资料。

1.房地产转移登记申请表。

2.申请人身份证明。

卖方需要的材料：身份证原件及身份证复印件一份。如果是已婚的话需要结婚证原件及复印件一份、房产证原件；如果夫妻双方有一人无法到场的话，必须要先写一份委托书再去公证处公证，户口本及复印件一份。

买方需要的材料：身份证原件及身份证复印件一份、户口本及复印件，如果是单身的话，需要去市民政局开单身证明。

3.房地产权利证书。

4.有关行政机关的行政决定书，房地产买卖合同书，（按规定需公证的，应提交公证的房地产买卖合同书）或经公证的房地产赠与书，或经公证的房地产继承证明文件，或房地产交换协议书，或房地产分割协议书。

5.已设定抵押权的，应提交抵押权人同意的书面文件。

6.人民法院强制性转移的应提交生效的判决书、裁定书、调解书和协助执行通知书。

7.非法人企业、组织的房地产转移，应提交其产权部门同意转移的批准文件。

8.行政划拨、减免地价的土地，应提交主管部门的批准文件和付清地价款证明。

9.以招标、拍卖、挂牌方式取得房地产的，应提交中标确认书、拍卖成交确认书、土地使用权转让合同书和付清地价款证明。

10.属于政府福利性商品房的应提交相关主管部门的批复。

11. 拆迁补偿的应提交拆迁补偿协议书。

12. 房地产共有人同意转移的意见书。

13. 收购或合并企业的,应提交有关部门的批准文件。

14. 国有企业之间或其他组织之间的房地产调拨的,应提交有关部门的批准文件。

15. 法律、法规、规章及规范性文件规定的其他文件。

(以上人物均为化名)

42. 婚姻期间个人缴付的养老金可以分割吗

案例简介

王娟与张小明于2010年1月经人介绍认识,并于同年7月登记结婚,婚后双方性格不合,常因家庭琐事发生矛盾。2015年12月,张小明外出务工,后来一直未与王娟联系。张小明所在的公司于2016年1月为其缴纳了保险,其中张小明养老金账户中个人实际缴付部分金额10万元。2020年2月,王娟向法院起诉要求离婚,并要求分割张小明的养老保险金10万元。

【争议焦点】

婚姻关系存续期间个人实际缴付部分养老金能否作为夫妻共同财产分割?

【法院判决】

人民法院经审理认为,原、被告分居达4年之久,足以认定夫妻感情确已破裂,被告在婚姻关系期间个人实际缴纳的养老金应当予以分割,故判决双方离婚,张小明将其养老金账户中个人实际缴付部分金额的一半5万元给付原告。

温馨提示

根据《最高人民法院关于适用〈中华人民共和国民法典〉婚姻家庭编的解释(二)》规定,婚姻存续期间,"男女双方实际取得或者应当取得的养老保险金",

属于夫妻双方共同财产。然而，如果还没有达到退休年龄或者不符合领取养老保险金的条件，离婚时，一方主张将对方还没有取得或者根本就无法取得的养老保险金，作为"应得"的夫妻共同财产进行分配，是不公平的，甚至会削弱国家对公民基本的社会福利保障。

《最高人民法院关于适用〈中华人民共和国民法典〉婚姻家庭编的解释（一）》第八十条规定，离婚时夫妻一方尚未退休、不符合领取基本养老金条件，另一方请求按照夫妻共同财产分割基本养老金的，人民法院不予支持；婚后以夫妻共同财产缴纳基本养老保险费，离婚时一方主张将养老金账户中婚姻关系存续期间个人实际缴纳部分及利息作为夫妻共同财产分割的，人民法院应予支持。

延伸解读

离婚时，养老保险金该如何分割？

养老保险金是指职工因在一个企业工作到一定年限，不愿继续任职或因年老体衰、工残事故导致永久丧失劳动能力时，企业为保证其老有所养而付给的年金或一次付清所得金。其来源是由职工所在企业以及职工在职时按一定比例共同缴纳的，并由劳动行政主管部门所属的社会保险与专门机构管理。

虽然《最高人民法院关于适用〈中华人民共和国民法典〉婚姻家庭编的解释（二）》将"其他应当归共同所有的财产"解释为包括婚姻关系存续期间，男女双方实际取得或者应当取得的养老保险金，但由于在"实际取得或者应当取得"理解上的分歧导致司法实践中的做法十分不统一，同案不同判现象非常突出。有的法官直接告诉当事人，本院甚至本地从来没有判过分割养老保险金的案件，也无法执行，所以不支持养老保险分割的诉讼请求。

退休后领取的养老保险金虽然与退休前缴纳的养老保险费密切相关，又由于养老保险费根据工资的一定比例由公民个人、单位进行缴纳，从而易使人误以为既然婚姻关系存续期间的工资收入属于夫妻共同财产，那么与婚姻关系存续期间缴纳的养老保险密切相关的退休后的养老保险金也应该像分割其他共同财产那样简单地平均分割。这种简单的推理显然忽视了养老保险金所具有的人身依附性和社会保障性，这才是司法实践中有的法院根本不支持分割养老保险金或者分割养老保险金的判决难以执行的真正原因。有鉴于此，离婚时对养老保险金的分割需要采取慎重和节制的态度。

《最高人民法院关于适用〈中华人民共和国民法典〉婚姻家庭编的解释（一）》第八十条规定，离婚时夫妻一方尚未退休、不符合领取基本养老金条件，另一方请求按照夫妻共同财产分割基本养老金的，人民法院不予支持；婚后以夫妻共同财产缴纳基本养老保险费，离婚时一方主张将养老金账户中婚姻关系存续期间个人实际缴纳部分及利息作为夫妻共同财产分割的，人民法院应予支持。

首先，对双方均已经实际取得养老保险金的，由于此时双方的养老保险金数额确定，资金到位，可以像其他共同财产那样进行分割。

其次，对于应当取得的养老保险金，婚姻法解释中，未做出明确界定。根据法理，应当取得是指当事人已具有享受养老保险金的基本条件，但由于某种原因尚未将养老保险金领取到手或发到个人工资账户中。此种情况下，养老保险金的数额也是确定的，只是资金尚未到账，可以作为双方的共同债权在其他共同财产的分割中进行折抵。

再次，如果离婚前一方或者双方在婚姻关系存续期间已参加了养老保险，但离婚时一方或双方尚未退休，所以将来到底能取得多少养老保险金就离婚时现有条件尚无法进行预先计算。在这种情况下，如果双方对具体分割达不成一致意见而要求人民法院进行审理的，人民法院不予支持。

最后，婚姻关系存续期间养老保险金账户中的个人实际缴付部分可以作为夫妻共同财产分割。

（以上人物均为化名）

43. 婚姻无效事由消失的甄别与处理

案例简介

男子胡刚于1998年8月与王娟登记结婚，2007年11月胡刚在未与王娟办理离婚手续的情况下，又与沈燕登记结婚。2013年4月，王娟得知胡某在外另有婚姻关系，向胡刚提出离婚，在胡刚给予王娟补偿后，王娟表示不起诉胡刚重婚行为，于是二人在民政局协议离婚。2019年12月，沈燕以夫妻感情破裂为由向法院起诉离婚。

【争议焦点】

本案在审理时对于胡刚及沈燕婚姻的效力存在两种不同的观点。

第一种观点认为，胡刚在存在婚姻关系的情形下与沈燕登记结婚，系重婚，该婚姻登记无效，法院应依法确认双方婚姻关系无效。

第二种观点认为，胡刚与沈燕系重婚，该婚姻登记无效。然而，2013年4月王娟与胡刚离婚，此时无效事由已经消失，法院应以有效婚姻处理。

温馨提示

律师同意第一种意见。

婚姻无效是指当事人双方不具法定结婚条件或没有履行法定结婚程序而缔结的婚姻，不产生合法婚姻的法律效力。《中华人民共和国民法典》第一千零五十一条规定，有下列情形之一的，婚姻无效。

1. 重婚；

2. 有禁止结婚的亲属关系；

3. 未到法定婚龄。

《中华人民共和国民法典》同时规定了无效或可撤销的婚姻，自始无效。司法实践中，存在婚姻缔结时并不符合婚姻登记的条件，但是随着时间的推移，婚姻缔结的条件转而成就。如未达法定结婚年龄的达到法定婚龄的，此时生硬的适用法律关于无效婚姻的规定，认为该婚姻自始无效，不利于家庭的稳定和社会的和谐。

至于何种情形可以成为无效婚姻消失的情形，现行法却没有具体的规定。律师认为，鉴于婚姻登记存在私权自由与公权公示的双重性质，无效婚姻事由消失应当区别对待，导致婚姻无效的原因是严重违背社会公益要件，违反社会的公序良俗，应自始无效，即使无效事由消失，法院也不能默认该婚姻的效力，如重婚等；而导致婚姻无效的原因，只是一般性违背社会的私益要件，如未达法定婚龄等，违法程度不是很严重，婚姻无效事由消失后应当尊重和保护缔结婚姻者的自由选择权，禁止缔结婚姻者反言而主张婚姻无效。

婚姻法解释中无效事由消失后当事人宣告婚姻不予支持的情形，不应包括重婚事由消失的情形，因为重婚是严重违反《中华人民共和国民法典》婚姻家庭编"一夫一妻"制的行为，其社会危害性大，即使重婚事由消失也不能成为无效婚姻的消失情形。

结合本案，虽然胡刚已经与王娟办理了离婚手续，但由于其曾经重婚过，而且与沈燕结婚时并没有与王娟离婚，因此胡刚与沈燕之间的婚姻关系不能因无效事由的消失而有效化。

延伸解读

婚姻无效，是指当事人双方不具法定结婚条件或没有履行法定结婚程序而缔结的婚姻，不产生合法婚姻的法律效力。婚姻无效作为一种法律制度，是专门用来解决违法结婚问题的。

有下列情形之一的，婚姻无效。

1. 重婚；

2. 有禁止结婚的亲属关系；

3. 未到法定婚龄。

人民法院审理宣告婚姻无效案件，对婚姻效力的审理不适用调解，应当依法做出判决，有关婚姻效力的判决一经做出即生效。涉及财产分割及子女抚养的，可以调解，对财产分割和子女抚养问题的判决不服的，可以上诉。

无效婚姻的法律后果有无效婚姻或可撤销婚姻的溯及力的问题、当事人是否具有夫妻关系和当事人之间的财产关系。

1. 无效婚姻或可撤销婚姻的溯及力的问题。

《中华人民共和国民法典》第一千零五十四条规定，无效的或者被撤销的婚姻自始没有法律约束力，当事人不具有夫妻的权利和义务。同居期间所得的财产，由当事人协议处理；协议不成的，由人民法院根据照顾无过错方的原则判决。对重婚导致的无效婚姻的财产处理，不得侵害合法婚姻当事人的财产权益。当事人所生的子女，适用本法关于父母子女的规定。婚姻无效或者被撤销的，无过错方有权请求损害赔偿。

可在司法实践中，许多法学界学者认为自始无效婚姻与可撤销婚姻的法律后果应当有所区别，自始无效婚姻因严重违背社会公益要件，违反社会的公序良俗，应自始无效，有溯及力，而可撤销婚姻只是一般性违背社会的私益要件，违法程度不是很严重，应从被宣告撤销之日起无效，婚姻登记管理机关或人民法院对撤销宣告无溯及力。

2.当事人是否具有夫妻关系。

《中华人民共和国民法典》第一千零五十四条规定"当事人不具有夫妻权利和义务"。笔者认为，自始无效的婚姻不具有夫妻的权利和义务，而可撤销婚姻，在宣告撤销之前，应认可当事人之间的夫妻关系，具有夫妻的权利和义务。

3.当事人之间的财产关系。

《中华人民共和国民法典》第一千零五十四条规定"同居期间所得的财产，由当事人协议处理；协议不成时，由人民法院根据照顾无过错方的原则判决。对重婚导致的无效婚姻的财产处理，不得侵害合法婚姻当事人的财产权益"。在司法实践中我们需要全面周到的处理：双方当事人同居期间各自所得的财产归个人所有，对是否是个人财产举证不明，且无法查实的，按共同财产认定，均有分割权，双方共同购置的财产按共有财产分割，个人所欠债，个人独立偿还，共同所欠债务，由双方负连带责任予以偿还；而且，婚姻无效或被撤销后，生活困难一方可以请求另一方提供必要的经济补偿，无过错一方还可向过错方请求损害赔偿。

4.父母子女关系。

《中华人民共和国民法典》婚姻家庭编规定："当事人所生的子女，适用本法关于父母子女的规定。"

（以上人物均为化名）

▶44.婚姻中出轨一方要承担什么责任

案例简介

王中自己做生意，平时喜欢健身，而李晓梅是个健身教练，王中常到李晓梅所在的健身会所去健身，这么一来二去两个人就变得熟悉起来，于是半年后两个人领取了结婚证。

王中很喜欢孩子,于是结婚后两个人就开始计划,但是没有想到三年过去了,李晓梅仍然没有怀孕,就在他们放弃希望的时候,李晓梅突然发现有了身孕,这让夫妻俩喜出望外。然而儿子王小中的出生,让初为人父的王中却怎么也高兴不起来,原来,王小中患有先天性脑损伤综合征(脑瘫)。

为了能更方便照顾王小中,李晓梅便辞职在家,她希望自己全心全意的照顾,能够让儿子好起来。然而五年过去了,儿子依然不会说话走路这些简单的动作。随后夫妻俩的争吵也多了起来,加上王中经常不回家,于是在李晓梅的提议下,双方签订了《夫妻忠诚协议书》,以防万一。内容为:如果夫妻双方任何一方出轨,在双方离婚分割夫妻共同财产时,出轨的一方净身出户。子女抚养权服从无过错方的要求,并由过错方赔偿无过错方精神损害费。双方确认,在签订协议时均精神状态正常,冷静而理性。

后王中出轨,李晓梅提起离婚之诉,并要求抚养王小中,除让王中净身出户外,李晓梅另行主张了精神损害抚慰金10万元。

法院审理:庭审中,李晓梅诉称,由于婚前缺乏了解,婚后感情不和,经常吵闹,为了孩子的事情,二人在治疗方案上不一致,而且被告不给孩子治病,又出轨他人,导致家庭生活无法继续下去,被告应该净身出户。

被告王中辩称,同意离婚,因协议签订时双方感情尚好,没有打算离婚,现在既然原告起诉离婚,我也同意离婚。

法院审理后认为,婚姻关系需要夫妻双方用心去经营、维护,彼此宽容,原、被告婚后发生矛盾,未及时沟通解决,现原告要求离婚,经法庭调解,原告离婚态度坚决,且被告亦同意离婚,本院予以支持。

关于孩子的抚养问题,由于多年来一直是李晓梅抚养照顾王小中,对其健康康复有了一定的护理知识与护理经验,故抚养权判给李晓梅,更加有利于孩子的健康恢复。

关于夫妻共同财产的分割问题,因双方签订的协议中明确约定,如果夫妻双方任何一方出轨,在双方离婚分割夫妻共同财产时,出轨的一方净身出户。庭审中,本院询问二人时,双方均有同样的意思表示,均表示认可该协议。

现被告亲自承认在婚姻关系存续期间出轨他人,应承担相应的责任,故共同所有的房屋一套归原告李晓梅所有,剩余房贷由李晓梅自行归还。

关于精神损害赔偿，虽然原告受到了伤害，且本院在对夫妻共同财产进行分割时，已体现了对其作为无过错方的损害赔偿，故对该项请求，法院不予支持。

【争议焦点】

1.忠诚协议签署后，可以要求出轨方净身出户吗？

2.除了要求净身出户，又能否再要求出轨方额外承担离婚损害赔偿呢？

【律师说法】

该案中双方曾签署忠诚协议，约定如果夫妻双方任何一方出轨，夫妻财产的分配，该协议是双方自愿签署的，系双方真实意思表示，该协议合法有效。关于本案的精神损害赔偿请求，法院考虑到对夫妻共同财产进行分割时，已体现了对被告作为无过错方的损害赔偿，故对被告的该项请求，法院未予支持。

法律是否有规定出轨一方须净身出户？

净身出户通常是双方在婚姻期间或离婚时约定的，法律没有规定出轨的一方要净身出户，只是规定在分割夫妻共同财产时，会适当照顾无过错方。

法律确实规定了分割财产有少分或不分的情况，《中华人民共和国民法典》第一千零九十二条规定，夫妻一方隐藏、转移、变卖、毁损、挥霍夫妻共同财产，或者伪造夫妻共同债务企图侵占另一方财产的，在离婚分割夫妻共同财产时，对该方可以少分或者不分。离婚后，另一方发现有上述行为的，可以向人民法院提起诉讼，请求再次分割夫妻共同财产。

对于协议约定净身出户的，符合法律规定的，会得到法院的支持。婚内出轨明显是一种过错，是对忠诚于婚姻一方的一种伤害。在许多此类纠纷中，很多无过错方在下定决心结束婚姻时，都希望给对方一种惩处，以此表达自己的愤怒和不满。惩处的方法多种多样，其中最为常见的就是在经济上的"处罚"，除了把孩子留下，还要把所有财产留下，让过错方"净身出户"。在许多因第三者插足的离婚案中，很多受害女性都有这种报复性的心理。有些女性认为，插足者之所以与自己的丈夫交往，是因为看中了其丈夫手里有钱，如果男方净身出户，不但处罚了男人，也等于断了第三者的念想。

然而，此类离婚案真的到了法院，让一方"净身出户"的想法往往会碰壁。我们知道，婚姻中的无过错方，面对家庭破裂的结果，肯定非常痛心和愤怒，因此而产生让对方拿不到任何便宜，甚至要求对方净身出户的心情完全可以理解，但真的要让过错方分文不得地离开家庭并不容易。

延伸解读

《中华人民共和国民法典》草案曾经规定，离婚时夫妻一方以婚前或婚后双方签订的"忠诚协议"主张权利的，人民法院经审查认为该协议系自愿签订且不违反法律、法规的禁止性规定的，应当予以支持。这条规定引起很多争议，因为考虑到法律的指引作用，《中华人民共和国民法典》最终没有纳入该条款。我国法院对违反"忠诚协议"而净身出户的判决，有支持的，但大都没有支持。在法律没有进一步修订之前，"忠诚协议"的争议估计还会长久存在。

从理论上说，对于有过错一方进行必要的处罚完全是必要的，但所谓的过错，却并非一些人想当然所认为的，也有着明确和严格的法律定义。根据《中华人民共和国民法典》第一千零九十一条规定，有下列情形之一，导致离婚的，无过错方有权请求损害赔偿。

1. 重婚；
2. 与他人同居；
3. 实施家庭暴力；
4. 虐待、遗弃家庭成员；
5. 有其他重大过错。

一般意义上的通奸、短期的婚外情等出轨行为，能否列入可以在经济上进行赔偿的过错范围尚有待司法解释予以明确。

据法院对离婚案的分析和统计，男女离婚最主要的原因是其中一方婚内出轨；但在因一方出轨导致的离婚诉讼中，最终被法院认定有过错，判决其在经济上必须向对方进行赔偿的案件却非常少。

温馨提示

法律虽然不能面面俱到，但游戏人生者最后是没什么好下场的。对于婚姻中的受害人来说，不能只是寄希望于感情生变后以经济手段惩罚对方，这是不明智的，也很难实现。

（以上人物均为化名）

45.继父母获得抚养权利，亲生父母是否还有抚养义务

案例简介

毛大是小孩毛毛的亲生父亲，毛大与李冰于广东打工时相识，随后建立恋爱关系并开始同居生活，未婚生育了一男孩取名毛毛，后毛大与李冰因琐事发生矛盾，双方感情破裂后，均要求抚养毛毛，诉至法院后，经人民法院一审、二审判决，毛毛由李冰抚养。

此后，李冰与吴涛登记结婚，将毛毛带至吴涛家中共同生活，并将小孩改名为吴毛毛。后来李冰因病死亡，毛大要求将毛毛的抚养权变更为由毛大抚养，但是继父吴涛不同意，表示愿意继续抚养毛毛。毛大于是诉至法院，要求取得毛毛的抚养权。

【争议焦点】

继父母获得抚养权利，亲生父母是否还有抚养义务。

【法院判决】

小孩归原告抚养。

《中华人民共和国民法典》婚姻家庭编明确规定，无论是婚生子还是非婚生子，不直接抚养小孩的一方都应当承担小孩的抚养费的部分或全部，这与传统的风俗习惯也是相一致的。如果直接抚养小孩的一方与其他人重新组建家庭后，继父或继母与受其抚育的继子或女之间的权利义务关系，是适用《中华人民共和国民法典》婚姻家庭编中关于父母与子女之间权利义务关系的规定的。也就是说，继父或继母对于受其抚育的继子或女也具有与其亲生父母同样的权利和义务。

本案中，由于原本经法院判决确定的小孩抚养权人即其生母因病死亡，被告作为小孩的继父又愿意继续抚养小孩，此时，生父与继父对于小孩的抚养权归属就发生了争执。由于被告采取了拒不出庭的消极应诉态度，法院最终判决小孩归

— 127 —

原告抚养。

温馨提示

依据最高人民法院《关于审理离婚案件处理子女抚养问题的若干具体意见》第十三条规定：生父与继母或生母与继父离婚时，对曾受其抚养教育的继子女，继父或继母不同意继续抚养的，仍应由生父母抚养。

法律上明文规定父母对子女的抚养义务可以归于消除的情形只有一种，即《中华人民共和国民法典》第一千一百一十一条第二款规定，养子女与生父母及其他近亲属间的权利义务关系，因收养关系的成立而消除。那么，继子女是否可以等同于养子女？

虽然并无明确的法律定义继子女和养子女的概念，但是根据《中华人民共和国民法典》第一千一百零三条规定，继父或者继母经继子女的生父母同意，可以收养继子女，并可以不受本法第一千零九十三条第三项、第一千零九十四条第三项、第一千零九十八条和第一千一百条第一款规定的限制。生父或生母对于子女的抚养义务并不因继父或继母获得抚养权利而消除。

延伸解读

如何确定继父母与继子女之间是否形成抚养关系？

《中华人民共和国民法典》婚姻家庭编对在什么情况下继父母与继子女才算形成抚养关系没有做出明确规定。理论上，也尚未形成统一的观点。有如下几种观点。

1.继子女尚未成年，随生父母一方与继父或继母共同生活时，继父或继母对其承担了部分或全部生活费和教育费，或成年继子女在事实上对继父母长期进行了赡养扶助，亦视为形成了抚育关系。

2.继子女与继父母共同生活，继父母对继子女给予生活上的照料与抚养；或者虽未与继父母共同生活，但继父母对其承担了部分或全部生活费和教育费；或者成年继子女事实上长期赡养扶助继父母。

3.继父母负担了继子女全部或部分生活费和教育费；继父母与未成年继子女共同生活，对继子女进行了教育和生活上的照料，即使未负担抚养费用，也应认为形成了抚养关系。

4.判断继父母与继子女之间是否形成抚养教育关系的主要标准是继父母是否承担了继子女全部或部分生活费和教育费。如果未承担任何费用，即使对继子女进行了教育和生活上的照料，亦不能认为他们之间形成了抚养教育关系，而只是一种姻亲关系。

我们认为，确定继父母与继子女之间形成抚养关系的标准有下面两个。

第一，如何判断继父母对继子女有抚养事实？

通常情况下，未成年的继子女随生父与继母或随生母与继父共同生活，即有抚养事实。在大多数情况下，判断继父母对继子女是否有抚养事实进而认定是否为有抚养关系的继父母与继子女关系并不难，但在一些特殊情况下，如继父母负担了继子女一定的抚养费用，却没有共同生活，或者继父母与继子女共同生活，但没有直接抚养权。继父母对继子女是否有能形成抚养关系的抚养事实，则有不同认识。

我们认为，继父母对未成年的继子女有可以形成抚养关系的抚养事实，须具备两个条件：一是生父或生母对子女有直接抚养权，二是继母或继父与继子女共同生活。但有一点例外，就是十六周岁以上不满十八周岁的继子女，如果是以自己的劳动收入为主要生活来源，虽然跟随有直接抚养权的生父或生母与继母或继父共同生活，也不宜认定继父母对继子女有能形成抚养关系的抚养事实。当然，在抚养事实的认定方面，实践中乃至理论上的认识还不统一，有待法律或司法解释做出明确规定。

第二，抚养事实至少持续多长时间才算形成抚养关系？

关于这个问题，无论是法律，还是司法解释，均没有明确规定。司法实践中通常是具体案件具体分析，尚无明确尺度。

有观点认为，继父或继母与受其抚养达五年以上的继子女，适用父母子女关系的有关规定。我们认为，根据现行法律规定，在司法实践中，还不能因抚养事实持续时间短而否认形成抚养关系。但是，如果抚养事实持续时间少于两年，要认定继父母与继子女之间形成了抚养关系，应特别慎重。因为是否认定继父母与继子女之间形成抚养关系，涉及继父母与继子女之间是否互有继承权，也涉及继子女对继父母是否负有赡养义务，进而关系到双方的权利与义务是否对等。

（以上人物均为化名）

46. 家庭暴力中该如何认定虐待和故意伤害

案例简介

梁华经常在醉酒后对妻子进行打骂。前不久，梁华又一次醉酒，以妻子有外遇为借口，将妻子的衣服剪坏、烧毁，并用皮带、板凳对妻子的背部、四肢等部位进行殴打，并以让妻子长跪为体罚，长达8个多小时，造成妻子呼吸功能衰竭死亡。经尸检，被害人的死亡是由于多次被钝器击打头部、背部、四肢，造成循环呼吸功能衰竭，但没有发现大量旧伤。该案件涉及家庭暴力，该如何定罪？

【争议焦点】

本案在定性时产生两种意见。

第一种意见认为，梁华的行为应定为虐待罪。梁华在酒醉之后，常常打骂妻子，而这次更是对妻子实施长时间的罚跪、打骂，最终造成妻子死亡。依照刑法的相关规定，醉酒的人犯罪，应当承担法律责任。因此，应当确定梁华犯虐待罪。

第二种意见认为，梁华的行为应当构成故意伤害罪。梁华由于怀疑妻子有外遇而进行报复，对妻子进行打骂、体罚。在明知其行为可能造成对妻子人身伤害的情况下，对此结果抱有放任的故意，因此造成妻子死亡的严重后果。据此，应当认定梁华犯故意伤害罪。

【法院判决】

最终法院认定梁华犯有故意伤害罪。

温馨提示

对于家庭暴力犯罪，虐待罪与故意伤害罪在犯罪构成上具有一定的相似性。在犯罪主体上，两者一般都是家庭成员；在犯罪的主观要件上，两者都是故意犯罪；在犯罪的客体上，都侵害了被害人的人身权益；在犯罪的客观方面，都表现为对被害人的打骂等行为。但是虐待与故意伤害仍具有一定的区别。在犯罪对象上，虐待罪所侵害的对象仅为共同生活且彼此之间存在相互扶养义务的家庭成员。

故意伤害罪并不以此为限。在主观方面，虽然两者都是故意犯罪，但故意的内容有所不同。虐待罪的主观故意主要是对被害人进行肉体和精神上的折磨和摧残。故意伤害罪的故意是出于对被害人人身健康的损害。在犯罪的客观方面，虐待表现为一种长期的或连续的折磨和摧残；而故意伤害不存在连续性和长期性，往往是一次行为。

此外，虐待罪有一个加重情节是致人重伤或死亡，这与故意伤害罪的加重情节类似，但引起死亡或重伤的原因截然不同。虐待致人重伤或死亡往往是由于长期的打骂、摧残的行为导致的结果，并非一朝一夕造成，而是日积月累的结果，是被告人长期虐待行为的结果。故意伤害造成的危害结果，无论多么严重，往往都是一次行为造成的。

本案中，梁华虽然经常对妻子进行打骂、罚跪等，且具有长期性和连续性。但是虐待罪在没有造成重伤或死亡等严重后果的情况下，属于自诉案件范围，不诉不理。此次造成妻子死亡的严重后果是梁华故意伤害的结果，并不是长期虐待的结果。

从犯罪故意上看，梁华对妻子的殴打行为是出于一种伤害的故意。在犯罪的手段上，梁华对妻子进行殴打和罚跪的时间长达8个多小时；在犯罪工具上，梁华使用了板凳、皮带等物进行了连续的殴打。可见，梁华明知或应当知道自己对妻子的殴打行为可能引起妻子身体健康的损害而放任这种结果的发生，在主观上具有伤害的犯罪故意。

从危害的结果上看，被害人的死亡是由于多次被钝击头部、背部、四肢，造成循环呼吸功能衰竭死亡，且在尸检中，没有发现大量旧伤。从鉴定结论可以看出，被害人的死亡是由于梁华这次殴打行为造成的，而不是长期虐待的结果，因此也可判断出此案应定性为故意伤害。虽然被害人是梁华的妻子，是与其共同生活的家庭成员，但这点并不违反故意伤害罪的犯罪构成。对于被告人刑事责任，由于刑法有明确规定，醉酒的人犯罪，应当承担刑事责任。

延伸解读

一、什么是家庭暴力，家庭暴力的范围有哪些

婚姻法所称的"家庭暴力"，是指行为人以殴打、捆绑、残害、强行限制人身自由或者其他手段，给其家庭成员的身体、精神等方面造成一定伤害后果的行

为。持续性、经常性的家庭暴力，构成虐待。

家庭暴力的范畴包括：①夫妻间的暴力行为，如丈夫殴打、谩骂妻子，强行与妻子发生性关系或摧残妻子性器官，等等。②父母对子女实施的暴力或虐待行为。③子女对应赡养的老人实施的暴力或虐待行为。④兄弟姐妹、叔嫂妯娌、翁婿婆媳之间的暴力行为。⑤有亲密关系的男女间的暴力行为，如同居关系、恋人关系等。

二、家庭暴力的受害人可以通过什么途径保护自己

家庭暴力的受害人可以通过以下途径进行自我保护：

1.遭受家庭暴力的受害人有权提出请求，居民委员会、村民委员会以及所在单位应当予以劝阻、调解。调解主要适用于比较轻微的家庭暴力。

2.对正在实施的家庭暴力，受害人有权提出请求，居民委员会、村民委员会应当予以劝阻；公安机关应当予以制止。这种救济方式主要适用于正在实施的家庭暴力行为。

3.实施家庭暴力，受害人提出请求的，公安机关应当依照治安管理处罚的法律规定予以行政处罚。

4.对实施家庭暴力构成犯罪的，依法追究刑事责任。受害人可以依照刑事诉讼法的有关规定，向人民法院自诉，而对于暴力致被害人重伤、死亡的，受害人及其近亲属可以向公安机关报案，公安机关应当立案侦查，人民检察院应当依法提起公诉。

三、家庭暴力的受害者，应保存哪些证据

家庭暴力以加害行为人连续性以及损伤的隐蔽性为主要特征。有些受害者因缺乏多次累积的伤情原始记录和法医鉴定依据，致使民事调解和诉讼困难，受害人的合法权益得不到及时保护。为防止这一情况的出现，家庭暴力的受害者，应在48小时内，向所在地的公安机关报案，并请求他们开具验伤通知书，到指定的医院验伤，或到司法鉴定机构做鉴定。在验伤鉴定后应保存好医院的诊断证明和鉴定结论，如果是通过多次的验伤或鉴定，应将每一次的医院诊断证明和司法鉴定部门的鉴定结论保存好，无论是轻微伤还是重伤，留下这些证据有利于今后有关部门处理此事。如施暴者用的凶器、木棒、铁棍或其他危险物品，上面留有施暴者或受害人的痕迹如血迹、指纹等，可以作为证据及时向公安机关提供。

（以上人物均为化名）

47. "假身份"登记结婚的婚姻案件该如何办理

案例简介

2005年，王阳经人介绍认识了董香，两人很快同居，并生育一子。2007年，两人在婚姻登记处登记结婚。2009年，董香离奇失踪，王阳多次寻找未果，遂起诉到法院，诉求离婚。法院受理后，找不到董香的确切地址，无法向董香送达传票。2012年，王阳再次起诉要求离婚，后经过调查发现董香实为张某，已经被某法院判决死刑。原来，张某在故意杀人被通缉期间，以董香的"假身份"与王阳结婚，2009年被公安机关依法逮捕，后被判刑。对王阳的离婚诉请，法院是否受理，由何部门审理，合议庭观点不一，分歧较大。

【争议焦点】

一种观点认为，法院应受理，按一般离婚诉讼由民事审判庭审理。理由是：张某虽利用假身份信息与王阳结婚，但二人具有缔结婚姻的合意，且并未违反婚姻法的禁止性规定，符合结婚的实质要件，应由婚姻法调整；同时，王阳的诉求不仅是婚姻关系的处理，还涉及财产分割与子女抚养等实体权益。因此，本案由民事审判庭审理为宜。

另一种观点认为，法院不应受理，如果受理，则应由行政审判庭审理。理由是：王阳起诉"离婚"，但其与"妻子"婚姻的效力存在问题。只有先确认婚姻效力，才能决定是否受理其离婚诉讼。

关于婚姻效力的审查应该由行政庭进行，民事审判部门无权行使；同时，用"假身份"登记结婚不符合《中华人民共和国民法典》婚姻家庭编关于确认婚姻无效或婚姻可撤销列举的情形，本案不宜由民事审判庭审理，由行政庭审理更为适宜。至于财产分割与子女抚养，王阳可以另行提起民事诉讼。

第三种观点认为，法院应受理，按确认婚姻无效由民事审判庭审理。理由是：本案中，公安机关将董香的虚假身份及户籍信息删除并注销，使婚姻登记机关的"婚姻许可行为"被推翻，即行政法上的"后行政行为推翻前行政行为"。因此，婚姻登记机关的前登记行为不具有违法性，只是因后行政行为被推翻，处于应予撤销结婚证的事实状态。

对此，法院可撤销该证，对该事实进行确认；但无法处理当事人共同生活期间形成的财产、收益、债务以及所生子女之抚养等实体权益，当事人还需另行起诉，增加了当事人的诉累。原《中华人民共和国婚姻法》以及现行的《中华人民共和国民法典》婚姻家庭编都对婚姻无效做了规定，即跳过行政行为合法性审查的问题，直接对当事人的身份关系做出肯定或否定的评价。

本案"假身份"登记虽未直接规定在婚姻法中，但可以涵摄在婚姻无效或可撤销情形中，可以作为民事案件受理。因此，立案法官应向当事人释明，将离婚诉求变更为确认婚姻无效诉求，从而由民事审判庭审理为宜。

温馨提示

律师同意第三种观点，理由如下。

1.本案不是"离婚"变更之诉，应为"确认婚姻无效"的确认之诉。要解决本案受理难题，首先应弄清两个概念，即什么是"离婚"，什么是"确认婚姻无效"。离婚，就是解除婚姻关系，即申请有权部门将原来合法存在的关系予以解除，其属于变更之诉，其前提必须是"合法"婚姻的存在。"确认婚姻无效"就是认定婚姻自始不存在，即请求法院确定当事人之间是否存在或不存在某一实体法律关系，其属于确认之诉，其前提是当事人之间的法律关系本身有无效存在争议。本案中，公安机关业已删除并撤销了董香的身份信息，而张某以董香的"假身份"取得行政许可——婚姻登记的效力则进入待定状态。在此情形下，王阳与董香婚姻的"合法性"存疑，王阳不能据此提出离婚诉讼，只能就婚姻效力提出有无的诉请。

2.以"假身份"登记结婚虽未规定在《中华人民共和国民法典》婚姻家庭编的无效婚姻中，但属于可撤销行为。原《中华人民共和国婚姻法》修改，正式确立了婚姻无效制度，从而结束了婚姻无效问题只能向登记机关提出请求，不利于通过司法程序保护无效婚姻无过错一方当事人合法权益的问题。

《中华人民共和国民法典》第一千零五十一条规定，有下列情形之一的，婚姻无效：（一）重婚；（二）有禁止结婚的亲属关系；（三）未到法定婚龄。第一千零五十二条规定因胁迫结婚的，受胁迫的一方可以向人民法院请求撤销婚姻。请求撤销婚姻的，应当自胁迫行为终止之日起一年内提出。被非法限制人身自由的当事人请求撤销婚姻的，应当自恢复人身自由之日起一年内提出。第一千零五十三条第一款规定：一方患有重大疾病的，应当在结婚登记前如实告知另一方；不如实告知的，另一方可以向人民法院请求撤销婚姻。综观上述规定，未包含用"假身份"登记结婚的情形，因此，有人认为，本案不适用"婚姻无效"的规定。

个人认为，婚姻关系是一种民事法律关系，婚姻行为是双方当事人基于婚姻的合意缔结婚姻的民事法律行为。《中华人民共和国民法典》中的可撤销婚姻事由规定过于单一，仅包括"胁迫结婚"和"因重大疾病隐瞒"两项，并未涵盖现实生活中婚姻双方当事人在缔结婚姻意思表示有瑕疵的所有情形，如违背当事人个人意愿的欺骗性婚姻、因重大误解而成立的婚姻以及虚假婚姻等。很显然，王阳在与董香缔结婚姻时，存在着重大误解，而张某也有意进行了欺骗，因此，确定以"假身份"登记结婚的行为为"可撤销"的民事法律行为，从而确定王阳与董香婚姻的效力。

3. 婚姻"效力"的有无只能由法院民事审判庭做出。我国2003年8月颁布的《婚姻登记条例》第九条第二款明确规定："婚姻登记机关经审查认为受胁迫结婚的情况属实且不涉及子女抚养、财产及债务问题的，应当撤销该婚姻，宣告结婚证作废。"该条明确规定了婚姻登记机关处理婚姻问题的职责范围，也进一步厘清了宣告婚姻无效的机关。

首先，其受理婚姻关系的案件范围是"受胁迫结婚的情况"且"不涉及子女抚养、财产及债务问题的"，二者缺一不可，亦即子女抚养及财产权益等问题超出了婚姻登记机关的职权范围，婚姻登记机关仅仅处理婚姻许可或撤销问题。

其次，婚姻登记机关对婚姻关系的处理仅止于"宣告结婚证作废"，注销结婚登记，而不对婚姻效力做出认定。这从另一方面也表明，关于婚姻效力的认定，已经超出了婚姻登记机关形式审查的范畴，进入了实体审查、判断的领域。

最后，婚姻登记体现的是国家对公民缔结婚姻行为的监督管理，标志着婚姻的成立。对业已成立的婚姻关系是否符合法定结婚条件，是否应该确认无效，是否应予撤销，这种实体性判断如果归于婚姻登记机关，就违背了"任何人不能成

— 135 —

为自己法官"的法理，只能由法院对婚姻有无效力进行宣告，亦即婚姻效力的审查机关只能是法院的司法审查职权。鉴于婚姻关系属于民事法律关系，不是行政法律关系，本案不应由行政庭进行审理，而应由民事审判庭审理。

4.婚姻效力案件由民事审判庭审理能够有效减轻当事人的诉累。本案中，公安机关将董香的虚假身份及户籍信息删除并注销，使婚姻登记机关的"婚姻许可行为"被推翻，即行政法上的"后行政行为推翻前行政行为"。在这种证据确实的情况下，婚姻登记机关撤销结婚证，或由法院行政庭撤销结婚证，只是对婚姻许可行为的撤销。既未对当事人的婚姻效力予以明确，亦未对当事人的实体权益进行处理。王阳要达到其实体目的，仍需另行起诉。

本案中，王阳的诉请不仅包括双方身份关系即婚姻关系的诉求，而且还包括财产方面、子女抚养方面的权利义务等内容，因此，只有民事审判庭进行审理，才能更为经济地解决王阳的诉求，并有效保障王阳作为无过错方的合法权益，充分体现司法的便捷性和亲和力。

综上，本案既不必驳回王阳的诉求，待婚姻登记机关撤销结婚证，也不必由行政审判庭撤销结婚证，而应进行法律释明，告知当事人向民事审判庭提起婚姻无效的"确认之诉"，进而明确双方其他实体权利义务关系。这样，既符合法律规定和法律精神，也体现出司法的便民利民色彩，彰显司法包含的实实在在的人文关怀。

（以上人物均为化名）

48. 结婚时未达法定年龄，婚姻是否有效

案例简介

2005年年初吴进与董丽都在深圳打工，在一次朋友组织的聚会中相识，因为两个人都是外地人，一见面就很是亲切，有种相见恨晚的感觉，二人很快同居。不久，董丽怀孕了。2006年10月双方准备结婚，但是由于董丽未满二十周岁，不到法定结婚年龄，吴进家里托人办了一张假身份证，把董丽的出生日期修改了。身份证号码也做了相应的改动，民政局核发了结婚证。

后董丽生下儿子，起名吴明。吴进、董丽在工厂打工收入本来就不多，生了儿子花费更大了，小两口的压力很大。某日，在娱乐场所上班的姐妹鼓动董丽到娱乐场所上班，因为收入较高，打工那点工资根本没法与之相比。吴进虽然不清楚娱乐场所上班是怎么回事，但总感觉在那里上班不是很好，反对董丽去娱乐场所上班。经济的压力，让吴进的反对显得软弱无力。董丽坚持到娱乐场所上班，第一个月就得到了1万元报酬。这样的高收入使吴进更加猜疑。加上上班时间的不同，两个人难得在时间点上重合在一起。往日的亲热不见了，二人经常为家庭琐事发生争吵，后来发展到分居。

2018年8月，董丽向法院起诉，称2005年10月28日到婚姻登记机关办理结婚登记时，董丽未满二十周岁，请求判决宣告吴进、董丽的婚姻关系无效，由董丽直接抚养教育儿子吴明成人，吴进承担相应的抚养费。

【争议焦点】

二人的婚姻属于无效婚姻吗？

根据《中华人民共和国民法典》第一千零五十一条规定，有下列情形之一的，婚姻无效。

1.重婚；

2.有禁止结婚的亲属关系；

3.未到法定婚龄。

最高人民法院关于适用《中华人民共和国民法典》婚姻家庭编的解释（一）第十条当事人依据民法典第一千零五十一条规定向人民法院请求确认婚姻无效，法定的无效婚姻情形在提起诉讼时已经消失的，人民法院不予支持。董丽与吴进的婚姻不属无效婚姻，应按离婚案件处理。

【法院判决】

驳回董丽的诉讼请求。

温馨提示

一、未达法定婚龄的无效婚姻

《中华人民共和国民法典》第一千零四十七条规定，结婚年龄，男不得早于二十二周岁，女不得早于二十周岁。

根据《中华人民共和国民法典》第一千零五十一条之规定，董丽与吴进的婚姻不属无效婚姻，应按离婚案件处理。

未达法定婚龄未办理登记结婚而以夫妻关系名义共同生活的，1994年2月1日《婚姻登记管理条例》公布实施以前，男女双方已经符合结婚实质要件的，按事实婚姻处理；1994年2月1日《婚姻登记管理条例》公布实施以后，男女双方符合结婚实质要件的，应当补办结婚登记；未补办结婚登记的，按同居关系处理。

二、无效婚姻的法律后果（本节特指未达到法定婚龄的情况）

（一）对当事人的法律后果

无效婚姻，从结婚时起就无效，不具有法律效力，当事人之间始终就不是法律认可的夫妻关系，相互之间不享有夫妻的权利，不承担夫妻的义务。例如，当事人没有相互扶养的义务，没有相互继承遗产的权利，不发生姻亲关系。

（二）对子女的法律后果

合法婚姻关系以外的男女所生的子女为非婚生子女。但是，无效婚姻男女所生的子女不认为是非婚生子女。婚姻被宣告无效，无效婚姻的当事人所生的子女，适用婚姻法有关父母子女的规定。同时，当事人必须妥善处理子女的抚养和教育问题；当事人不能就子女的抚养和教育达成协议的，由人民法院依法判决。

（三）财产的处理

无效婚姻的当事人虽然不具有夫妻的权利和义务，但在同居期间会有各种收入，会形成共同财产，或负有一些共同债务。当事人同居期间所得的财产，按共同共有处理，但有证据证明为当事人一方所有的除外。对于这些财产或债务，由当事人协商处理。协商不成时，则由人民法院根据照顾无过错方的原则判决。人民法院对财产分割时，不是将财产绝对平均地一分为二，而是要考虑到双方对该无效婚姻的形成及存续等有无过失和错误。

三、宣告婚姻无效的程序

（一）申请宣告婚姻无效的主体

有权向人民法院就已办理结婚登记的婚姻申请宣告婚姻无效的主体，包括婚姻当事人及利害关系人。以未达法定婚龄为由申请宣告婚姻无效的利害关系人，为未达法定婚龄者的近亲属。

（二）法律文书名称以及当事人称谓

宣告婚姻无效纠纷案件与一般离婚案件有所区别，有其自身特点。启动诉讼程序的法律文书名称不宜写作《民事起诉状》，可为《宣告婚姻无效申请书》。同时，不宜将当事人列为"原告""被告"，而应称为申请人、被申请人。

（三）程序上的特别规定

人民法院审理宣告婚姻无效案件，对婚姻效力的审理不适用调解。原告如申请撤诉的，不予准许。对于婚姻效力的判决一经做出，即发生法律效力，不允许当事人上诉以及申诉。

财产分割和子女抚养可以调解，调解达成协议的，另行制作调解书。调解不成的，人民法院依法做出判决，当事人不服的，可以上诉。

利害关系人申请宣告婚姻无效时，只能就婚姻效力提出请求，而无权要求处理当事人财产及子女问题。

人民法院在审理有关案件的过程中发现存在无效婚姻的情况时，可依法确认其无效。

延伸解读

无效婚姻的阻却事由如下。

当事人或利害关系人向人民法院请求宣告婚姻无效的案件，必须是申请时该婚姻仍然具有法律规定的无效婚姻情形，否则不予支持。如结婚时男女双方或一方未达法定婚龄，但随着时间的推移，如男女双方均已符合法定婚龄后，再以结婚时未达法定婚龄为由请求宣告婚姻无效的，依法不予支持。因为男女双方已经达到法定婚龄，无效婚姻情形已经消失，其婚姻转化为有效婚姻，不能再主张宣告无效。此时想解除婚姻关系只能起诉离婚而不是申请宣告婚姻无效。

婚姻法的价值取向应是保护婚姻关系的稳定性。作为一种既存的社会关系，婚姻已成事实，并以此为基础向社会辐射出各种关系，如果简单地否认这种身份关系，必定对家庭和社会产生一系列的负面影响。况且，当事人享有婚姻自主权，结婚登记只是一种公示行为，应允许无效婚姻转化为有效婚姻。在结婚登记时虽然存在致使婚姻无效的情形，但随着时间的推移，原来的无效情形已经消失的，应认定婚姻关系有效，不得再宣告婚姻无效。

综上，吴进与董丽在办理结婚登记时，董丽未满二十周岁，违反婚姻法强制性规定，属于无效婚姻。然而，董丽向人民法院起诉时，其早已年满二十周岁，法定的无效婚姻情形已经消失的，人民法院不予支持。

（以上人物均为化名）

49. 解除同居关系后，双方都不要孩子怎么办

案例简介

王生与张敏在2000年年底经人介绍相识，后同居，但一直未办理结婚登记手续。2004年生育有一子王小明，婚后，王生性格缺陷渐渐暴露，不努力工作，参与赌博，平时为人固执己见，无家庭责任感，双方无法沟通、经常争吵，双方关系名存实亡，感情已破裂。这让张敏越发看不到希望，后张敏向法院起诉，要求解除同居关系，孩子要求由男方王生独自抚养。庭审中双方对财产问题没有争议，唯独对孩子的抚养问题，两个人均不愿意抚养孩子。

【争议焦点】

解除同居关系后，双方都不要孩子该如何解决？

【法院判决】

法院认为，原、被告系同居关系，在共同生活中产生矛盾，导致双方感情不和，对解除同居关系双方不持异议。

法院查明原告生活习惯相对较好，无不良嗜好，孩子跟随其抚养，对孩子的成长较为有利，但由于原告自己经济条件相对较差，判令被告支付3000元的抚养费。案件判决后，双方均不服，提出了上诉，二审维持了原判。

温馨提示

《中华人民共和国民法典》第一千零七十一条规定，非婚生子女享有与婚生子女同等的权利，任何组织或者个人不得加以危害和歧视。不直接抚养非婚生子女的生父或者生母，应当负担未成年子女或者不能独立生活的成年子女的抚养费。

本离婚案件中关于子女抚养的问题，对于原被告双方均不愿意抚养孩子的，双方均表示没有抚养能力的，应当从有利于子女成长的角度，由法院予以判决。

不直接抚养非婚生子女的生父或者生母，应当负担未成年子女或者不能独立生活的成年子女的抚养费。

延伸解读

一、同居关系的性质和同居关系的解除

（一）同居关系的性质

同居是指没有婚姻关系的男女二人之间稳定的包括性生活在内的共同生活。同居包括三个构成要件：

1. 同居的主体是一男一女；
2. 需要有包括性生活在内的共同生活；
3. 男女双方没有缔结婚姻关系。

关于同居关系的性质，不可一概而论。如果同居的双方当事人都没有结婚，二人的同居关系虽然不为法律所提倡，但是也没有违背法律的禁止性规定，即是合法的。非法的同居关系是指有配偶者与他人同居的情况，这种情况已经侵害了配偶的合法权益，也是我国婚姻法所明文禁止的。

（二）同居关系的解除

现行《最高人民法院关于适用〈中华人民共和国民法典〉婚姻家庭编的解释（一）》第三条规定，当事人提起诉讼仅请求解除同居关系的，人民法院不予受理；已经受理的，裁定驳回起诉。

当事人因同居期间财产分割或者子女抚养纠纷提起诉讼的，人民法院应当受理。

也就是说，通常情况下，当事人起诉请求解除同居关系的，人民法院不予受理。当事人因同居期间财产分割或者子女抚养纠纷提起诉讼的，人民法院应当受理。也就是说一般的同居关系可以自然解除，除非涉及财产分割或者子女抚养纠纷，法院才受理。

符合事实婚姻构成的同居关系的解除。《最高人民法院关于适用〈中华人民共和国婚姻法〉婚姻家庭编的解释（一）》第七条之规定，1994年2月1日民政部《婚姻登记管理条例》公布实施以后，男女双方符合结婚实质要件的，人民法院应当告知其在案件受理前补办结婚登记；未补办结婚登记的，依据本解释第三条规定处理。按解除同居关系处理。也就是说，同居关系构成事实婚姻的，则同居关系的解除需要参考离婚处理。

二、解除同居关系子女抚养权纠纷怎么解决

一般来说，有同居关系的双方需要先协商，协商不成的，可以向法院提起诉讼，请求法院就解除同居关系，并就财产分割和子女抚养做出裁决。如果仅仅以解除同居关系为由起诉，除非是非法同居，即与有配偶者同居的，否则法院一般不受理。

根据《最高人民法院关于适用〈中华人民共和国民法典〉婚姻家庭编的解释（一）》第三条规定："当事人提起诉讼仅请求解除同居关系的，人民法院不予受理。当事人请求解除同居关系，属于原《中华人民共和国婚姻法》第三条、第三十二条、第四十六条规定的'有配偶者与他人同居'的，人民法院应当受理并依法予以解除。当事人因同居期间财产分割或者子女抚养纠纷提起诉讼的，人民法院应当受理。"说的就是这个意思。

同居关系子女应属于非婚生子女，根据我国法律规定，非婚生子女享有与婚生子女同等的权利，任何人不得加以危害和歧视。不直接抚养非婚生子女的生父或生母，应当负担子女的生活费和教育费，直至子女能独立生活为止。所以，双方解除同居关系时应当解决子女的抚养问题，遵照有利于子女健康成长的原则，各自承担抚养费，并按照离婚子女抚养费标准支付孩子抚养费，直至孩子成年。

同居关系不是一种正常婚姻形式，虽然有时候的确是按照合法婚姻对待的，但毕竟没有进行婚姻登记，没有领取结婚证，在法律上总归是有所欠缺的。

（以上人物均为化名）

50. 仅举行了婚礼，可以要求对方返还彩礼吗

案例简介

2010年6月，张生（男）与王明明（女）相识恋爱，2011年5月1日按照民间风俗举办婚礼。后以夫妻名义共同生活，2012年8月生一子。2012年年底双方因琐事吵架后王明明回娘家居住至今。现张生向法院起诉，要求王明明返还聘金、彩礼钱等。张生称，双方从认识到举行婚礼给付王明明聘金、彩礼、礼物等共计

10万余元。

【争议焦点】

二人在订立婚约之时的聘金等是否应当返还？

【法院判决】

驳回原告的诉讼请求。

温馨提示

在最高人民法院司法解释中，明确了彩礼应返还的情形，即是否办理结婚登记手续、是否共同生活、不返还彩礼是否造成经济困难。从保护妇女权益的角度来看，未婚同居对女性的身心、名誉等各方面均有影响。本案中，男女双方虽未办理结婚登记手续，缔结法定婚姻关系，但双方按照民间习俗举办了结婚仪式，得到亲朋好友、周围群众的认可，并以夫妻名义同居共同生活，且生育子女，具备婚姻生活的实质内容，不属于规定的应当返还彩礼的情形。

根据司法解释，另外两种应当返还彩礼的情形分别是虽办理结婚登记，但确未共同生活，以及不返还彩礼会造成给付彩礼方生活困难。关于共同生活的期限，不能用时间长短来衡量，要结合双方的具体情况，有些虽然共同生活时间仅几天，但双方确实以缔结婚姻关系为目的结婚，仅因感情不和而离婚，不能认定双方未共同生活。

关于婚前给付导致给付人生活困难，这属于彩礼返还的特殊情形。生活困难有绝对和相对之分，绝对困难是其生活靠自己的力量已无法维持当地最基本的生活水平；相对困难是指由于给付彩礼造成了结婚前后的生活水平相差较悬殊，即相对于原来的生活条件来说，变得困难了。

延伸解读

离婚彩礼的一些具体问题及解决办法

一、返还范围

是不是男女双方在恋爱中所有赠送物都应返还？彩礼到底包括哪些？这是审判实践中经常遇到的问题，只有解决好彩礼返还范围，才能切实维护好双方的利益。笔者认为，以下两个方面应该不属于彩礼返还的范畴：

第一，共同花费，一方收到彩礼后，往往会拿出部分用于共同花销，如为办婚礼宴请宾客，送礼以及平时的吃喝玩乐等，在计算返还数额时都应当从中剔除。

第二，属于赠与性质的财物。在恋爱中，男女双方为表情意，通常会赠与对方定情物、信物等，可以说，这些是一方自愿赠与另一方的，与有无结婚目的无关，对于该类财物，赠与方不得要求返还。

二、诉讼主体的确定

在《最高人民法院关于适用〈中华人民共和国民法典〉婚姻家庭编的解释》中，只是说"给付方"可以要求返还彩礼，那么这里所说的给付方是否包括当事人的父母呢？个人认为是包括的。在中国的传统习俗中，儿女的婚姻被认为是终身大事，一般由父母一手操办，送彩礼也大都由父母代送，且多为家庭共同财产。在诉讼中大多数也是由当事人本人或父母起诉，因此为最大限度地保护公民的财产权利，防止应诉方以起诉人不适格作为抗辩，应当对"给付方"做扩大解释。

同时，对于被告的确定问题也应引起注意，在实践中，诉讼方也通常把对方当事人的父母列为共同被告，要求他们承担连带责任，个人认为这种做法是可取的。在习俗中，一般是父母送彩礼，也是父母代收彩礼，即使由本人亲自接收，儿女为表孝心，感激父母多年的养育之恩，也会将一部分交由父母。所以，将当事人父母列为共同被告并无不妥，实为可取之处。

三、妇女权益保护

我国并不承认婚约的法律效力，因此，如果因男方的过错导致婚约解除，或由男方提出解除婚约，女方是不能以男方违反婚约而请求不返还或部分返还的。但是在现实生活中，双方虽未办理结婚登记手续，事实上是同居的，若一方要解除婚约，这时应权衡双方利益，本着保护妇女、保护弱者的原则，在彩礼返还数额上，可酌情减少。在实践中也存在这样的情况，即双方已同居多年的，男方要解除同居关系，以未办理结婚手续为由，要求返还彩礼，此时若女方已将所收彩礼用于同居后共同生活的，也可减少返还数目或不予返还。

四、关于"婚前给付导致给付人生活困难的"适用问题

1.《中华人民共和国民法典》第一千零九十条规定："离婚时，如果一方生活困难，有负担能力的另一方应当给予适当帮助。具体办法由双方协议；协议不成

的，由人民法院判决。"这是婚姻法设立的离婚救济制度，是对离婚可能引起的消极后果的一种补救措施，旨在保护弱势群体，体现扶弱济贫的社会主义道德要求。在《最高人民法院关于适用〈中华人民共和国民法典〉婚姻家庭编的解释（二）》中，又做出婚前给付至给付人生活困难的，在离婚时可要求返还所送彩礼的规定。那么，生活困难方是否既可以要求另一方给予帮助，又可以要求返还彩礼呢？对此个人认为应该持肯定态度。

首先，这是两种不同且并行不悖的制度。前者是一种救济措施，其既是人与人之间互帮互助的体现，又是夫妻之间互相扶养的法律义务在婚姻关系解除后的合法延伸。后者则是一种返还请求权，是基于结婚目的落空而产生的请求权。

其次，两者的请求权主体有所不同。前者只限于夫妻中的一方而已，不再涉及其他人。对于返还彩礼的请求权主体，如前所述，可以为当事人的父母。所以，笔者认为，困难一方在提出返还彩礼的要求后，不妨碍其请求另一方给予一定的帮助。当然，这里的离婚时对生活困难一方的帮助是有条件限制的：

第一，提供帮助一方要有负担能力，一般要在该方的能力范围之内；

第二，帮助有时限性，生活困难应是在离婚时就存在的困难，而不是在任何时候都可以提出请求，而且在其另行结婚后，就应停止对其进行救济。

2.在我国，虽然不承认婚约的法律效力，但合法的婚姻关系是受法律保护的。故如果要求返还彩礼一方对婚姻的破裂存在过错，而另一方并无任何过错，虽然请求方存在生活困难，也无须再支持其返还请求。

五、证据认定问题

赠送彩礼与一般的民事行为有所不同，赠与方不可能要求对方出具收条等书面手续，以表明其已收到彩礼。因此，当引发彩礼纠纷时，当事人举证比较困难，一般只能提供证人证言，且多为亲友证言，通常证明力不大。对方当事人也常以此作为抗辩，主张不予采信。为了收集有利证据，当事人往往会不经对方同意，录制双方的谈话录音或电话录音。

利用威胁、利诱、限制人身自由、侵犯他人隐私等非法手段获得的证据不应采用，即所谓的"毒树之果"原则。在彩礼纠纷中，视听资料往往是最能证明事实存在的证据，因而只要当事人在收集证据时没有违反法律的强制性规定，且能证明其真实性，就应当采信。对于彩礼纠纷案件的证明标准，也应遵循高度盖然性原则，即只要当事人所举证据足以让法官对案件的法律真实产生高度信任，并能排除其他合理怀疑，那么就可认定该法律事实达到客观真实。

（以上人物均为化名）

51. 可否向第三者主张离婚损害赔偿

案例简介

马兵和刘静在2000年通过网络相识相恋，经过一段时间的交往后，两人于2001年3月登记结婚。刚结婚那会儿感情尚可，但是半年后，丈夫马兵由于工作的原因，出差的时间越来越多，陪伴妻子的时间越来越少，于是两个人的感情渐渐发生了变化。一次偶然的机会，马兵竟然无意中看到妻子刘静的手机里，有多条暧昧的消息，马兵很生气，经过再三追问，刘静承认与邻居郑某同居过一段时间，为了表明悔改之意，刘静当场写了《忏悔书》，并保证以后不会再有此事。马兵见刘静有如此决心，再加上自己陪伴她的时间少，心里有些愧疚，也就原谅了她。

按理说，夫妻双方经过了这件事，应该更加珍惜婚姻才对，可谁知双方的关系不但没有好转，反而变得敏感起来，彼此也相互猜忌。这个时候马兵发现，原来双方的生活习惯完全不同，性格差异也很大，妻子喜欢K歌，喜欢与朋友聚会，而自己喜欢安静等，这些矛盾，压得他喘不过气来，加上原来妻子的出轨让他觉得越发生气，并且觉得这事不能原谅的还有邻居郑某。

于是在未与妻子商量的情况下，以妻子刘静与他人同居，导致夫妻感情破裂为由向人民法院起诉离婚，并要求刘静与婚外情人郑某二人共同给付其精神损害赔偿金20万元。

【法院判决】

人民法院经审理认为，根据《中华人民共和国民法典》的规定，婚姻关系的存续应以夫妻感情为基础，夫妻应当互相忠实，互相尊重。从《忏悔书》的内容来看，可以认定刘静与他人婚外出轨并同居的法律事实，再加上性格、习惯等因素导致双方难以继续相处，刘静亦表示同意离婚，故法院判决准予双方离婚。

至于刘静与婚外情人郑某是否应该承担赔偿,根据《中华人民共和国民法典》第一千零九十一条规定,有下列情形之一,导致离婚的,无过错方有权请求损害赔偿。

1. 重婚;

2. 与他人同居;

3. 实施家庭暴力;

4. 虐待、遗弃家庭成员;

5. 有其他重大过错。

也就是说,对于刘静的过错行为,作为丈夫的马兵,若自己无过错,则可以要求赔偿。据此,法院判决刘静应赔偿马兵精神损害赔偿金1万元。对于要求郑某共同赔偿的请求,并没有获得法院的支持。

【争议焦点】

马兵作为刘静的丈夫,能否向郑某主张赔偿呢?有一种观点认为可以,因为他与刘静的婚外性行为确实有过错,而且对马兵造成了一定的伤害。另一种观点则认为,配偶权是夫妻之间的权利,侵权与否,只在夫妻之间进行责任认定。

【律师说法】

首先我们来了解下离婚损害赔偿,它是2001年婚姻法增加的一个新规定,《中华人民共和国民法典》延续了这一规定。它既是婚姻关系民法属性的直接反映,也是保护离婚当事人合法权益的需要。离婚损害赔偿,是指夫妻一方有过错致使婚姻家庭关系破裂,离婚时对无过错的一方所受的损失,有过错的一方应承担的民事赔偿责任。

从它的概念我们可以看出,因一方的法定过错导致离婚的,无过错的另一方依法享有赔偿请求权,也就是说赔偿的主体是过错方,而请求的主体是无过错方。所以这个概念里讲到的就是在夫妻之间的责任分配,无论是权利请求方,还是责任承担方,均是夫或妻,并没有涉及第三人。

在现行法律规定下,原配确实没有直接的法律途径去追究第三者破坏婚姻家庭的法律责任。在婚姻法的解释和修改过程中,对此有过探讨和争论,大多数人认为对配偶的忠实义务应用道德规范来调整,法律难以规制情感问题。"配偶权"是否应当保护或如何保护还只是一个研究课题。

因此就离婚损害赔偿请求权的性质来看,离婚损害赔偿实质上是基于侵犯了配偶身份权而提起的赔偿。所以就单独的离婚损害赔偿而言,是不能向第三人主张权利的。

延伸解读

我们再来看下《中华人民共和国民法典》第一千零九十一条第一款第(二)项规定的"与他人同居"的情形,是指与婚外异性,不以夫妻名义,持续、稳定地共同居住。这里对于同居的要求是很严格的,不能是偶尔一次的性行为,要达到持续才行。这里的损害赔偿责任不仅包括物质损害赔偿,也包括精神损害赔偿。其实,夫妻之间的忠实义务也是婚姻法的原则体现,我们知道《中华人民共和国民法典》第一千零四十三条明确规定,夫妻应当互相忠实,互相尊重,互相关爱;家庭成员应当敬老爱幼,互相帮助,维护平等、和睦、文明的婚姻家庭关系。

我们知道,调整婚姻家庭关系涉及法治和德治,两者是相辅相成、相互促进、缺一不可的。婚姻家庭关系十分复杂,涉及保障公民人身权、财产权,维护社会主义秩序等问题。依靠法治的权威性和强制性来规范人们的行为,涉及思想品行、生活习俗等问题则需要依靠德治的感召力和劝导力,来提高人们的思想认识和道德觉悟。

因此树立正确的世界观、人生观、价值观,实行继承优良传统与弘扬时代精神相结合,尊重个人合法权益与承担社会责任相统一,努力形成健康和谐、积极向上的思想道德规范。

大力倡导尊老爱幼、男女平等、夫妻和睦、勤俭持家、邻里团结的家庭美德。这些对于建立和维护平等、和睦、文明的婚姻家庭关系是至关重要的,也是法治所不能包办代替的。因此《中华人民共和国民法典》婚姻家庭编坚持了法治和德治相结合的原则,而第一千零四十三条就是婚姻家庭道德规范的法律化,它对于建立和维护平等、和睦、文明的婚姻家庭关系具有强有力的推动作用。

婚姻以夫妻共同生活为目的,夫妻双方应当互相忠实。家庭的和睦是社会安定的重要基础,要提倡文明婚俗,鼓励家庭成员勤俭持家,建立互爱互助、和睦团结的婚姻家庭关系。

> **温馨提示**

以上是对于离婚过错赔偿的解读,虽然这个规定仅仅限于夫妻之间,不能对第三人主张权利,但是这并不妨碍无过错方向婚外第三者主张其他权益。比如,涉及夫妻共同财产的处分,若没有经过自己的同意,也可以向第三者主张返还等。

(以上人物均为化名)

▶52. 有家庭暴力该怎样离婚

> **案例简介**

刘燕(女)与张朋自2010年10月开始同居生活,共同居住在以刘燕的名义申请的公租房内,双方未办理结婚登记。同居生活期间,张朋经常对刘燕实施殴打、威胁、跟踪、骚扰行为,并以刘燕家属的生命安全相威胁。为此,刘燕多次向派出所、妇联等相关部门反映情况、寻求保护,相关部门多次组织双方调解并对张朋进行批评教育,但张朋仍未改变。2013年,刘燕认为张朋与其他女子有不正当男女关系,劝解张朋回心转意,张朋以此为由对刘燕发脾气,数次酒后殴打刘燕,并扬言要砍死刘燕。2019年8月,张朋再次以刘燕怀疑其有外遇一事,对刘燕进行殴打,并持菜刀砍伤刘燕。刘燕非常害怕不知道该怎么办,想要分手又不知该如何处理?

【律师说法】

今天我们就来说说,有家庭暴力该怎样离婚。

首先,可以和老公协议离婚,这样可以节省时间;如果老公不同意,先固定老公有家庭暴力的证据,之后提起离婚诉讼。以家庭暴力或感情破裂为由起诉,法院一般会判决分手的。

其次,遭到家庭暴力应该报警,派出所的出警记录可以作为证据;医院的门诊及住院治疗病例等也能够证明家庭暴力的程度。

另外,根据《中华人民共和国民法典》婚姻家庭编规定,因实施家庭暴力导致离婚的，无过错方有权请求损害赔偿。

损害赔偿包括精神损害赔偿和物质损害赔偿。

一、证明家庭暴力需要哪些证据

1.证人证言。发生家庭暴力时有可能会被其他人员看到，比如说小区的保安、自己的父母或者是家中的朋友，还有保姆或者是邻居，等等。如果这些人曾经目睹家庭暴力的发生，那么可以尽可能早的和他们做一些沟通工作，也可以委托律师以调查笔录或录音的方式向证人进行取证。

2.在家庭暴力发生后，若曾经报过警，那么警方会有出警记录，警方对家庭暴力的处理会有一整套法定的程序，通常会在派出所对施暴者和受害人分别进行问话，并制作笔录。

3.在遭受家庭暴力后及时到医院就诊，医院的诊断证明和治疗的凭据是可以作为家庭暴力的证据的。如果受害人受伤严重，应当由公安机关出具法医鉴定的介绍信，对伤情进行司法鉴定，同时受害者需要及时到医院进行治疗，那么治疗时还会有医院的诊断证明和医药费的收据以及病历。这些书证都应当好好地保留，包括受害人后期的持续性治疗，有关书证也应当妥善地保存。

4.如果受害人曾经向妇联等组织投诉过家庭成员的施暴行为，妇联等组织曾经对该事做过处理，并且找对方进行过调解工作，那么妇联等组织既有当时的工作记录，同时也可以为曾经发生的家庭暴力单独出具书证；如果曾向居民委员会或者是村民委员会反映过这种问题，有关机构也可以出具情况说明；如果受害人曾经向双方的或者是一方的工作单位求助过，那么工作单位也可以出具证明。

5.如果受害人和施暴者之间发生纠纷时，曾有过通话录音，那么这个通话录音也可以作为附属的证据，或者是双方在谈到协议离婚或者是赔偿事项时，对方在谈论当中对施暴的行为认可的，也可以做通话录音。

6.在发生家庭暴力之后，如果对方曾写过保证书、忏悔书、承诺书等，保证以后绝不再发生暴力行为的这些书面材料也可以作为证据。

7.被对方殴打后如果拍摄过相关照片的或者是有视频录像资料的也可以作为证据。

二、老公家庭暴力，离婚孩子归谁

离婚时，孩子抚养有争议的，法院一般按如下处理：哺乳期内的孩子原则上跟随母亲；满两周岁的孩子，法院将根据双方实际条件综合考虑夫妻的工作、收入、教育等，按对孩子成长有利的原则确定孩子归属；满八周岁的孩子，法院还会征求孩子的意见。另一方按固定收入的20%~30%支付抚养费，并有权探望。

法院判决的原则是根据子女的利益和双方的具体情况，因此如果对方有家庭暴力，而一方有证据证明对方有家庭暴力行为，这样法院在判决时通常不会把孩子判给有家庭暴力一方直接抚养。

三、争取子女抚养权应该如何取证

（一）双方基本条件的取证

对双方的基本条件进行取证，包括但不限于工作性质、工作环境、收入状况、居住条件、文化程度、性格修养等，通过对双方的基本条件进行比较分析，突出有利因素。即使夫妻双方的基本条件，如工资收入、教育程度等差异不大，但并不表示就没有差异。比如，一方的思想品质，就在争取孩子抚养权方面尤为重要，因为直接抚养方的思想品质，会直接影响下一代的健康成长。

（二）双方父母基本条件的取证

很多时候，真正带孩子的往往不是夫妻任何一方，特别是对于学龄前儿童，通常是一方的父母。因此，孩子以往的生活环境，以及长期带孩子的父母的意见及身体情况，往往也是影响孩子抚养权的一个重要方面。

（三）孩子生活环境方面的取证

离婚案件中孩子抚养问题的处理原则，是不影响孩子的健康成长。如果双方离婚，但有一方距离学校较近，或生活小区成熟，对孩子入学、生活最为有利，当然得到孩子抚养权的可能性就会更大。因此，这方面的取证工作也是必要的。

（四）孩子的意见相当重要

一般来说，法院在处理抚养问题上，会认真听取八周岁以上孩子的意见，并做笔录入卷。在离婚前或离婚过程中，做好孩子的思想工作，使孩子愿意随自己生活是尤为重要的。八周岁以上的孩子相对而言，对于离婚的含义及后果都基本了解，虽然这样会对其造成伤害，但这种伤害是避免不了的，使孩子由对其成长最为有利一方直接抚养，也算是对其伤害降到最低的一种措施。

（以上人物均为化名）

53. 离婚案件涉及第三人的财产如何处理

【案例简介】

王颖与刘刚于2013年3月经人介绍相识，同年10月登记结婚。因为双方性格差异太大，导致夫妻感情破裂，故王颖起诉到法院要求离婚。刘刚也同意离婚。但主张要求分割王颖父亲名下的一辆车。

刘刚于2018年11月，与妻子王颖共同购买了一辆北京现代的小轿车，但是因为二人均没有摇到号，该车子便登记在王颖父亲名下，但是该车实际上一直由他们二人共同使用。

庭审中，经过调查发现，诉争车辆是登记在王颖父亲名下，且贷款没有还完。后刘刚变更诉求，要求王颖父亲返还原被告支付的购车款10万元。庭审时，原告称，该车子是其父亲购买的，购车款也是其父亲出的，贷款还是其父亲偿还的，所以不存在返还购车款。法院该如何处理刘刚的诉求呢？

【争议焦点】

对于离婚诉讼中，涉及的案外人有争议的财产是否一并处理？

第一种观点认为，应当一并处理，追加案外人为第三人，在查清事实的基础上，对案外人的财产需要一并处理。第二种观点认为，不宜一并处理，被告与原告父亲之间属返还原物关系，原被告之间属婚姻关系，二者性质不同，且当事人亦不一样。

【法院判决】

在该离婚案件的审理过程中，出现了涉及第三人的财产问题，应建议被告另案起诉，将该离婚案件中止审理，待另案之诉的诉讼审理终结后，再恢复离婚案件的审理。这两个案件不宜一并处理，本案中，被告与原告之父之间属返还原物关系，而原被告之间属婚姻关系，二者性质不同，且当事人亦不一样，不适合在一个案件中合并审理。

该离婚案件后经过法官调解，原、被告双方达成离婚调解协议，原告补偿被告3万元，被告放弃对原告父亲关于购车款的追偿，该案件以调解方式结案。

温馨提示

随着家庭职能的社会化和多元化，家庭与其他社会成员之间的经济交往日趋增多。在离婚当事人分割夫妻共同财产时，不可避免要涉及其他社会成员的利益。这使得离婚案件越来越复杂。

延伸解读

由于离婚诉讼是一种特殊的诉讼，案外人不能作为第三人参加到离婚诉讼中来。民事诉讼的第三人，是指对原告和被告所争议的诉讼标的有独立的请求权，或者虽然没有独立的请求权，但与案件的处理结果有法律上的利害关系，而参加到正在进行的诉讼中去的人。民事诉讼法设立第三人制度的目的在于维护利害关系人的合法权益，防止法院做出相互矛盾的裁判，实现诉讼经济。

首先，诉讼离婚，是指夫妻双方对离婚、离婚后子女抚养或者财产分割等问题不能达成协议，由一方向人民法院起诉，人民法院依诉讼程序审理后，调解或者解除婚姻关系的法律制度。离婚案件要求人民法院在解决离婚纠纷的同时，对财产分割及子女抚养问题原则上一并处理，但该复合性并非需要绝对一并处理而不能分开处理的。如离婚案件当事人仅起诉离婚的，应予准许，法院仅就应否离婚进行审理，财产分割和子女抚养等问题可由当事人另行起诉。

此外，当事人在离婚案件中如达成对部分财产和债务纠纷或子女抚养问题另行处理的合意，系对权利的处分行为，法律亦未禁止。离婚案件的诉讼标的是婚姻关系，债权人如能参加诉讼则排除其为有独立请求权的第三人之可能，根据排一规则，只能是无独立请求权的第三人。

在案件判决离婚时，因为涉及财产分割，确实可能影响其权益，依上述法理债权人似乎可作无独立请求权的第三人。离婚案件有离和不离两种可能，在判决（调解）不离的情况下，第三人的地位就无从存在，且由法院依职权追加第三人，也是不符合不告不理的民事诉讼原则的。

其次，离婚案件不宜处理案外人的财产。离婚诉讼中，由于案外人不能作为第三人参加诉讼，如果人民法院将涉及案外人的财产作为夫妻共同财产予以处理，则有可能出现两方面问题：

一是人民法院对案外人的请求进行了审理，即做出支持案外人请求或不支持案外人请求的裁判。由于案外人没有作为当事人参加诉讼，人民法院的判决违反了不告不理的原则，可能会侵犯案外人的合法权益。

二是人民法院不予考虑案外人的请求，直接在离婚诉讼中对涉及案外人利益的财产作为夫妻共同财产予以分割，这有可能侵犯了案外人的诉权。如果案外人通过其他方式证明自己对有争议的财产拥有权利，导致原审判决错误，只能通过审判监督程序予以纠正。因此，在离婚诉讼中涉及第三人利益时，不宜一并处理。

最后，离婚案件涉及案外人的财产解决方式。对该种涉及案外人财产的处理有两种做法，一种是离婚案件先中止，然后要求离婚当事人对该财产通过诉讼进行确认，在夫妻双方的财产份额确定后，再恢复离婚案件的处理；另一种做法是离婚案件先进行处理，等离婚案件处理结束后，再由离婚当事人另案提起诉讼对该财产进行处理。由于离婚案件的诉讼程序只允许夫妻双方作为当事人参与，当夫妻双方争议的财产牵涉案外人利益时，案外人无法根据民事诉讼法的规定，以第三人身份参与诉讼。在这种情况下，为了保护第三人的利益，法院在离婚案件中对该财产不予以处理。当事人只能另案提起确认相关权利的诉讼后，才能再次就该财产进行分割。

最高人民法院《关于人民法院审理离婚案件处理财产分割问题的若干具体意见》第二十条规定，离婚时夫妻共同财产未从家庭共同财产中析出，一方要求析产的，可先就离婚和已查清的财产问题进行处理，对一时确实难以查清的财产的分割问题可告知当事人另案处理；或者中止离婚诉讼，待析产案件审结后再恢复离婚诉讼。

（以上人物均为化名）

54. 离婚保证书是否有效

案例简介

原告陈香、被告李明原系夫妻关系，婚后未生育子女。原、被告婚后因琐事发生纠纷，被告李明于2011年9月向原告陈香写下《保证书》，承诺：①保证不赌，不在外面偷情；②保证不向妻子提出离婚；③如果离婚，必须向陈香赔偿20万元。后双方因夫妻感情破裂于2018年9月15日在民政局办理离婚登记，被告李明同时向原告出具《欠条》一份，载明"李明于2011.10.1欠陈香10万元整（拾万元），李明将于2019.10.1前还清欠款10万元"，被告在该欠条上签名并标注其身份证号码。该欠条的内容同时在离婚协议中也有体现。由于被告逾期未付款，原告遂诉至法院，提出要求被告偿还原告欠款人民币10万元，并按银行同期贷款利率从2019年10月1日向原告支付利息。

【争议焦点】

离婚保证书是否有效。

【法院判决】

被告李明于本判决生效后十日内给付原告陈香欠款（离婚损害赔偿款）10万元及该款利息（利息自2019年10月1日起按中国人民银行同期流动资金贷款基准利率计算至履行完毕时止）。

法院审理后认为，民事法律行为从成立时起即具有法律约束力。

被告李明向原告陈香出具的《保证书》及《欠条》，可视为系原、被告就离婚财产、损害赔偿事宜自愿协商达成的离婚协议，是双方的真实意思表示，协议内容不违反法律、行政法规的强制性规定，合法有效，对双方均具有约束力。原、被告在婚姻关系解除后，双方应当按照协议约定全面履行。据此，原告要求被告支付欠款10万元的理由成立，法院依法予以支持。

关于原告主张的欠款利息，被告未按承诺期限在2019年10月1日前付清，故应当从该日起偿付逾期利息。

温馨提示

夫妻之间为了保障对方的忠诚以及表示自己的真心，经常会出现签订婚内保证书的情形。那么，这种保证书的效力如何？

一般来说，如果双方当事人的意思表示真实，内容不违反法律的强制性规定，不损害其他人的利益，不涉及人身权利的处分，双方协商签订的协议通常是有效的，但是具体到个案，对于夫妻忠诚义务所签的保证书方面却需要根据具体内容进行判断。

《中华人民共和国民法典》第一千零四十三条所规定的忠实义务，是一种道德义务，而不是法律义务，夫妻一方以此道德义务作为对价与另一方进行交换而订立的协议，不能理解为确定具体民事权利义务的协议。

1.严格执行《最高人民法院关于适用〈中华人民共和国民法典〉婚姻家庭编的解释（一）》，对当事人仅以原《中华人民共和国婚姻法》第四条为依据提起诉讼的，人民法院不予受理；已经受理的，裁定驳回起诉。

2.对夫妻双方签有忠实协议，现一方仅以对方违反忠实协议为由，起诉要求对方履行协议或支付违约金及赔偿损失的，人民法院不予受理。

3.除《中华人民共和国民法典》第一千零九十一条规定的情形外，夫妻一方在离婚案件中以对方违反忠实协议或违背忠实义务为由，要求对方支付违约金或损害赔偿的，人民法院不予受理。

4.之前已审结并发生法律效力的相关案件不再调整。

延伸解读

离婚协议书如何才具有法律效力。

夫妻俩决定离婚，并且双方都自愿离婚的，可以按照协议离婚的方式进行，不过这个时候要签订离婚协议书。离婚协议书签订要符合法律规定，那么，离婚协议书如何才具有法律效力呢？

1.离婚协议是什么。

离婚协议，是指婚姻双方均表示同意离婚，以及离婚后财产债务如何处理、子女归谁抚养等相关问题达成的共同意思表示的协议书。所以，离婚协议的内容一般包括离婚、子女抚养和财产处理三项内容，其中关于离婚和子女抚养的内容属于夫妻人身关系的性质，而财产处理则属于夫妻财产关系的性质，因此，离婚协议的性质应是一种混合合同。与离婚诉讼是一种复合之诉的道理是一样的。

2.离婚协议中涉及夫妻人身关系的条款是无效的。

首先，我国法律对婚姻关系的解除采用登记要件主义和诉讼要件主义相结合的原则，即当事人既可以选择登记离婚，也可以选择诉讼离婚，两者均具有同等的法律效力。未经登记或诉讼离婚，夫妻双方的婚姻关系就不能解除。

其次，当事人关于离婚的意思表示可能随着时间、环境、对方言行、自我认识等各种因素的变化而发生变化。因此，一方当事人在签订离婚协议后又反悔不同意离婚，是很正常的，婚姻当事人在离婚协议书中关于"同意离婚"的意思表示并不具有法律效力，而只能作为一种证据，证明夫妻感情曾经出现过重大裂痕。

3.离婚协议中涉及财产关系的条款是附生效条件的协议，在双方同意离婚或者判决离婚的条件下应当认定其效力。

离婚协议中财产分割的前提是，如果离婚，应当按双方的约定分割财产。财产分割协议的成就条件即离婚，但离婚财产分割协议所附生效条件，不同于一般意义上的附生效条件，因为其成就需要离婚双方当事人的合意，任何一方均可决定其是否成就，可以单方面使财产分割协议不产生约束力且不会承担任何法律责任。除非有可变更或可撤销的情形，否则，人民法院在判决离婚的情况下，应当将协议作为分割夫妻财产的重要证据，即法院要按照离婚协议中关于财产分割的约定做出判决。

（以上人物均为化名）

▶55. 离婚后，法院判决返还的购房首付款是夫妻共同财产吗

案例简介

原告李倩与被告王冰于2008年结婚，于2014年7月离婚。2010年7月，双方

共同与某地产公司签订《商品房预售合同》，购买位于海淀区房屋一套，该房屋总价款170万元，支付首付款共90万元。2012年年初，二人同向本院起诉某地产公司，请求解除2010年7月签订的《商品房预售合同》；返还已付购房款190万元及违约金4万元。2018年10月，法院判决支持了二人的全部诉讼请求。虽然赢了官司，但双方对这笔判决款项（约194万）的分割起了争议，协商未果，原告李倩诉至法院。

原告李倩则称房屋是在婚姻存续期间买的，返还的购房款和违约金应当属于夫妻共同财产予以分割。被告王冰称该款项是二人离婚后自己所得，系自己的财产，因此返还的购房款和违约金应归其个人所有，不同意分割。

【争议焦点】

离婚后，法院判决的购房合同返还的购房款和违约金是否属于夫妻共同财产？

【法院判决】

本案中，原、被告所争议的分割款项，系二人在夫妻关系存续期间共同与某地产公司签订的《商品房预售合同》被解除后，由某地产公司退还的首付款、补偿款，故上述款项应为原、被告夫妻关系存续期间共同所得。应按夫妻共同财产予以分割，判决190万购房款和4万元违约金均按夫妻共同财产予以平均分割。

温馨提示

本案中，虽然该笔款项的取得时间是离婚后，基于法院判决的方式而取得的，但该笔款项实际的性质是婚姻关系期间的购房款。被告不能证明该款项是个人财产的情况下，推定是双方的共同财产。故法院判决该款项属于共同财产，并予以平均分割，是正确的。该财产的取得时间并不能影响其共同财产的性质。

《中华人民共和国民事诉讼法》第六十四条规定，当事人对自己提出的主张，有责任提供证据。

最高人民法院《关于人民法院审理离婚案件处理财产分割问题的若干具体意见》第七条规定，对个人财产还是夫妻共同财产难以确定的，主张权利的一方有责任举证。当事人举不出有力证据，人民法院又无法查实的，按夫妻共同财产处理。

> **延伸解读**

夫妻共同财产认定

夫妻在婚姻关系存续期间所得的下列财产,如工资和奖金、从事生产、经营的收益等,归夫妻共同所有。这一规定表明,我国的夫妻共同财产制采用的是婚后所得共同制,即在婚姻关系存续期间,除个人特有财产和夫妻另有约定外,夫妻双方或一方所得的财产,均归夫妻共同所有,夫妻双方享有平等的财产所有权的制度。这里的共同所有指的是共同共有,不是按份共有。

根据本条的规定,我国的夫妻共同财产具有以下特征:

1.夫妻共同财产的主体,是具有婚姻关系的夫妻,未形成婚姻关系的男女两性,如未婚同居、婚外同居等,以及无效或被撤销婚姻的男女双方,不能成为夫妻共同财产的主体。

2.夫妻共同财产,是在婚姻关系存续期间取得的财产,婚前财产不属于夫妻共同财产。婚姻关系存续期间,自合法婚姻缔结之日起,至夫妻一方死亡或离婚生效之日止。

3.夫妻共同财产的来源,为夫妻双方或一方所得的财产,既包括夫妻通过劳动所得的财产,也包括其他非劳动所得的合法财产,当然,法律直接规定为个人特有财产的和夫妻约定为个人财产的除外。这里讲的"所得",是指对财产权利的取得,而不要求对财产实际占有,如果一方在婚前获得某项财产如稿费,但并未实际取得,而是在婚后出版社才支付稿费,此时这笔稿费不属于夫妻共同财产。同理,如果在婚前出版社答应支付一笔稿费,但直到婚姻关系终止前也没有得到这笔稿费,那么这笔稿费也属于夫妻共同财产。

4.夫妻对共同财产享有平等的所有权,双方享有同等的权利,承担同等的义务。夫妻对共同所有的财产,有平等的处理权。特别是夫妻一方对共同财产的处分,除另有约定外,应当取得对方的同意。

5.不能证明属于夫妻一方的财产,推定为夫妻共同财产。最高人民法院1993年11月的《关于人民法院审理离婚案件处理财产分割问题的若干具体意见》中规定:"对个人财产还是夫妻共同财产难以确定的,主张权利的一方有责任举证。当事人举不出有力证据,人民法院又无法查实的,按夫妻共同财产处理。"此规定即这一原则在法律上的体现。国外也有类似的规定,如《瑞士民法典》第二百二十六条规定:"凡无证据证明属于夫妻一方个人财产的财物均视为夫妻共同财产。"

6.分割夫妻共同财产,原则上应当均等分割。根据生产、生活的实际需要、财产的来源等情况,由双方协议处理,协议不成时,由人民法院根据财产的具体情况,照顾子女和女方权益的原则判决。

7.夫妻一方死亡,如果分割遗产,应当先将夫妻共同财产的一半分归另一方所有,其余的财产为死者遗产,按照继承法处理。

(以上人物均为化名)

56. 离婚后,拆迁利益如何分配

我们知道,随着城镇化的发展,各个地区的腾退、搬迁、改造等不断增加,拆迁利益也导致了各种分配纠纷多发。在婚姻存续期间发生拆迁,离婚后要求分割拆迁利益的,能否获得相应利益?下面就结合以下案例对拆迁中的情况予以分析。

案例简介

王涛与张玲于2005年登记结婚,婚后生有一子王小涛,二人于2018年经法院调解离婚。二人婚姻关系存续期间,以张玲之父的名义申请,对张玲父母建造的宅基地进行了房屋拆迁,张玲之父作为被腾退人签订拆迁协议,该协议上的被安置人为张玲父母、张玲、王涛、王小涛,共给付他们安置房四套,拆迁补偿款80万元。后因为财产分配问题,王涛、王小涛以其为被安置人为由,且该房屋拆迁以被腾退房屋的现有实际居住人口为基数,按照每人45平方米建筑面积的标准计算安置面积,购买安置房屋四套,因此王涛诉至法院,要求取得一套安置房屋的使用权。并要求补偿款40万元。

张玲及其父母则表示此次拆迁是按照宅基地置换的,认为安置房屋及补偿款与王涛、王小涛无关。

【法院审理】

法院经审理后认为,张玲、王涛、王小涛不是被拆迁房屋所在宅基地的申请人，且未对房屋建设出资出力，因此不享有被拆迁房屋的所有权。按照本案中搬迁腾退方案规定的标准，置换的回迁安置楼房应归被腾退人所有；但是王涛、王小涛是拆迁协议上写明的共同居住人，对于被拆迁房屋所得的补偿款应享有相应权利，法院据此判决王涛、王小涛获得拆迁补偿款25万元，驳回了原告的其他诉求。

【律师说法】

明明拆迁协议上有名字，为什么不能获得房屋所有权？

婚姻关系存续期间发生的拆迁，离婚后对方能够分得的拆迁利益，主要根据具体的拆迁政策、拆迁协议及婚后对于被拆迁房屋翻扩建的贡献情况，一般法院会综合考虑夫妻双方婚姻关系存续期间等其他因素进行分配。

本案当事人每人均享有45平方米的安置房购房面积，只有具备该购房指标才能取得相应面积的安置住房。本案王涛、王小涛作为被安置人之一，享有相应的安置房优惠购房指标。同一宅基地上的被腾退人只能一并进行定向安置，且张玲及其父母在实际购买安置房屋时确实使用了王涛、王小涛的部分购房指标，但其所享有的购买安置房的购房指标不足以对诉争房屋享有排他性的权利，且根据安置政策，该安置房屋及与宅基地相关的补偿款应由宅基地建房批示上的申请人和共同居住人共有。建房、翻建、扩建出资出力的被安置人可享有关于地上建筑物对应的补偿款。若男方既不是宅基地建房批示中的申请人又对建房无任何贡献，则仅能获得针对被安置人口的补偿，如周转费。但考虑到购房指标作为购房的优惠条件，包含一定的财产价值，为减少当事人的诉累，法院据此判决王涛、王小涛获得拆迁补偿款25万元。

延伸解读

拆迁安置房指标是指在征地拆迁房屋时，往往拆迁方会给予被拆迁方以优惠的价格购买安置房一定面积的指标，如在北京市场价几万一平方的房子，如果使用购房指标的话，可以以几千元每平方的价格购买。因此该拆迁购房指标是一种财产性利益，对于被拆迁户来说是受法律保护的利益，也是一种权利，包括转移、赠与等处分的权利。

如果因为其他原因，被拆迁人将该指标退还给拆迁方，则说明是自己对自己的财产性权利进行的一种处分行为，因此是合法有效的。如果是无偿退回，则不能再次要回；如果有附加条件下的退回，则如果拆迁方违约或者没有达到附加条件，是可以再次要回的。

在现实生活中，按照安置人口给予优惠购房指标来获得安置面积的情况下，需根据双方个人优惠购房指标及安置房的套数、面积等情况确定安置房分割。若一方个人优惠购房指标面积大于或等于其中一套安置房面积且被安置人购买该房屋的，可以认定一方享有该套安置房所有权；若面积不足或已被他人使用购房指标购买房屋的，安置房屋由他人取得，可综合考量购房指标所包含的财产价值、诉争房屋当地的腾退搬迁安置办法、诉争房屋现尚未取得产权登记等确定购房指标的经济价值，以此给予相应的补偿。

温馨提示

现实生活中，由于拆迁利益多涉及案外的被安置人，一般不会在离婚诉讼中对家庭共有的拆迁利益进行实际分割，需要单独针对拆迁利益提起分家析产的诉讼。

司法实践中，接触到不少因安置房如何分配而引起的家庭纠纷，当事人对法律规定不清楚，往往只站在自己的角度考虑问题。对此，律师建议，出现纠纷，不妨去寻求专业人士的意见，合理、冷静地处理，使得纠纷得以解决的同时又不割裂亲人之间的关系。

（以上人物均为化名）

▶57. 离婚后发现对方"出轨"，能获得赔偿吗

案例简介

张涛与王娟系高中同学，王娟毕业后到老家的一个事业单位上班，而张涛则选择到北京做销售。2013年2月，张涛回家参加同学聚会，就是在这一次同学聚会上，他和王娟再次相遇，这时候他发现王娟不仅性格温柔，而且非常善解人意，经历了多年在外漂泊的张涛真心想有个家。于是他对王娟展开了疯狂的追

57. 离婚后发现对方"出轨"，能获得赔偿吗

求。半年后如张涛所愿，二人携手走进了婚姻的殿堂。次年，他们的儿子张小涛出生。按理说一家人幸福美满的生活才刚刚开始，可是谁知道，由于多年来两个人分处两地，生活习惯、人际交往等差异太大。无奈之下，张涛与王娟协商离婚，但王娟无论如何也不同意，于是张涛也慢慢地习惯了，反正两人的工作也不在一起，张涛一个人在北京居住，只有逢年过节才回老家看看孩子。就这样僵持了两年。

后来王娟觉得总是这样不是办法，于是同意了张涛的离婚要求。二人签订了《离婚协议》，约定：双方自愿离婚，张涛一次性给付王娟人民币38万元，孩子由王娟自行抚养，双方名下的财产归各自所有。

让王娟没有想到的是，离婚后一年，王娟偶然发现张涛另有一女，年龄与自己的孩子相仿，于是心中生疑。后经张涛的朋友各方证实，确实为张涛的女儿，王娟心里盘算，看这个孩子的年龄，王娟就能认定这个孩子一定是在她与张涛还没有离婚的时候出生的，于是，王娟认为张涛婚内出轨，导致自己受到伤害，遂又起诉张涛，要求支付精神损害赔偿金10万元。

【法院判决】

法院审理后认为，被告张涛在与原告婚姻关系存续期间，与案外第三人有不正当男女关系，并生育有一孩子的行为，属于《中华人民共和国民法典》婚姻家庭编中规定的过错行为，最终判决被告张涛给付王娟精神损害赔偿金人民币6万元。

【争议焦点】

离婚后发现对方"出轨"，还能获得赔偿吗？

【律师说法】

《中华人民共和国民法典》婚姻家庭编第一千零四十三条规定："夫妻应当互相忠实，互相尊重。"夫妻双方婚姻关系存续期间，与他人生育一女，严重违反了夫妻间的忠实义务，且对王娟隐瞒了该事实。

有配偶者与他人同居导致离婚的，无过错方有权请求损害赔偿，损害赔偿包括物质损害赔偿和精神损害赔偿。张涛在与原告婚姻关系存续期间，与案外第三人有性行为，并生育一女，最终导致离婚，依法应当承担相应的民事赔偿责任。由于王娟在离婚时对于张涛的出轨行为并不知情，所以离婚后仍然可以主张离婚损害赔偿。

延伸解读

《中华人民共和国民法典》第一千零四十三条规定，家庭应当树立优良家风，弘扬家庭美德，重视家庭文明建设。夫妻应当互相忠实，互相尊重，互相关爱；家庭成员应当敬老爱幼，互相帮助，维护平等、和睦、文明的婚姻家庭关系。《中华人民共和国民法典》第一千零九十一条规定，有下列情形之一，导致离婚的，无过错方有权请求损害赔偿：（一）重婚；（二）与他人同居；（三）实施家庭暴力；（四）虐待、遗弃家庭成员；（五）有其他重大过错。《最高人民法院关于适用〈中华人民共和国民法典〉婚姻家庭编的解释（一）》第八十六条规定，民法典第一千零九十一条规定的"损害赔偿"，包括物质损害赔偿和精神损害赔偿。涉及精神损害赔偿的，适用《最高人民法院关于确定民事侵权精神损害赔偿责任若干问题的解释》的有关规定。那么这个解释是如何规定的呢？我们来看看该解释的第十条规定，精神损害的赔偿数额根据以下因素确定。

1.侵权人的过错程度，法律另有规定的除外；

2.侵害的手段、场合、行为方式等具体情节；

3.侵权行为所造成的后果；

4.侵权人的获利情况；

5.侵权人承担责任的经济能力；

6.受诉法院所在地平均生活水平。

另外还有一个问题，就是张涛是否涉及重婚的问题。我们来看看重婚的法律规定。

重婚，是指有配偶者再行结婚的行为，即已经有了一个婚姻关系，又与他人缔结第二个婚姻关系。重婚具有两种形式：①法律上的重婚，即前一个婚姻未解除，又与他人办理结婚登记手续而构成的重婚。只要双方办理结婚登记手续，不论双方同居与否，或是否举行婚礼，重婚即已形成。就是我们平常说的"法律婚+法律婚"。②事实上的重婚，即前一婚姻未解除，又与他人以夫妻名义（或关系）共同生活，虽未办理结婚登记手续，但事实上已构成重婚。就是平常说的"法律婚+事实婚"。

重婚是违反婚姻法一夫一妻制原则的违法犯罪行为，中华人民共和国婚姻立法一贯保护一夫一妻制，禁止重婚。构成重婚罪的，必须依法承担刑事责任。

再回到这个案例中，张涛与案外人如果并不是以夫妻名义同居，或者重新领取结婚证，那么就不算重婚，否则就有可能涉及重婚的问题。

关于重婚罪，我们看看世界各国的规定。

实行一夫一妻制是近现代各国立法的通例，各国大多规定重婚为无效婚姻或得撤销婚姻；一方重婚是他方诉请离婚的理由。只有少数伊斯兰教国家实行多妻制，并在法律上规定了合法妻子的人数。

我国的婚姻立法，一贯保护一夫一妻的婚姻制度，禁止重婚。违反一夫一妻制的婚姻，依法不予登记。已经构成重婚的，应依法解除其重婚关系。但民事上的重婚问题可能不是出于故意。如已被宣告死亡的失踪人的配偶，另行结婚后，即使失踪人生还，也不构成重婚罪。对出于故意的重婚，不论本人有配偶而重婚，或本人原无配偶、明知他人有配偶而与之结婚，都须按重婚罪论处（《中华人民共和国刑法》第二百五十八条）。

各国几乎都有禁止重婚的规定。例如，1947年《日本民法典》亲属编第七百三十二条规定"有配偶者，不得重婚"；《罗马尼亚人民共和国家庭法典》第五条规定"已婚男子或女子不能再行结婚"；《南斯拉夫塞尔维亚社会主义共和国婚姻法》第六条规定"任何人在过去的婚姻被废除或被宣布无效以前，不得重新结婚"；1971年修订的《美国统一结婚离婚法》把一方尚未离婚而又与他人结婚规定为属于禁止结婚的情况之一（第二百零七条）。

温馨提示

对婚姻不忠实，是难以容忍的不诚信行为，这不仅破坏了夫妻关系，拆散了家庭，也伤及无辜的子女，还败坏了社会风气，是法律禁止的行为。因此，离婚后无过错一方发现过错方在婚姻存续期间有"出轨"行为，请求精神损害赔偿的，人民法院应依法予以支持，这样以彰显法律的公正和弘扬文明和谐的社会主义家庭的道德力量。

（以上人物均为化名）

58. 离婚后发现子女非亲生，可以行使哪些权利

案例简介

张先生与魏女士于2006年在民政局登记结婚，婚后于2007年生育一子取名张甲。2011年，张先生与魏女士经法院调解离婚，夫妻共同共有的一套房屋归魏女士所有，张甲由魏女士自行抚养。

离婚后，张先生发现魏女士和双方原来都认识的一名男子关系异常亲密，外界的风言风语同时也不断传入张先生的耳中，把张先生折磨得精神恍惚。张先生实在忍无可忍，在探望张甲时将张甲带回家中，然后悄悄地到亲子鉴定机构进行了血缘关系鉴定，鉴定结果显示张先生并非张甲的亲生父亲。魏女士在二人婚姻关系存续期间瞒着张先生和他人有不正当关系，且和他人生育子女，让张先生履行不该履行的父亲责任。故诉请法院，要求魏女士赔偿张先生精神损害抚慰金60万元，并赔偿张先生对张甲的抚养费用14万元。

【争议焦点】

男子离婚后发现子女非亲生，还能主张损害赔偿金吗？

【法院判决】

过错方向非过错方返还抚养费，赔偿精神损害抚慰金。

法院经审理查明，张先生所称均为真实。《最高人民法院关于夫妻关系存续期间男方受欺骗抚养非亲生子女离婚后可否向女方追索抚育费的复函》答复意见表明，在夫妻关系存续期间，一方与他人通奸生育子女，隐瞒真情，另一方受欺骗而抚养了非亲生子女，其中离婚后付给的抚育费，受欺骗方要求返还的，可酌情返还；至于在夫妻关系存续期间受欺骗方支出的抚育费用应否返还，因涉及的问题比较复杂，尚需进一步研究。张先生在此期间支付的抚养费用对魏女士来说属不当得利，张先生有权要求返还。魏女士违背夫妻互相忠实的义务，隐瞒孩子的真实身份，导致张先生长期抚养非亲生子，精神上受到了一定伤害，结合本案

实际情况，支持赔偿精神损害抚慰金的部分诉讼请求。

温馨提示

本案中，魏女士认可张甲非张先生的亲生孩子，与张先生不存在生物学意义上的父子关系，张先生对张甲不存在法定抚养义务。魏女士违背夫妻忠实原则，应依法对张先生的物质付出及精神损害进行赔偿和抚慰。根据法律规定，离婚后发现孩子非亲生主要是指夫妻一方（一般是男方）认为另一方生育的孩子为双方的亲生子女并尽抚养义务，但离婚后才发现，孩子与自己并无血缘关系。作为不知情而抚养非亲子的无过错方，可以起诉确认非亲子关系，并请求以返还所支付的抚养费、重新分配财产及赔偿精神损害抚慰金的方式来救济。

延伸解读*

对此类精神损害赔偿之诉是否应当支持，审判实践中存在不同意见。一种意见认为，女方确实有过错，且对男方构成精神伤害，故应当支持；另一种意见则认为，女方的行为并不符合法定的离婚损害赔偿的构成要件，抚养非亲生子女能否视为一种精神伤害有待商榷，故不宜支持。请问哪种意见比较妥当？

抚养未成年子女是父母的法定义务，而男方受欺骗抚养了非亲生子女，代替孩子的亲生父亲履行了法定的抚养义务，男方得知事实真相后，当然有权利追索以前所支付的抚养费。从男方的角度来看，女方在婚姻关系存续期间与他人通奸生育子女，对其精神上造成了巨大伤害，故其同时有权要求侵权者赔偿精神损失。

欺诈性抚养关系的处理规则如下。

1.非婚生子女的生母与其配偶未离婚的。

非婚生子女的生母与其配偶未离婚的，由于夫妻财产为共同共有财产，因而有两种情况：一是非婚生子女已被生父认领，或者已知其生父的，被欺诈人有权向生父请求返还已支付的抚育费。此时生母与该被欺诈人仍为共同财产主体，不能作为共同侵权人承担侵权责任；但生母与其配偶对婚后财产约定为分别财产制的，则以共同侵权论，可以生父生母作为共同被告起诉之。二是如果非婚生子女未被生父认领，又不知谁为其生父的，在夫妻共同财产的体制下，夫不得向妻即该子女的生母请求承担民事责任，亦因妻无法承担民事责任所致；但是如果双方

— 167 —

约定为分别财产制的，则可以妻为被告，请求其承担民事责任。

2.非婚生子女的生母已与被欺诈人离婚的。

这种情况下，无论是夫妻共同财产制，还是约定分别财产制，均因离婚而使夫妻财产分解成个人所有的财产，被欺诈人可依共同侵权行为，诉请该子女的生父生母连带承担民事责任。

3.保护非婚生子女的合法权益。

处理此种案件，应特别注意保护非婚生子女的合法权益，不应因争执抚养关系而使非婚生子女受到权利上的损害。如果被欺诈人予以谅解并同意继续抚养该子女的，对该子女与被欺诈人的关系，应视为有抚养关系的继父与继子女的关系，发生父母子女的权利义务关系。如果受欺诈人追究生母的责任，而生母离婚、生父不认领，生母无经济能力，一旦承担民事责任将损害被抚养人利益的，可以减、免民事责任。

4.确定案由。

此类案件是定为抚养费纠纷还是定为侵权案由？就案件的实质而言，争议标的并非抚养费，故以侵权定案由为妥。然而，此类案件毕竟发生在婚姻家庭领域，争议财产的性质，又确系非婚生子女的抚育费，定为抚养费纠纷为宜。

（以上人物均为化名）

59. 离婚期间，一方恶意转移财产怎么办

案例简介

原告李强与被告蒋敏原系夫妻，双方通过诉讼离婚解除了婚姻关系，但未对财产问题进行分割。离婚后一年，李强就夫妻关系存续期间自建的厂房20间与蒋敏协商，要求分割，蒋敏不同意，后来李强多方打听得知，蒋敏在双方离婚期间，已经将该厂房转移至第三人名下。得知真相的李强气愤不已，只好到法院提起诉讼。

【法院审理】

法院经审理查明，在法院受理原告的离婚诉讼前后，被告出于多占财产的目的，将原、被告婚姻关系存续期间的夫妻共同财产即厂房20间隐藏、转移甚至变卖，导致这些共同财产转到第三人名下。

【法院判决】

本案为离婚后财产纠纷，被告蒋敏在法院受理李强与蒋敏离婚诉讼前后，将原、被告婚姻关系存续期间的夫妻共同财产隐藏、转移甚至变卖，导致原告利益受损，根据《中华人民共和国民法典》婚姻家庭编在分割此项财产时，对被告蒋敏可以少分或不分，鉴于本案的实际情况，为体现对被告少分财产，应把被告蒋敏隐藏、转移、变卖的款项判决归原告所有。

温馨提示

《中华人民共和国民法典》第一千零九十二条规定，夫妻一方隐藏、转移、变卖、毁损、挥霍夫妻共同财产，或者伪造夫妻共同债务企图侵占另一方财产的，在离婚分割夫妻共同财产时，对该方可以少分或者不分。离婚后，另一方发现有上述行为的，可以向人民法院提起诉讼，请求再次分割夫妻共同财产。

延伸解读

离婚会涉及夫妻财产的分割，一些婚姻当事人为了在离婚时多分财产，会采取转移财产的手段。那么如果在离婚后发现夫妻财产被转移了应该怎么办？

1.离婚时，一方隐藏、转移、变卖夫妻共同财产怎么处理？

《中华人民共和国民法典》规定，夫妻一方隐藏、转移、变卖、毁损、挥霍夫妻共同财产，或者伪造夫妻共同债务企图侵占另一方财产的，在离婚分割夫妻共同财产时，对该方可以少分或者不分。离婚后，另一方发现有上述行为的，可以向人民法院提起诉讼，请求再次分割夫妻共同财产。人民法院对前款规定的妨害民事诉讼的行为，依照民事诉讼法的规定予以制裁。

2.离婚分割夫妻共同财产时故意将夫妻共同财产隐藏、转移、变卖、毁损拒不交出，法律怎么处理？

对在离婚分割夫妻共同财产时故意将夫妻共同财产隐藏、转移、变卖、毁损拒不交出的，可以按《中华人民共和国民事诉讼法》第一百一十一条的规定处理，即有下列行为之一的，视情节轻重予以罚款、拘留；构成犯罪的，依法追究刑事责任。

（1）伪造、毁灭重要证据，妨碍人民法院审理案件的；

（2）以暴力、威胁、贿买方法阻止证人作证或者指使、贿买、胁迫他人作伪证的；

（3）隐藏、转移、变卖、毁损已被查封、扣押的财产，或者已被清点并责令其保管的财产，转移已被冻结的财产；

（4）对司法工作人员、诉讼参加人、证人、翻译人员、鉴定人、勘验人、协助执行的人，进行侮辱、诽谤、诬陷、殴打或者打击报复的；

（5）以暴力、威胁或者其他方法阻碍司法工作人员执行职务的；

（6）拒不履行人民法院已经发生法律效力的判决、裁定的。

单位违反前述规定的，对主要负责人或者直接责任人予以罚款、拘留；构成犯罪的，依法追究刑事责任。

3.配偶私自转移夫妻共同财产能否请求再次分割财产？

可以。《中华人民共和国民法典》规定，夫妻一方隐藏、转移、变卖、毁损、挥霍夫妻共同财产，或者伪造夫妻共同债务企图侵占另一方财产的，在离婚分割夫妻共同财产时，对该方可以少分或者不分。离婚后，另一方发现有上述行为的，可以向人民法院提起诉讼，请求再次分割夫妻共同财产。人民法院对前款规定的妨害民事诉讼的行为，依照民事诉讼法的规定予以制裁。

4.如何防范夫妻共同财产被转移？

当夫妻之间的关系已经濒临崩溃，不得不面临离婚的痛苦选择时，一些当事人为了能够得到更多的家庭财产，开始在对方不知情时，大量转移和隐匿自己名下的夫妻共同财产。为了防止这种情况的出现，这里为善良的当事人提供了一些方法以防范这些风险。

（1）保管好自己的身份证、户口本、存折、房产证等重要文件和资料，防止对方利用。

（2）对自己和对方的财产状况有清晰的记录，且都有可靠的证据或者收据资料。例如，对方如有股票账户，你应该对其账号和开户行做到心中有数，这样的话，即使对方不承认，也可以申请法院去查询。

（3）注意收集购买各种大件家电或者不动产的发票和收据等。必要时，对自己的财产进行清理和记录，并请朋友作证。

（4）如发现家中家电或者其他用品被转移，可立即报警，这样在诉讼中可增强法官对该证据的采信度。

（5）对房屋等不动产的产权归属如有怀疑，应尽快到房地产交易中心去查询相关的信息。

（6）如已经发现对方转移或者隐匿财产，应及时制止，或者保留有关的证据，以备诉讼时运用。同时，可以征求律师意见，及时提起离婚诉讼，申请法院调查对方的财产状况。

（以上人物均为化名）

▶60. 前夫在离婚前放弃继承权，是否侵犯另一方的财产权

案例简介

陈同父母原有一套房屋，陈母2008年去世后，继承人只有陈同以及其父亲。遗产是一套房屋，一直未进行分割。2017年，陈同在公证处办理了继承公证，表示自己放弃继承母亲的遗产，由陈父单独继承该房屋，于是房屋很快过户到了陈父名下。陈同于2018年起诉张娟要求离婚，2019年4月法院判决双方离婚。陈父于2019年3月去世，并留有一份公证遗嘱，将该房屋留给陈同，排除其配偶的继承权。就在双方离婚后的一周，陈同去公证处办理了继承公证，后将该房屋过户到了自己的名下。

张娟很生气，认为陈同其实是伙同自己的父亲，故意放弃继承母亲的遗产，其实就是因为母亲没有遗嘱，担心自己分到遗产，这种行为其实就是恶意转移财产，侵犯自己的财产权。于是张娟在协商未果的情况下，起诉前夫陈同，要求依法分割该房屋。

夫妻一方单独决定放弃继承是否侵犯另一方的财产权？

【法院判决】

驳回原告的诉讼请求。

法院审理后认为，该房屋并非二人夫妻共同财产，故也不存在恶意转移夫妻共同财产的行为。放弃遗产继承的行为系法律赋予继承人独有的权利，该行为系陈同依法对自己权利的处分，无须征得配偶的同意。

故此，对张娟要求分割该房屋的请求，法院不予支持。

温馨提示

根据《中华人民共和国民法典》继承编第一千一百二十四条规定，继承开始后，继承人放弃继承的，应当在遗产处理前，以书面形式做出放弃继承的表示；没有表示的，视为接受继承。受遗赠人应当在知道受遗赠后六十日内，做出接受或者放弃受遗赠的表示；到期没有表示的，视为放弃受遗赠。

也就是继承开始后、遗产分割前，继承人可做出放弃继承的意思表示。放弃遗产继承的行为系法律赋予继承人独有的权利，该行为系陈同依法对自己权利的处分，无须征得配偶的同意，且该放弃继承权的行为不影响原夫妻关系另一方履行对其子女、配偶的法定义务，此案中并未侵犯张娟的合法权益。故此，陈同在婚姻关系存续期间，并未单方面处分夫妻共同财产，而仅是处分了其作为法定继承人个人享有的继承权。

延伸解读

继承权放弃与丧失的区别？

继承权是指继承人依法取得被继承人遗产的权利。包括两种含义：

1. 客观意义上的继承权。它是指继承开始前，公民依照法律的规定或者遗嘱的指定而接受被继承人遗产的资格，即继承人所具有的继承遗产的权利能力。

2. 主观意义上的继承权。它是指当法定的条件具备时，继承人对被继承人留下的遗产已经拥有的事实上的财产权利，即已经属于继承人并给其带来实际财产利益的继承权。

继承权的放弃和丧失，其最后结果都是不发生继承遗产的结果，但两者却有明显的区别。

1.放弃继承权，是继承人自愿放弃无偿取得被继承人的合法遗产的权利。这种行为是出自继承人自身内心意思的真实表示；丧失继承权，是继承人有《中华人民共和国民法典》继承编第一千一百二十五规定行为之一，经人民法院认定并做出判决而被剥夺其继承权，这种被剥夺是依法强制执行的，不以被剥夺人的意志为转移。

2.放弃继承权必须在继承开始之后、遗产处理之前用书面或口头方式向其他继承人表示，其效力可以追溯到继承开始的时间；而丧失继承权则可以发生在继承开始之后，也可以发生在继承开始之前，其表示的方法是以人民法院的判决书的形式。

3.放弃继承权是继承人放弃自己继承的一种权利，它不受任何条件的限制，只要自己诚心地表示放弃即可，而丧失继承权是依法剥夺继承人的继承权，这种被剥夺必须受《中华人民共和国民法典》继承编第一千一百二十五条的严格法定限制。

4.放弃继承权的声明可以在遗产处理前或在诉讼过程中收回，但需经人民法院依据其提出的理由做出决定；而丧失继承权一旦由人民法院做出判决，则不能改变。

继承权丧失的法律效力是怎样的？

1.继承权的丧失于继承开始时即发生效力。

丧失继承权的法定事由既可发生于继承开始前，也可发生在继承开始后，但因继承权的丧失是使继承人失去继承的资格，所以，继承权的丧失应于继承开始时即发生效力。因为继承权的丧失涉及继承人的继承资格被依法剥夺，所以继承人之间因是否丧失继承权发生纠纷的，应由人民法院确认继承人是否丧失继承权。人民法院在遗产继承中确认继承人丧失继承权的，继承权的丧失溯及继承开始之时发生效力。

2.继承权的丧失对继承人的晚辈直系血亲发生效力。

继承权的丧失，是继承人对特定的被继承人的继承权的丧失，仅对特定的被继承人发生效力。因此，继承人因法定事由丧失对某一被继承人的继承权的，并不影响其对其他被继承人的继承权。依我国现行制度规定，继承权的丧失对继承人的晚辈直系血亲发生效力，即继承人丧失继承权的，其晚辈直系血亲不得代位继承。

老人能取消子女继承权吗?

《中华人民共和国老年人权益保障法》规定,老年人有权依法处分个人的财产,子女或者其他亲属不得干涉,不得强行索取老年人的财物。从这项法律规定可以看出,法律保护老年人依法根据自己的意愿对个人财产进行处分的权利,包括在生前处分自己遗产的权利,对于老年人依法立遗嘱处分个人财产,子女或者其他亲属不能干涉。

《中华人民共和国民法典》继承编第一千一百三十三条规定,自然人可以依照本法规定立遗嘱处分个人财产,并可以指定遗嘱执行人。自然人可以立遗嘱将个人财产指定由法定继承人中的一人或者数人继承。自然人可以立遗嘱将个人财产赠与国家、集体或者法定继承人以外的组织、个人。自然人可以依法设立遗嘱信托。遗嘱继承是公民生前按法律规定处分遗产的方式之一,这项法律规定明确了公民可以通过遗嘱继承的方式,依照自己的意愿立下遗嘱确定其遗产由谁继承,为老年人充分行使其个人财产所有权以实现老有所养的最终愿望提供了一种法律上的有效保证,有利于晚辈更好地履行赡养义务。

由于遗嘱继承优先于法定继承,虽然子女同属第一法定继承人,但根据权利义务相一致的原则,对于不尽赡养义务的不孝之子,老人可以通过立遗嘱不准其继承遗产,取消其法定继承权。立遗嘱是被继承人处分其个人财产的单方面法律行为,无须征得继承人的同意,只要所立遗嘱是老人真实意思的表示,且内容合法有效,遗嘱就具有法律效力。

(以上人物均为化名)

61. 离婚时伪造债务是否构成犯罪

案例简介

陈教授,是某知名高校的教授。他拿着厚厚的讲义,却站在被告席上。他曾经的恩师,也是他后来的岳父,坐在旁听席上,足足听了6个小时的庭审,还不时在本子上记录着。使他成为被告的是他的老婆,两个人多年的婚姻,临近离婚时，男人却突然弄出了近400万元的债务，而他们名下有两家公司，资产均以千万元计。这个案件的结果是陈教授被法院判令"妨害作证罪"成立，判处有期徒刑一年半。

要说他为什么会被判这个罪，是因为他在与妻子的离婚官司中伪造债务。我们知道有了共同债务，夫妻共同财产就少了，对方能够分割的也就少了。把陈教授推上被告席的，正是他的前妻陶女士。当年陈教授与陶女士的婚姻，还是大学校园里广为流传的师徒佳话。陶女士的父亲是陈教授的导师，导师对这个爱徒青睐有加，有意让他成为女婿。

后来，陈教授与陶女士登记结婚，婚后第二个月陈教授就到英国去留学了，半年后陶女士也到英国陪读。2015年两人回国，生下一个漂亮可爱的女儿。2016年，导师资助了这个家庭100万余元，在市区购买了一套公寓。陈教授也知恩图报，先后开了两家公司，分别让导师和妻子担任法人代表，而他自己主要负责技术工作。随着公司发展得越来越好，他们的资产也越来越多。

然而好景不长，2010年6月，陈教授突然提起离婚诉讼。在离婚官司的审理过程中，男方有一次在庭上提出："我们俩还有两笔债务呢。"后来债权人分别提起了诉讼，从来往账目看，这些债务确实发生在婚姻关系存续期间。

然而女方却大怒："你的债务都是假的。"于是向杭州市检察院控告，陈教授为了离婚时多分财产，伙同债权人制造虚假诉讼、虚构债务。这才有了案件开头的一幕。庭审中，帮助造假的债权人在庭上什么都承认了。相对于陈教授的反复否认，分开审理的杜某倒是老老实实，把事情经过说得清清楚楚。

他说他和陈家是世交，是陈教授的妹妹叫他做这个事情的。账面显示，他曾经出借过一笔款项，从自己的公司打往陈教授的公司。杜某说，其实钱不是我的，是陈教授的妹妹拿过来的，无非就是借我公司转个账。就这样，案件越发复杂，本来简单的离婚案件却因为债务问题，引发了近10个官司。

【法院判决】

法院审理后认为，陈教授伙同他人在民事诉讼中指使他人作伪证，其行为已构成妨害作证罪。

妨害作证罪侵犯的客体是司法机关的正常诉讼活动，陈教授为达到其个人目的，指使他人以真实债权人身份起诉自己，并提供虚假证明材料及证言，其行为符合妨害作证罪的客观构成要件。

婚姻家庭法律知识百问

至于陈教授反复强调自己与其他亲戚之间也有借款，那么他们之间是否存在债权债务关系，不影响其妨害作证罪的成立。陈教授被判一年半，杜某因为认罪态度好，情节轻，被判缓刑。

从提出离婚至今，围绕这对"夫妻"的官司在各地法院有将近10个，其中还包括其岳父告了他们，要求归还当年的婚房钱。这婚经历了一审、二审终于离成了，而陈教授也要离开他卓有成效的学科领域锒铛入狱。

温馨提示

妨害作证罪，是指采用暴力、威胁、贿买等方法阻止证人作证或者指使他人作伪证的行为。

《中华人民共和国刑法》第三百零七条第一款、第三款规定，以暴力、威胁、贿买等方法阻止证人作证或者指使他人作伪证的，处三年以下有期徒刑或者拘役；情节严重的，处三年以上七年以下有期徒刑。司法工作人员犯前两款罪的，从重处罚。

延伸解读

一、妨害作证罪的认定

（一）妨害作证罪与伪证罪共犯的界限

妨害作证罪可以发生在刑事诉讼活动中，也可以发生在民事诉讼、经济诉讼或行政诉讼中，范围较广。如果行为人在刑事侦查或审判过程中，采用强迫、威胁、唆使或贿买等方法使证人作伪证，而且证人构成伪证罪的，行为人构成伪证罪的共同犯罪；证人没有构成伪证罪，行为人如果是辩护人、诉讼代理人，则成立辩护人、诉讼代理人毁灭证据、伪造证据、妨害作证罪。如果证人是不具备刑事责任能力的人，则行为人单独构成伪证罪或辩护人、诉讼代理人毁灭证据、伪造证据、妨害作证罪。

（二）妨害作证罪与伪证罪的界限

这两个罪在客观上都侵犯了国家司法机关正常的司法诉讼活动，都有可能发生在诉讼活动领域，但是两者仍具有明显的差别，主要体现在下列几个方面：

1.主体不同。妨害作证罪的主体要件是一般主体；而伪证罪的主体要件仅限于证人、鉴定人、翻译人、记录人四种,属特殊主体。

2.主观方面不同。妨害作证罪与伪证罪虽同是直接故意犯罪,但具体罪过内容和犯罪目的不同。前者一般是出于为自己或他人谋利的目的,而后者则出于陷害他人或隐匿罪证的目的。

3.客观方面不同。妨害作证罪的客观方面表现为实施妨害证人依法作证或指使他人作伪证的行为,而伪证罪的客观方面则表现为在刑事诉讼中对与案件有重要关系的情节作虚假的陈述。

4.发生的时间、空间不同。妨害作证罪可以发生在诉讼提起之前,也可以发生在诉讼活动过程中,既可以发生在刑事诉讼活动中,也可以发生在民事、行政诉讼活动中,发案范围较广;而伪证罪则只能发生在刑事诉讼活动中,发案范围较窄。

二、妨害作证罪的处罚

《中华人民共和国刑法》第三百零七条第一款、第三款规定,以暴力、威胁、贿买等方法阻止证人作证或者指使他人作伪证的,处三年以下有期徒刑或者拘役;情节严重的,处三年以上七年以下有期徒刑。司法工作人员犯前两款罪的,从重处罚。

（以上人物均为化名）

62.继承父母遗产需要前妻签字吗

案例简介

2019年年初,牛先生被查出患有食道癌,经济陷入了困顿。牛先生的姐姐想把老父亲留下的房子卖了给牛先生治病。这些年牛先生一直跟父母住在一起,父母去世后留下一个76平方米的老房子,其间他和前妻离了婚,又找了现在的媳妇。

由于房产证上一直是已故父亲的名字,想要继承这套房产,必须其他继承人放弃才行。9月23日,在姐姐的配合下,牛先生花2400余元在公证处办理了公证，表示自己放弃继承权，由姐姐继承后将房子卖掉。然而，当他们到房管局时却被告知，要想办理产权过户手续，还需要牛先生的前妻签字放弃继承。继承父母的财产，与前妻有什么关系？

原来，房管局的工作人员认为，由于牛先生父亲去世时，牛先生和其前妻的婚姻还在存续期间，尽管当时没有分割老人的财产，但实际继承权已经发生，牛先生的前妻自然有分配的份额。牛先生曾多次联系前妻，但前妻不配合。房管局的工作人员表示，没有这个手续就不能给其办理产权过户。

对于这种情况，房管局的一位负责人表示，希望牛先生起诉，就算把其列为被告也会积极配合，只要法院下裁定，就给牛先生办理过户。为此，牛先生四处咨询，找到了法院、律师，结果均被告知，其前妻没有继承权。放弃继承只需要牛先生本人同意就行。后来，牛先生的姐姐在律师的帮助下提起诉讼，通过法院判决的方式，终于将房屋过户的问题解决了。

温馨提示

离婚时一方有应继承但尚未分割的财产，另一方应如何处理？

《最高人民法院关于适用〈中华人民共和国民法典〉婚姻家庭编的解释（一）》第八十一条规定，婚姻关系存续期间，夫妻一方作为继承人依法可以继承的遗产，在继承人之间尚未实际分割，起诉离婚时另一方请求分割的，人民法院应当告知当事人在继承人之间实际分割遗产后另行起诉。

延伸解读

一、离婚时，一方已经继承的遗产如何分割

（一）一方继承的财产的分割

离婚时，夫妻一方已经继承的遗产，即根据《中华人民共和国民法典》第一千零六十二条的规定，继承或受赠的财产，但是本法第一千零六十三条第（三）项规定的除外，属于夫妻共同财产，夫妻离婚时可以作为共同财产分割。

（二）遗嘱中确定只归夫（妻）一方继承的遗产的分割

如果配偶一方继承的遗产，被继承人留有遗嘱，明确指出只归夫（妻）一方，那么，该遗产属于夫（妻）一方的财产。夫妻离婚时，不能作为共同财产分割。

二、离婚时，一方依法可以继承的遗产，但继承人之间尚未实际分割，夫妻双方如何进行分割

由于遗产没有进行实际分割，还不能作为夫妻共同财产，只能待到实际分割后，才能成为夫妻共同财产，才能进行分割。《最高人民法院关于适用〈中华人民共和国民法典〉婚姻家庭编的解释（一）》第八十一条规定，婚姻关系存续期间，夫妻一方作为继承人依法可以继承的遗产，在继承人之间尚未实际分割，起诉离婚时另一方请求分割的，人民法院应当告知当事人在继承人之间实际分割遗产后另行起诉。

三、遗产继承放弃的例外

继承权是一种权利，既然是一种权利，继承人当然有权放弃，但是放弃的前提是不能影响其履行法定义务，如果放弃继承权导致其不能履行法定义务，那么放弃继承权的行为无效。

四、放弃继承权需要征得配偶的同意吗

财产继承权是指公民依法享有的承受被继承人死亡后遗留的合法财产的权利。继承权的实现，除了要被继承人死亡这一基础事实以外，实际上还应附有条件，即继承人不放弃继承权。继承人表示放弃继承权时，当然产生溯及力，溯及继承开始的时间，其所产生的法律效力就是，直接导致继承权丧失。

继承权是一种财产权，与一般财产权不同的是，继承权与继承人的人身有密不可分的联系，具有明显的人身性质，而与人身有密切联系的权利优先于一般财产权。相对于其他夫妻共同财产来说，有人身性质的继承权比较特殊，作为特定的继承人，放弃继承权只是对自己权利的处分，与配偶无关。配偶没有继承对方父母遗产的权利，因此在法律上配偶也不享有对此财产的请求权。没有财产请求权，自然也谈不上一方放弃继承权是对另一方权益的侵害。夫妻一方放弃遗产继承权，是依法处分个人财产的权利，无须征得他人的许可。

（以上人物均为化名）

63. 离婚诉讼中，孩子的抚养权怎么判

案例简介

《找到你》是一部聚焦女性现实题材的影片，自上映以来，引发了网上关于女性困境的探讨热议。职业女性如何将事业与家庭兼顾？社会呼唤超能妈妈等，作为律师，同时又是一位母亲的我，今天咱们来聊聊孩子的抚养权的话题。李捷正在跟医生丈夫打离婚官司，不争财产只争孩子的抚养权，她拼命工作赚钱，只为在争夺抚养权上获得更多的主动权。因为要努力工作便没空看护女儿，她只能花钱请保姆，但女儿却被抱走，结果她痛失了孩子的抚养权。

究其原因，我们来看看目前的法律规定。就目前法律而言，离婚时孩子的抚养权应遵循"有利于子女健康成长"的原则。两周岁以内的孩子，通常跟随母亲生活居多，除非跟随母亲生活不利于孩子的成长；而对于两周岁到八周岁的孩子而言，通常需要对比父亲或者母亲的抚养条件而定，看哪方的抚养条件对孩子的成长更有利。也就是说没有最好，只有更好。八周岁以上的孩子还要考虑孩子的自身意愿，同时也会根据双方的工作和工资收入状况、工作的性质、文化教育水平，以及亲自照顾、陪伴孩子的时间，离婚后孩子的生活环境的改变等情况予以综合考虑。

李捷的案件，其实也从另一个层面反映了职场女性的困境。人的精力是有限的，如何平衡职场与家庭，这不仅仅是时间与精力的分配问题，还需要多一些法律知识的储备。

延伸解读

一、抚养权确定的原则是什么

1.两周岁以下的子女，一般随母方生活。母方有下列情形之一的，可随父方生活。

（1）患有久治不愈的传染性疾病或其他严重疾病，子女不宜与其共同生活的；

（2）有抚养条件不尽抚养义务，而父方要求子女随其生活的；

（3）因其他原因，子女确实无法随母方生活的。

2.父母双方协议两周岁以下的子女随父方生活，并对子女健康成长无不利影响的，可予准许。

3.对两周岁以上未成年的子女，父方和母方均要求随其生活，一方有下列情形之一的，可予优先考虑。

（1）已做绝育手术或因其他原因丧失生育能力的；

（2）无其他子女，而另一方有其他子女的。

4.父方与母方抚养子女的条件基本相同，双方均要求子女与其共同生活，但子女单独随祖父母或外祖父母共同生活多年，且祖父母或外祖父母要求并且有能力帮助子女照顾孙子女或外孙子女的，可作为子女随父或母生活的优先条件予以考虑。

5.父母双方对八周岁以上的未成年子女随父或随母生活发生争执的，应考虑该子女的意见。

6.在有利于保护子女利益的前提下，父母双方协议轮流抚养子女的，可予准许。

7.父母双方协议变更子女抚养关系的，应予准许。

二、离婚时孩子的抚养权如何争取

在离婚案件当中，60%左右的案件存在争夺孩子的抚养权的问题，除了尊重孩子的个人意见之外，收集相关有利的证据可以最大可能争取到孩子的抚养权，包括但不限于以下几个方面。

（一）双方基本条件的取证

对双方的基本条件进行取证，包括但不限于工作性质、工作环境、收入状况、居住条件、文化程度、性格修养等，通过对双方的基本条件进行比较分析，突出有利因素。即使夫妻双方的基本条件，如工资收入、教育程度等差异不大，但并不表示就没有差异。比如，一方的思想品质，就在争取孩子抚养权方面尤为重要，因为抚养方的思想品质会直接影响下一代的健康成长。

（二）双方父母基本条件的取证

很多时候，真正带孩子的往往不是夫妻任何一方，特别是对于学龄前儿童，通常是一方的父母。因此，孩子以往的生活环境，以及长期带孩子的父母的意见及身体情况，往往也是影响孩子抚养权的一个重要方面。

（三）孩子生活环境方面的取证

离婚案件中孩子抚养问题的处理原则，是不影响孩子的健康成长。如果双方离婚，但有一方距离学校较近，或生活小区成熟，对孩子入学、生活最为有利，当然得到孩子抚养权的可能性就会更大。因此，这方面的取证工作也是必要的。

（四）孩子的意见相当重要

一般来说，法院在处理抚养问题上，会认真听取八周岁以上孩子的意见，并做笔录入卷。在离婚前或离婚过程中，做好孩子的思想工作，使孩子愿意随自己生活是尤为重要的。

八周岁以上的孩子相对而言，对于离婚的含义及后果都基本了解，虽然这样会对其造成伤害，但这种伤害是避免不了的，使孩子由对其成长最为有利的一方直接抚养，也算是对其伤害降到最低的一种措施。

（五）考虑法官判决孩子抚养权归属的因素

子女抚养方面在进行辩论时，主要围绕孩子判归谁抚养对孩子成长更为有利这一个中心原则展开。比如，从以下几个方面进行辩论：

1.孩子的年龄。根据《中华人民共和国民法典》婚姻家庭编及其相关规定，两周岁之内的孩子一般归女方抚养。如果孩子在幼儿期，同等条件下，法院判归女方抚养的可能性会相对大一些。

2.孩子的性别。如果孩子是女孩子，且年龄将近八周岁，因为女方对于指导孩子的青春期更有经验，故同等条件下，法院判归女方抚养的可能性更大。

3.双方的经济条件。如果父母一方收入较高，可能会给孩子提供更好的抚养条件，在同等条件下，法院就有可能将孩子判归收入较高的一方抚养。

4.孩子一贯的生长环境。比如，孩子一直由爷爷奶奶带着，或者孩子一直住在某套房屋中，上学也在该房屋周边，等等，这些都是法官考虑孩子抚养权归属的因素。

三、子女抚养费的具体数额如何确定

根据司法解释的规定，夫妻双方协议离婚后，孩子的抚养费可按以下标准支付：

1.有固定收入的，抚养费一般可按其月总收入的20%~30%给付。负担两个以上子女抚养费的，比例可适当提高，但一般不得超过月总收入的50%。

2.无固定收入的，抚养费的数额可依据当年总收入或同行业平均收入，参照上述比例确定。

3.有特殊情况的，可适当提高或降低上述比例。

（以上人物均为化名）

64. 离婚诉讼中，调解书侵犯了第三人的合法权益，怎么办

案例简介

王军（男）与陈小云（女）于2014年1月1日登记结婚，双方系单位同事，均系金融单位工作人员，王军姐姐长期委托王军帮其理财，故王军名下账户有一部分资金是属于其姐姐的。由于信任关系，双方也没有任何协议。2018年5月，陈小云诉至法院要求与王军离婚，并依法分割夫妻共同财产，包括王军名下的资金。王军同意离婚，对其夫妻共同财产无争议，但却说其名下资金大部分是姐姐的，自己只有很少一小部分可以进行分割。王军未就此提供证据予以证明。庭审中双方达成了调解，该离婚案件以调解书的方式结案。一个月后，王军的姐姐提出异议，要求对该离婚调解书申请再审，认为其本人的合法权益受到了侵犯。

第三人是否能以生效民事调解书侵犯了其合法权益提起诉讼？王军名下的资金是否属于王军与陈小云的共同财产，王军与陈小云是否有权支配，并达成离婚调解协议？

【法院审理】

夫妻关系存续期间的收入属于夫妻共同财产，夫妻双方可以自由处分。但是涉及他人财产的，则不能处分。在王军与陈小云的离婚诉讼中，当事人自愿离婚，并就财产问题的处理达成一致，法院出具调解书，该调解书对离婚双方而言是合法有效的。

但是现在有第三人诉到法院，要求再审，应当区别情况进行分析。由于离婚纠纷案件的当事人只能是婚姻缔结的双方，不列案外第三人为诉讼当事人。一般情况下，第三人认为调解书侵犯其合法权益申请再审，但缺乏法律依据的，人民

法院应予以驳回。人民法院发现确有错误，又必须再审的，人民法院根据相关法律精神走审判监督程序办理。

王军的姐姐向法院提供了转账凭证、银行汇款记录、双方短信记录，以及录音等相应证据，证明王军姐姐与王军之间确实存在委托关系，故法院启动了审判监督程序。

温馨提示

对当事人达成调解协议离婚的案件启动再审程序的法定理由是，调解违反自愿原则，或调解协议的内容违反法律规定。在离婚纠纷案件中，双方当事人协议离婚，对财产分割和债权债务处理达成了一致意见，在符合离婚自由原则及有关规定，协议内容也未违反法律法规和社会公共利益的情况下，据该调解协议制作的民事调解书经双方当事人签收后具有法律效力。离婚纠纷案件的当事人只能是婚姻缔结的双方，不列案外第三人为诉讼当事人。如因案外第三人的异议启动再审程序，违反了民事诉讼的程序规则，且将生效法律文书置于不稳定的状态，违反了既判力原则。第三人认为调解协议侵犯其合法权益申请再审，但缺乏法律依据的，人民法院应予驳回。根据法律规定审判监督程序的目的，依照规定，对已经发生法律效力的调解书，人民法院如果发现确有错误，而又必须再审的，当事人没有申请再审，人民法院根据民事诉讼法的有关规定精神，可以按照审判监督程序再审。

延伸解读

发现已生效的判决、裁定、调解书侵犯了自身的合法权益怎么办？

根据《中华人民共和国民事诉讼法》及《最高人民法院关于适用〈中华人民共和国民事诉讼法〉的解释》的规定，在此情况下，第三人可以向人民法院提起第三人撤销之诉。

《最高人民法院关于适用〈中华人民共和国民事诉讼法〉的解释》第二百九十二条规定，第三人对已经发生法律效力的判决、裁定、调解书提起撤销之诉的，应当自知道或者应当知道其民事权益受到损害之日起六个月内，向做出生效判决、裁定、调解书的人民法院提出，并应当提供存在下列情形的证据材料。

1.因不能归责于本人的事由未参加诉讼；
2.发生法律效力的判决、裁定、调解书的全部或者部分内容错误；
3.发生法律效力的判决、裁定、调解书内容错误损害其民事权益。

《最高人民法院关于适用〈中华人民共和国民事诉讼法〉的解释》第二百九十五条规定，民事诉讼法第五十六条第三款规定的因不能归责于本人的事由未参加诉讼，是指没有被列为生效判决、裁定、调解书当事人，且无过错或者无明显过错的情形。包括下列几种情形。

1.不知道诉讼而未参加的；
2.申请参加未获准许的；
3.知道诉讼，但因客观原因无法参加的；
4.因其他不能归责于本人的事由未参加诉讼的。

（以上人物均为化名）

▶65.离婚协议是否具有物权变更效力

案例简介

原审法院在执行追缴、没收被执行人杨冰财产一案过程中，张阳对法院的执行行为提出了书面异议。异议人称，人民法院查封的房屋已在2017年其与被执行人杨冰离婚时归其所有，杨冰从2018年1月起被羁押，直至2019年年底才刑期届满，故一直无法办理产权变更。因上述房产属其所有，故法院查封上述房产是错误的，请求解除查封。

【争议焦点】

本案的争议焦点主要在于离婚协议中对于不动产归属的约定，是否具有物权变更的效力。对此，存在两种不同的意见。

第一种意见认为，离婚协议本身不具备物权变更效力。根据《中华人民共和国民法典》第二百零九条规定，不动产物权的设立、变更、转让和消灭，经依法登记，发生效力；未经登记，不发生效力，但是法律另有规定的除外。依法属于国家所有的自然资源，所有权可以不登记。本案中，张阳虽然与杨冰在离婚协议中约定涉案房产的归属，但双方多年来均未办理产权变更登记，也并未诉讼确权，因此不发生物权变更效力。如因法院执行致使无法实现原离婚协议，可就财产分割另行提出诉讼主张。

第二种观点则认为，离婚协议对双方具有法律约束力，一经签订，即发生物权变更效力，但未经登记不能对抗善意第三人。《中华人民共和国民法典》第一千零六十五条规定，男女双方可以约定婚姻关系存续期间所得的财产以及婚前财产归各自所有、共同所有或者部分各自所有、部分共同所有。约定应当采用书面形式。没有约定或者约定不明确的，适用本法第一千零六十二条、第一千零六十三条的规定。夫妻对婚姻关系存续期间所得的财产以及婚前财产的约定，对双方具有法律约束力。夫妻对婚姻关系存续期间所得的财产约定归各自所有，夫或者妻一方对外所负的债务，相对人知道该约定的，以夫或妻一方的个人财产清偿。

【法院判决】

一审法院裁定驳回张阳的执行异议。宣判后，张阳不服，继续向中院申请，中院认为原裁决法院将涉案房产作为杨冰的财产继续执行不当，故做出如下裁定：①撤销原来的执行裁定；②撤销一审的异议执行裁定；③解除对该房屋的查封。

温馨提示

律师认可第二种观点，理由如下。

1.夫妻对婚姻关系存续期间所得财产的约定，对双方具有法律约束力。这表明本案中离婚协议签订之时，在该房屋的产权归属上对双方已经产生法律约束力。《中华人民共和国民法典》婚姻家庭编的立法原意为尊重夫妻双方的真实意思表示。因此，夫妻间的约定无须另行经过物权变动手续，在婚姻关系内部应已发生法律效力。

2.物权作为对世权，不动产物权变更登记制度的原意是在于保护善意第三人，维护交易安全。根据《中华人民共和国民法典》物权编规定，不动产物权的设立、变更、转让和消灭应当经过登记和公示，方能产生物权效力，否则不具有对抗第三人的效力。同时规定，当事人之间设立、变更、转让和消灭不动产物权的合同，除法律另有规定或者合同另有约定外，自合同成立时生效；未办理物权登记的，不影响合同效力。离婚协议中关于不动产归属的约定虽未办理变更登记，但不影响其效力。

3.《中华人民共和国民法典》合同编第四百六十四条规定，合同是民事主体之间设立、变更、终止民事法律关系的协议。婚姻、收养、监护等有关身份关系的协议，适用有关该身份关系的法律规定；没有规定的，可以根据其性质参照适用本编规定。经登记备案的离婚协议作为身份关系协议，则应当适用《中华人民共和国民法典》婚姻家庭编的规定。《中华人民共和国民法典》物权编与《中华人民共和国民法典》婚姻家庭编的法律冲突是否能参照《中华人民共和国民法典》合同编的约定？就不动产物权的移转、变动而言，《中华人民共和国民法典》物权编及《中华人民共和国民法典》合同编的规定是一般规定，而《中华人民共和国民法典》婚姻家庭编对夫妻财产关系的规定是特殊规定。因此，个人倾向于适用《中华人民共和国民法典》婚姻家庭编，约定房屋的所有权在夫妻之间应尊重双方当事人的意思。

4.未经登记的物权变动不能对抗善意第三人。根据物权大于债权的法律原则，物权发生变动而未履行登记和公示程序的，所不能对抗的是善意第三人主张的物权，而非债权。

（1）不能对抗第三人所取得的"物权"。物权具有绝对排他性，是对物的占有、使用、收益、处分的完全控制。

（2）不能对抗的是第三人因善意而取得的物权。我国法律保护的是诚信当事人的合法权益，对于主观上无过错方在"不知客观真实状况"的情况下，支付相应对价后应当取得的利益，法律应予保护。离婚协议中的双方约定，不能对抗的是善意第三人取得的物权，排除为规避法律责任等恶意取得的物权。

因此，夫妻财产约定的效力应分对内及对外效力，婚姻关系内部对夫妻双方具有约束力；外部则涉及交易第三人以及交易安全。在夫妻财产约定的法律适用方面，离婚协议作为身份关系协议，具有人身属性，对内，在夫妻双方之间应适用亲属法上的规定；对外，夫妻财产约定应适用一般财产法的规定，未经登记的不动产共有人因不符合物权变动公示的规定，不得对抗善意第三人。本案中，双方在案件审理前就已约定产权归属，且不存在善意第三人，应当认定双方合意真实有效，发生物权变更效力。

夫妻对婚姻关系存续期间所得的财产以及婚前财产的约定，对双方具有法律约束力。涉及不动产物权的设立、变更、转让和消灭，经依法登记，发生效力；未经登记，不发生效力，但法律另有规定的除外。

延伸解读

法院认为，涉案房产虽然登记在被执行人杨冰名下，但张阳向法院提供的证据证实，其与杨冰早在杨冰被羁押、执行前已经离婚，双方的离婚协议约定涉案房产归张阳所有，该离婚协议在民政局已备案登记，本院确认该协议合法有效。鉴于杨冰与张阳在离婚时已经对夫妻共有财产进行了分割，涉案房产归张阳所有，且张阳实际使用涉案房产，故原裁决法院将涉案房产作为杨冰的财产继续执行不当，予以纠正。

（以上人物均为化名）

66. 对于离婚协议已处分的财产能反悔吗

案例简介

郑强与王小美原系夫妻关系，两人于2004年12月登记结婚。在婚姻关系存续期间购置一处房产，产权证书登记在郑强名下。2018年3月，两人经民政部门办理协议离婚。离婚协议中，双方约定，离婚后该房产归女方所有，剩余贷款由男方偿还。目前该房屋抵押贷款现已清偿。王小美诉至法院，要求按照离婚协议的约定将该房产归其个人所有。庭审中，郑强辩称：离婚协议中记载的"离婚后房屋归女方所有"并非其真实意思表示，当时是为了办理低保才这么写的。但是，对于这样的说法，王小美并不认可。

那么对于离婚协议已处分的财产是否可以反悔？

【法院判决】

判决应按照离婚协议的约定执行，该房产归女方王小美所有。

温馨提示

郑强与王小美在婚姻关系存续期间共同购置的房产，应认定为夫妻双方的共同财产。双方在办理协议离婚时，约定离婚后争议房产归女方即王小美所有，并且贷款由郑强承担。

虽然庭审中，郑强主张上述约定系为了办理低保，并非其真实意思表示，但在郑强未提供充分证据证明其主张的情况下，应认定该项约定对原、被告均具有法律约束力，双方均应予以遵守。据此，法院判决此案争议房产归王小美所有。

【法律链接】

《最高人民法院关于适用〈中华人民共和国民法典〉婚姻家庭编的解释（二）》

第八条　离婚协议中关于财产分割的条款或者当事人因离婚就财产分割达成的协议，对男女双方具有法律约束力。

当事人因履行上述财产分割协议发生纠纷提起诉讼的，人民法院应当受理。

第九条　男女双方协议离婚后一年内就财产分割问题反悔，请求变更或者撤销财产分割协议的，人民法院应当受理。

人民法院审理后，未发现订立财产分割协议时存在欺诈、胁迫等情形的，应当依法驳回当事人的诉讼请求。

延伸解读

一、离婚协议中财产分割协议的法律适用

离婚协议中的财产分割协议不同于一般的财产分割协议，应优先适用《中华人民共和国民法典》婚姻家庭编及相关法律规定。财产分割协议与身份关系有关的，应当优先适用《中华人民共和国民法典》婚姻家庭编及相关法律规定。但是也不能忽视的是，财产分割协议是平等主体的自然人之间变更民事权利义务关系达成的协议，具有民事合同性质。当事人基于这种具有民事合同性质的协议发生纠纷的，同样应适用《中华人民共和国民法典》合同编的基本原理。否则，《中华人民共和国民法典》婚姻家庭编及相关法律中未对财产分割协议做出规定的部分将处于无法可依的状态。

二、离婚协议中财产协议的效力

《最高人民法院关于适用〈中华人民共和国民法典〉婚姻家庭编的解释（一）》第六十九条规定，当事人达成的以协议离婚或者到人民法院调解离婚为条件的财产以及债务处理协议，如果双方离婚未成，一方在离婚诉讼中反悔的，人民法院应当认定该财产以及债务处理协议没有生效，并根据实际情况依照民法典第一千零八十七条和第一千零八十九条的规定判决。

当事人依照民法典第一千零七十六条签订的离婚协议中关于财产以及债务处理的条款，对男女双方具有法律约束力。登记离婚后当事人因履行上述协议发生纠纷提起诉讼的，人民法院应当受理。

三、对离婚协议中的财产赠与协议反悔的处理

离婚协议中的财产赠与协议虽然在形式上表现赠与，但与一般的赠与行为有着本质的区别。一般的赠与行为仅仅是一种单纯的财产处分关系，应适用合同编的规定，在符合法定条件时可以行使任意撤销权。离婚协议中的赠与协议是双方当事人分割共同财产的一种方式，只有在符合婚姻法及相关法律规定的条件下，才可以行使撤销权。

四、对离婚财产协议反悔的情形有哪些呢

夫妻双方就离婚、子女抚养和财产分割经协商达成一致意见后，可以到民政局办理登记离婚，领取离婚证后婚姻关系正式解除。双方应该就达成一致意见的子女抚养权、财产分割协议履行各自的义务。但是，实践中有很多夫妻协议离婚后又发生财产纠纷，因而闹上法庭。那么，对曾经达成一致意见的财产分割协议反悔的情形，有下列处理方式。

（一）人民法院可以受理

男女双方自愿在婚姻登记机关办理了离婚登记手续后，一方或双方就处分分割问题反悔，请求变更或者撤销财产分割协议的，人民法院应当受理。这是因为婚姻登记机关对财产分割协议仅仅是对协议内容进行形式审查，不会进行实质审查，协议的内容是否合法缺乏保障，有必要给予司法救济途径。

（二）一方不履行离婚协议时，另一方也可以提起诉讼

男女双方在登记离婚时，对子女抚养和财产分割问题曾经达成协议，婚姻登记机关因此办理了离婚登记，发给了离婚证。如果登记离婚后，一方不履行义务，另一方可以向人民法院提起民事诉讼，要求对方履行协议规定。

（三）可以变更或撤销财产分割协议的情形

人民法院审理后，未发现订立财产分割协议时存在欺诈、胁迫等情形的，应当依法驳回当事人的诉讼请求。如果发现存在欺诈、胁迫等情形的，根据具体情形可以变更、撤销财产分割协议。

发现欺诈、胁迫的情形不是人民法院支持当事人诉讼请求的唯一条件。司法解释中留有余地，使得人民法院在审理中发现协议内容存在乘人之危、显失公平的情况时，仍然可以根据当事人的请求，变更或者撤销该协议。

如果出现违反法律规定的合同无效的情形时，当事人可以请求协议无效而不是撤销协议。

（四）诉讼时效

男女双方协议离婚后就财产分割问题反悔，请求变更或者撤销财产分割协议的，应在协议离婚后一年内提起诉讼。"一年"的起算点应当是从婚姻登记机关申请离婚的男女实际领取离婚证的次日起算。

（以上人物均为化名）

67. 恋爱支出无借款凭证，分手后能否要求偿还

【案例简介】

在恋爱期间，孟小东付款60万元购买了一辆路虎牌轿车，车辆登记为孙燕所有。60万元的购车款中，其中20万元由孟小东转账给孙燕，再由孙燕支付给汽车销售公司，其余的40万元则由孟小东直接交付给汽车销售公司。后两人因感情不和分手，孟小东认为自己所付的60万元是孙燕因购车向自己借的钱，孙燕应当偿还借款，而孙燕则认为是赠与行为，自己无须偿还。在协商未果后，孟小东诉至法院，请求法院判令孙燕偿还借款60万元。

【争议焦点】

无借款凭证的恋爱支出，分手后是否可要求偿还？

【法院判决】

法院经审理认为，本案的争议焦点为孟小东所付购车款项的性质是否为借款。民间借贷合同的成立与生效包括两个要素：一是双方形成了借贷合意，即双方以书面或者口头形式就借贷事项达成了一致意见；二是出借人实际支付了款项，这两个要素必须同时存在、缺一不可。孟小东向法院提交的证据只能证明款项的实际支出，不足以证明其与孙燕达成了借款的合意。结合购车时双方的恋爱关系，不能排除案件所涉路虎轿车是孟小东赠送给孙燕的礼物的可能性。认为孟小东提交的付款凭证、购车协议等证据不足以证明其与孙燕之间存在民间借贷关系，判决驳回了孟小东的诉讼请求。

温馨提示

根据《最高人民法院关于审理民间借贷案件适用法律若干问题的规定》第十七条规定，原告仅依据金融机构的转账凭证提起民间借贷诉讼，被告抗辩转账系偿还双方之前借款或其他债务，被告应当对其主张提供证据证明。被告提供相应证据证明其主张后，原告仍应就借贷关系的成立承担举证证明责任。

在本案中，孟小东向法院提交的证据只能证明款项的实际支出，不足以证明其与孙燕达成了借款的合意。结合购车时双方的恋爱关系，不能排除案件所涉路虎轿车是孟小东赠送给孙燕的礼物的可能性。因孟小东未能进一步提供孙燕向其借款的证据，故不能认定双方存在民间借贷关系。

延伸解读

民间借贷，是指自然人、法人、其他组织之间及其相互之间，而非经金融监管部门批准设立的从事贷款业务的金融机构及其分支机构，进行资金融通的行为。

一、民间借贷合同如何生效

1.根据《最高人民法院关于审理民间借贷案件适用法律若干问题的规定》第九条的规定，具有下列情形之一，可以视为具备合同法第二百一十条关于自然人之间借款合同的生效要件。

（1）以现金支付的，自借款人收到借款时；

（2）以银行转账、网上电子汇款或者通过网络贷款平台等形式支付的，自资金到达借款人账户时；

（3）以票据交付的，自借款人依法取得票据权利时；

（4）出借人将特定资金账户支配权授权给借款人的，自借款人取得对该账户实际支配权时；

（5）出借人以与借款人约定的其他方式提供借款并实际履行完成时。

2.根据《最高人民法院关于审理民间借贷案件适用法律若干问题的规定》的规定。

第十条 除自然人之间的借款合同外，当事人主张民间借贷合同自合同成立时生效的，人民法院应予支持，但当事人另有约定或者法律、行政法规另有规定的除外。

第十一条 法人之间、其他组织之间以及它们相互之间为生产、经营需要订立的民间借贷合同，除存在合同法第五十二条、本规定第十四条规定的情形外，当事人主张民间借贷合同有效的，人民法院应予支持。

第十二条 法人或者其他组织在本单位内部通过借款形式向职工筹集资金，用于本单位生产、经营，且不存在合同法第五十二条、本规定第十四条规定的情形，当事人主张民间借贷合同有效的，人民法院应予支持。

第十三条 借款人或者出借人的借贷行为涉嫌犯罪，或者已经生效的判决认定构成犯罪，当事人提起民事诉讼的，民间借贷合同并不当然无效。人民法院应当根据合同法第五十二条、本规定第十四条之规定，认定民间借贷合同的效力。

担保人以借款人或者出借人的借贷行为涉嫌犯罪或者已经生效的判决认定构成犯罪为由，主张不承担民事责任的，人民法院应当依据民间借贷合同与担保合同的效力、当事人的过错程度，依法确定担保人的民事责任。

二、民间借贷合同生效的条件

（一）一般生效条件

一般生效条件是最基本的条件，也是所有民事合同共同适用的条件。根据有关规定，民间借贷合同应当具备三个一般条件才能有效：一是行为人具有相应的民事行为能力，二是当事人意思表示真实，三是不违反法律或者社会公共利益。对民间借贷而言，其中意思表示真实和不违反法律规定是最需要强调的问题。

（二）特定生效条件

民间借贷合同的特定生效条件是《中华人民共和国民法典》第六百七十九条

的规定：自然人之间的借款合同，自贷款人提供借款时成立。这也表明民间借贷合同是实践合同。贷款人与借款人就借贷事项达成一致意见后，贷款人一旦将款项交给借款人，民间借贷合同就即时生效，但未实际提供借款的，民间借贷合同即使成立也不生效。

民间借贷合同生效后，该合同所设定的权利义务对双方当事人都有约束力，任何一方都不得随意撤回。特别是贷款人，如无特殊情况，应当遵守诚实信用原则，按照约定的时间、数额提供借款，借款人也应当按约收取借款；贷款人不得未经借款人同意要求提前偿还借款；借款到期，借款人应当按约定如数偿还本金，有约定利息的，应当按约支付利息；双方当事人违约的，则承担违约责任。

（以上人物均为化名）

68. 恋人共同购房，分手后房产如何划分

案例简介

十年前，王涛和方敏因爱购置房产，未曾想十年后却因该房产闹上了法庭。到底这一个什么样的案例呢，就让我们一起来了解一下。

王涛和方敏曾是一对甜蜜的恋人。2014年，正处在热恋期的两人看中了一个新楼盘，并于当年3月1日共同与开发商签订了《商品房预售合同》，预售款为100万余元。两人共同支付了首付款35万元，方敏又申请了商业贷款共计65万元。从2014年6月，方敏开始按月偿还贷款。然而好景不长，新房还没有交付，王涛和方敏便于2015年分手了。分手时，两人没有约定房屋产权份额，更没有形成房屋产权分割协议。

分手的第二年，方敏开始停止偿还房屋贷款。后与银行协商，王涛向贷款行申请变更转账还款账户获得批准。此后，房屋所有贷款均由王涛按月偿还。

2017年1月，新房交付。但最初登记的房屋产权人是方敏和王涛，现因两人早已分手，二人迟迟未去办理房屋产权登记手续。于是王涛向法院起诉，要求依法分割该房屋，将房屋所有权登记至自己名下，并以方敏实际出资比例向其支付

补偿款。

方敏辩称，商业贷款是自己申请的，自己出资占比大，应该获得房屋所有权或得到较多补偿。关于实际出资情况，王涛和方敏均提交了相关证据。

【法院判决】

法院审理后查明，涉案房屋贷款已还清。虽然全部贷款均以方敏名义申请，王涛仅是房屋共有人，但根据银行卡交易明细及个人借款还款对账单等证据，法院认定，王涛共出资92万余元，方敏共出资18万余元。

由于双方对房屋的现价值意见不一致，法院委托了某房地产估价公司出具《房地产估价报告》，该房屋现在市值520万元。王涛和方敏对此评估报告均无异议。一审法院认为，王涛和方敏在恋爱期间共同购买了该房屋，对该房屋共同享有所有权，但双方现已终止恋爱关系，并各自成立家庭，不宜对该房屋继续共有，可依法进行分割。

一审法院考虑到共有人对共有财产的贡献大小，适当照顾共有人生产、生活的实际需要等情况，最终判定房屋归王涛所有，王涛支付方敏房屋折价款200万元。王涛不服，向中级人民法院提出上诉，要求依法改判支付房屋折价款的数额。

二审法院经审理查明，王涛和方敏对该房屋各自实际出资份额已经明确，而且方敏曾主张按实际出资金额确定房屋折价款，亦未提供需要给予生产、生活方面照顾的相关依据证明；另外，该房屋贷款还款事宜已在2006年10月移交给王涛承担，因为王涛的正常还款才保留了该房产，并保证了该房产的大幅升值。鉴于此，中院改判以双方对此房屋实际出资金额所占比例为准，依法分割，遂判定王涛向方敏支付房屋折价款158万元。

【律师说法】

双方在恋爱期间共同购置的房屋，应按共有财产处理。对共有财产的分割，有协议的，按协议分割；无协议的，分割时采取按份原则处理，并且考虑共有人对共有财产的贡献大小，适当照顾共有人生产、生活的实际需要等情况，对共有财产明确出资额比例的，应当按照出资额比例享有份额。因此，共有人的实际出资和投入将直接影响到共同共有物的分割份额。

本案中，王涛和方敏实际出资比例明确，且房屋贷款自2016年5月起由王涛一人偿还，现双方均已各自成立家庭，双方亦未提出需照顾生产、生活的诉求，故本案按照实际出资比例份额进行分割。

延伸解读

恋人分手后共有房产分割案件的裁判要点：

1.分割方式的确定：折价分割还是变价分割？

《中华人民共和国民法典》第三百零四条规定，共有人可以协商确定分割方式。达不成协议，共有的不动产或者动产可以分割且不会因分割减损价值的，应当对实物予以分割；难以分割或者因分割会减损价值的，应当对折价或者拍卖、变卖取得的价款予以分割。共有人分割所得的不动产或者动产有瑕疵的，其他共有人应当分担损失。

由于房屋产权的不可分割性，以及恋人关系和感情基础的断裂，共有房产通常采取折价分割或变价分割的方式。司法实践中，根据当事人的意愿、结合诉讼效率原则，以折价分割为多。但如果确实不适宜折价分割，或双方当事人均同意采取变价分割的，也可由双方先行出售共有房产后，由法院对出售所得房款予以分割。

2.对于采取折价分割的，如何确定房屋归谁？

第一，尊重双方当事人的真实意愿，并结合双方的经济能力。对于采取折价方式分割房产的，具体由哪一方取得房屋、继续偿还剩余贷款，并向另一方支付折价，首先应当尊重双方当事人的真实意愿，并结合双方的经济状况，尽量确保取得房屋的一方有偿还剩余购房贷款等债务及尽快向对方支付折价款的能力。如双方均明确表示不要房产、只要房屋折价款的，或双方均明确表示没有向对方支付折价款的经济能力的，法院应当引导双方采取变价分割的方式分割共有房产。

第二，考虑共有份额多少及对房屋的贡献大小。一般情况下，出于公平原则的考虑，对于按份共有的房屋，由所有份额较多的一方获得房屋产权；对于共同共有的房屋，由对房屋所做的贡献具有明显优势的一方获得房屋产权。

第三，考虑房屋的管理和居住情况。如双方对共有房屋的贡献较为平均或差距不大，则可从最大程度保障双方当事人生活安定及照顾当事人生产、生活的实际需要的角度出发，由历史上长期居住于房屋及当前居住在房屋的一方获得房屋产权为宜。

3.对于房屋利益分割的考量。

恋人关系终止时，对共有财产的分割，有协议的按协议处理；没有协议的，应当考虑共有人对共有财产的贡献大小，适当照顾共有人生产、生活的实际需要等情况进行合理确定。

4.对于未出资的一方，如何合理确定份额？

未出资一方虽事实上未对共有财产做出贡献，但其登记为共有人的现状应视为出资一方对未出资一方的赠与。在恋爱关系终止后分割共同共有房产的案件中，根据上海市法院系统的审判实践的惯例，未出资方的份额确定一般以10%到30%为宜。

（以上人物均为化名）

▶ 69.恋爱买房交定金后反悔，法院会支持吗

案例简介

小李与女朋友小芳都是从外地到北京打工，准备在此成家立业。2018年9月3日，他们一起来到朝阳区一处新开发楼盘看房子，对一套面积90多平方米的三居室住宅一见钟情，结果心头一热当场就与开发商签订了一份《房屋订购协议书》。该房产单价5万元左右，总价共计470万元。然而，对于要求现场支付的5万元定金，他们俩谁也没有在意定金合同，直接就交付了。但是令他们没想到的是，待他们回到江苏老家，将买房的事和父母一商量，这才发现其实双方父母根本没有那么多资金支付剩余房款。于是9月8日一早，二人便急忙赶至售楼处，说明缘由希望可以拿回定金并解除合同，之后由于调解不成，遂于9月底诉至法院。

开发商说，协议书是双方当事人真实意思表示，且当时二人还出具承诺书，"承诺原告本人及所在家庭的所有成员已经为本次购买商品房的行动储备了充分资金"。同时，小李与其女友均不属于限购范围，拥有购房资格。

协议书中约定："若在本协议生效后至商品房合同签订并备案（若需要）期间，因乙方（即买房）自身的原因被限制购房、限制按揭贷款资格或降低贷款额度等情况，造成乙方未按约支付购房款或本协议项下商品房的正式买卖合同无法按时履行网签、签署、登记备案手续的，甲方有权解除本协议、没收乙方已付之

定金并追究乙方的赔偿责任。"协商未果，小李将开发商诉至法院。

【法院判决】

法院认为，合同是当事人之间设立、变更、终止民事权利义务关系的协议，合同生效后双方均应严格遵守执行。如果当事人一方明确表示不履行合同主要债务的，可以解除合同。

如果因当事人一方原因未能订立商品房买卖合同的，应当按照法律订立的规定处理，即给付定金的一方不履行约定债务的，无权要求返还定金。结合本案的事实，小李、小芳由于自己资金不足，无法签订商品房买卖合同，责任在小李和小芳，因此小李和小芳无权要求返还定金5万元。

温馨提示

定金，是一种法定的担保形式。

在司法实践中，定金由于具有担保的性质，给付定金的一方不履行约定的债务，无权要求返还定金，而收受定金的一方不履行约定的债务，应当双倍返还定金。"定金合同是把双刃剑，是订立买卖合同的担保，在签订前应了解主合同的主要条款内容，否则一旦悔约就要承受失去定金的风险。"

延伸解读

适用定金合同应注意哪些问题？

定金是当事人约定一方在合同订立时或在合同履行前预先给付对方一定数量的金钱，以保障合同债权实现的一种担保方式。根据我国法律规定，定金合同属于从合同、要式合同、实践合同，同时，定金合同具有定金罚则的效力。实践中签订定金合同时为减少纠纷和避免不必要的经济损失的发生，主要应注意以下几方面问题。

1. 严格审查主合同效力。

定金合同是主合同的从合同，主合同无效，则定金合同无效。定金合同属于担保合同的一种，《中华人民共和国民法典》第三百八十八条规定，担保合同是主债权债务合同的从合同。主债权债务合同无效的，担保合同无效，但是法律另有规定的除外。因此，最好在签订定金合同时注意审查主合同是否有效，以保证所签订的定金从合同有效。

2.定金合同应当以书面形式签订。

如果订立定金合同未采取书面形式，而是采取的口头形式，没有相应的证据予以证明，则不能确定定金合同的成立。为了避免这种现象的产生，要在交纳定金时合同双方做出特别的书面约定，特别是对违反主合同条款或补充合同条款如何处理定金做出约定。签订书面定金合同的主要目的是避免定金合同纠纷发生，并且有利于纠纷发生后作为提供区分责任的依据，以有效地维护双方的合法权益。

3.定金的数额必须在合同标的额的20%以内约定。

合同中对定金的具体数额的约定，由双方当事人协商确定，定金的数额约定应适宜。若约定过高，就有可能使得守约方获得的损害赔偿过分地高于其实际损失额。若约定过低，则起不到担保合同履行的作用；《中华人民共和国民法典》第五百八十六条规定，当事人可以约定一方向对方给付定金作为债权的担保。定金合同自实际交付定金时成立。定金的数额由当事人约定；但是，不得超过主合同标的额的20%，超过部分不产生定金的效力。实际交付的定金数额多于或者少于约定数额的，视为变更约定的定金数额。

4.应当在合同中约定交付定金时间期限。

合同当事人应在定金合同签订之日起一定期限内交付定金，交付定金的期限就是定金合同的履行期限，是定金合同的最基本条款，在约定交付定金的期限时必须明确、具体。由于定金合同为实践合同，不仅要有当事人的合意还要以交付为要件，故定金合同应从定金给付方实际支付定金之日起生效。约定交付定金的时间期限可以防止因合同对定金交付期限约定不明确，拖延交付定金，导致纠纷发生。

（以上人物均为化名）

▶70.妹妹结婚，登记的却是姐姐

案例简介

小周是湖北人，小刘是四川人，俩人在外打工时相识，不久便产生了爱情的火花。在小周的老家登记结婚时，由于小刘的年龄未满20周岁，不符合结婚条件，于是两人便耍了个小聪明，借用小刘的姐姐大刘的身份证去登记。蒙混过关后，两人"依法"取得了结婚证，结婚证上的照片是小周和小刘，身份信息是小周和大刘。经历了十年的风雨之后，两人有了自己的孩子，并积累了一定的财产，但两人的感情越来越淡，越走越远，最终决定分道扬镳。

然而伴随着自己离婚的念头接踵而来的一系列问题出现了：离婚怎么离？和谁离？这让小周犯了难。若和小刘离吧，两个人一直没有领取结婚证，即使解决了孩子和财产的问题，但和大刘的结婚手续还在，所以婚姻的问题依然没有解决。若是和大刘离，婚姻的问题是解决了，但孩子和财产的问题又没法解决。思来想去，小周还是决定先从法律上解决婚姻的问题，起诉与大刘"离婚"。大刘收到法院的传票后，很诧异，莫名其妙又多了一个"丈夫"。法院在审查有关情况后，依法驳回了原告小周的起诉。

【律师说法】

其实，现实生活中，尤其有些农村或者边远地区结婚登记瑕疵情形比较多，问题也比较复杂，法律后果也各不相同。借用他人身份证件进行结婚登记，仅是瑕疵一种。对于此种结婚证上载明的主体与实际共同生活者不一致的情形，现实生活中并不鲜见。

如果当事人在离婚诉讼中或其他民事诉讼中，以结婚登记程序存在瑕疵为由否认存在婚姻关系，首先要解决的还是结婚登记效力问题，此时则不属于民事案件的审查范围。故应当依据《中华人民共和国民事诉讼法》第一百一十九条第一款第（四）项的规定驳回当事人的起诉，同时进行释明，告知其可以直接提起行政诉讼。

如果实际共同生活的当事人请求离婚的，法院应对当事人进行释明，告知因其结婚登记存在请求离婚的双方与结婚证上载明的主体不符，无法判断双方是否存在婚姻关系。若当事人坚持自己的诉讼请求，则应当裁定驳回起诉；若经过法院释明后，当事人变更诉讼请求，主张解决同居期间财产分割、子女抚养等问题时，法院可以依法继续进行审理。

本案中应当强调的是，由于小周和大刘已经取得了结婚证，在法律上已是夫妻关系。生活中，小周和小刘在一起以夫妻名义共同生活，大刘也与他人又登记结婚，小周和大刘有可能都会涉及重婚。因此，两人还应当依法尽快解决名义上的婚姻问题。

延伸解读

这里提到重婚罪，我们来看看重婚罪是怎么认定的？

重婚罪，是指有配偶又与他人结婚或者明知他人有配偶而与之结婚的行为。所谓有配偶，是指男人有妻、女人有夫，而且这种夫妻关系未经法律程序解除尚在存续的，即为有配偶的人；如果夫妻关系已经解除，或者因配偶一方死亡夫妻关系自然消失，即不再是有配偶的人。所谓又与他人结婚，包括骗取合法手续登记结婚的和虽未经婚姻登记手续但以夫妻关系共同生活的事实婚姻。所谓明知他人有配偶而与之结婚的，是指本人虽无配偶，但明知对方有配偶，而故意与之结婚的（包括登记结婚或者事实婚姻）。此种行为是有意破坏他人婚姻的行为。

应从以下几个方面来区分重婚罪与非罪的界限。

1.要区分重婚罪与有配偶的妇女被拐卖而重婚的界限。

近几年来，拐骗、贩卖妇女的犯罪相当严重。有的妇女已经结婚，但被犯罪分子拐骗、贩卖后被迫与他人结婚，在这种情况下，被拐卖的妇女在客观上尽管有重婚行为，但其主观上并无重婚的故意，与他人重婚是违背其意愿的，是他人欺骗或强迫的结果。

2.从情节是否严重来区分罪与非罪的界限。

在实践中，重婚行为的情节和危害有轻重大小之分。根据《中华人民共和国刑法》第十三条的规定，"情节显著轻微危害不大的，不认为是犯罪"。所以，有重婚行为，并不一定就构成重婚罪。只有情节较为严重，危害较大的重婚行为，才构成犯罪。根据立法精神和实践经验，下面两种重婚行为不构成重婚罪：

（1）夫妻一方因不堪虐待外逃而重婚的。

实践中，由于封建思想或者家庭矛盾等因素的影响，夫妻间虐待的现象时有发生。如果一方，尤其是妇女，因不堪虐待而外逃后，在外地又与他人结婚，由于这种重婚行为的动机是为了摆脱虐待，社会危害性明显较小，所以不宜以重婚罪论处。

（2）因遭受灾害外逃而与他人重婚的。

因遭受灾害在原籍无法生活而外流谋生的。一方知道对方还健在，有的甚至是双方一同外流谋生，但迫于生计，而不得不在原夫妻关系存在的情况下又与他人结婚。这种重婚行为尽管有重婚故意,但其社会危害性不大,也不宜以重婚罪论处。

(以上人物均为化名)

71. 面对婚姻,如何保护自己的个人财产

案例简介

原告张冰与被告王小凤于2009年相识并确立恋爱关系。于2012年10月9日登记结婚。婚后未生育子女。婚前双方共同经营位于海淀区的A童装店,后扩大经营另外开设了一家B童装店;此外,婚前张冰购买海淀区房屋一套,至今尚在偿还贷款中。婚后双方性格不合,争吵不断,多次协商离婚,但对共同财产分割不能达成一致意见。

张冰诉至法院:①要求与被告离婚;②分割双方共同设立的两家童装店的财产。被告王小凤辩称:①同意离婚;②被告婚前经营A、B童装店,不属于夫妻共同财产,不同意分割;③对原告婚前的房屋主张权利,针对婚姻存续期间房屋贷款共同还贷部分及增值部分应当平均分配。

【法院判决】

法院判决认为:

1.准予原告张冰与被告王小凤离婚。

2.房屋归原告张冰所有,对于房屋的还贷部分,该房屋系原告婚前以个人财产购买,该房屋的贷款亦属原告婚前个人债务,但对于双方婚姻关系存续期间以夫妻共同财产归还的贷款金额及相应的增值部分应当予以分割,本院根据被告实际参与还款金额及房屋市场价值的变化酌情确定由原告支付被告一定财产。

3.离婚后,A、B童装店所有权利、义务归被告王小凤享有及承担,由被告王小凤于本判决生效之日起十五日内支付原告张冰折价款20万元。

71. 面对婚姻，如何保护自己的个人财产

温馨提示

两个人能走到一起不容易，是缘分把你们牵到了一起，生活之中难免磕磕绊绊，但两个人的感情不易，想想曾经一起直面风雨，爱情不易，婚姻不易，能组成美好的家庭更不易，且行且珍惜！

延伸解读

一、婚前财产的约定

根据婚姻法规定，夫妻可以通过财产约定的方式，约定婚前个人财产为夫妻共同财产。

1.约定所附条件合法有效。夫妻财产约定对双方均具有约束力，但是，这种约定不得设置违法的前提条件。按照法律的相关规定，附条件的民事行为，如果所附条件是违背法律规定的，则该民事行为无效。

2.双方签订的"忠诚协议"等有关道德协议，不具有法律效力，不具有赔偿违约金的效力，应予以驳回。另外，关于不动产约定共有的问题，目前最高院在相关的解答中认为未办理房地产登记之前，一方可以行使撤销权。

二、婚前赠与

赠与是一种无偿转移财产的行为，赠与的法律后果是财产所有权的转移，赠与完成后，不能把已经送出去的财产再要回来。但要保证：①赠与的东西要到赠与人手中才能有效。②如果赠与你的东西是房屋、汽车等财产，那么请记住，交给你钥匙没有任何意义，真正有意义的是把房屋产权和汽车的产权登记在你的名下。

三、充分利用夫妻家事处理权，巩固自己的婚后财产

《中华人民共和国民法典》第一千零六十二条规定，夫妻对共同财产，有平等的处理权。

最高院司法解释规定：①夫或妻在处理夫妻共同财产上的权利是平等的。因日常生活需要而处理夫妻共同财产的，任何一方均有权决定。②夫或妻非因日常生活需要对夫妻共同财产做重要处理决定，夫妻双方应当平等协商，取得一致意见。他人有理由相信其为夫妻双方共同意思表示的，另一方不得以不同意或不知道为由对抗善意第三人。

婚姻关系存续期间取得的财产，无论是双方名下还是一方名下，都是夫妻共同财产。

对于夫妻一方有隐匿财产的行为，夫妻一方还可以调查其房产、银行存款、股市投资以及公司资产等来维护自己的权益。

（以上人物均为化名）

72. 男方去世前将财产赠与情人，该赠与行为是否有效

【案例简介】

王敏和李林是多年的夫妻，生有一子一女。2016年年初，李林因肝癌晚期卧床不起，王敏一直悉心照料，但由于病情加重，李林还是于2017年年初去世了。正在全家人处在失去亲人的悲痛之中的时候，一个姓孙的女士拿着一份李林生前做的遗嘱，来向王敏讨要李林的财产，对于孙某，王敏并不陌生，她是李林生前的情人，在李林肝癌住院前的一段时间里，李林一直和这个孙某同居。王敏以为，他们已经结束了，没有想到这么快对方就找上门来要求分财产了。王敏气不过，当场把孙某骂走了。孙某不服，起诉到了法院。

【争议焦点】

男方去世前将财产赠与情人，该赠与行为是否有效。

【法院判决】

赠与无效。法院经过调查取证证明了李林生前与孙某曾同居，而王敏一直忠于夫妻感情，且在李林住院期间一直悉心照料履行了夫妻扶助义务。遗赠属于民事法律行为。民事法律行为是当事人实现自己权利，处分自己权益的意思自治行为。当事人的意思表示一旦做出就成立生效，但遗赠人行使遗赠权不得违背法律的规定。

根据法律规定，民事行为不得违反公共秩序和社会公德，违反者其行为无效。李林与王敏系结婚多年的夫妻，无论从社会道德角度，还是从《中华人民共

72.男方去世前将财产赠与情人,该赠与行为是否有效

和国民法典》婚姻家庭编的规定来讲,夫妻之间应相互扶助、互相忠实、互相尊重。人民法院经审理后认为,该赠与有违善良风俗,故判定无效。

温馨提示

李林与孙某之间是遗赠法律关系;李林与王敏之间的财产属于夫妻共同财产。抓住这两条基本法律关系脉络,对于王敏,本案的诉讼思路是:①要回财产的前提是遗嘱被撤销。②遗嘱被撤销的前提是遗嘱的内容违反法律规定。③李林所立之遗嘱违反民法的公序良俗原则。

在实际操作中,应当对遗嘱的每一项进行具体分析:第一,抚恤金不属于李林的个人财产。因为抚恤金是死者单位对死者直系亲属的抚慰。李林死后的抚恤金不是其个人财产,不属遗赠财产的范围,故李林对抚恤金的处置无效。第二,住房公积金、住房补贴金系李林与王敏夫妻关系存续期间所得的夫妻共同财产,按照《中华人民共和国民法典》继承编《遗嘱公证细则》第二条之规定,遗嘱人生前在法律允许的范围内,只能按照法律规定的方式处分其个人财产。遗赠人李林在立遗嘱时未经共有人王敏同意,单独对夫妻共同财产进行处分,侵犯了王敏的合法权益,其无权处分部分未经王敏追认应属无效。第三,李林立遗嘱的行为违反了社会公德。

李林长期与孙某同居,其行为违反了《中华人民共和国民法典》婚姻家庭编规定的一夫一妻的婚姻制度和禁止与他人同居以及夫妻应当互相忠实、互相尊重的法律规定,是一种违法行为。

综上,遗赠人李林的遗赠行为违反了法律规定和公序良俗,损害了社会公德,破坏了公共秩序,属于无效行为,法院最终支持了王敏的诉讼请求。

延伸解读

遗嘱人可以在法律允许的范围内,按照法律规定的方式对其遗产或其他事务做出个人处分,并于遗嘱人死亡时发生效力,这种处分行为就是遗嘱。遗嘱人订立遗嘱的方式有自书遗嘱、代书遗嘱、口头遗嘱、公证遗嘱、录音录像遗嘱、打印遗嘱等,其中以最后一份遗嘱为准。

《中华人民共和国民法典》第一千一百四十二条规定,遗嘱人可以撤回、变

更自己所立的遗嘱。

立遗嘱后，遗嘱人实施与遗嘱内容相反的民事法律行为的，视为对遗嘱相关内容的撤回。

立有数份遗嘱，内容相抵触的，以最后的遗嘱为准。

遗嘱处分财产的范围：应为遗嘱人个人所有。其中如果有配偶的遗产尚未分割的，应当先办理继承权公证，然后再办理遗嘱公证。遗嘱应当对缺乏劳动能力又没有生活来源的继承人保留必要的财产份额。

温馨提示

1. 办理遗嘱公证，遗嘱人应当亲自到公证处办理，不能委托他人代办。

2. 立遗嘱人应神智清晰，能真实地表达自己的意思，无受胁迫或受欺骗等情况。

3. 原来已在公证处办过遗嘱公证的，现要变更或撤销原遗嘱公证的，应当提交原来的遗嘱公证书并到原公证处办理。

4. 遗嘱人死亡后，遗嘱继承人应当持遗嘱公证书、死者死亡证明及本人身份证件来遗嘱公证处办理继承权公证。如遗嘱受益人不在法定继承人范围的，为受遗赠人，则受遗赠人必须在知道受遗赠后60日内表示是否接受遗赠。

（以上人物均为化名）

73. 女儿死前将房屋赠与男友，父母是否可以撤销

案例简介

苏大和周小小在一次聚会中相识并相恋，2014年开始同居生活。经过几年的打拼，二人有了一些积蓄，共同出资购买了一套房子，登记在女方周小小名下。就在二人开始筹划结婚时，周小小在公司例行体检中查出患有肝癌。虽然积极治疗，但由于发现得太晚，癌症已经扩散。周小小患病期间，苏大不离不弃，照顾有加，并且希望可以和周小小正式登记结婚，举办婚礼，完成女友的愿望。周小

小则不想耽误男友，甚至以自杀相威胁劝说对方分手。为将房子留给守在身边的男友，周小小要求男友将自己诉至法院。开庭过程中，双方要求法庭主持调解，并在法院主持下达成调解协议：登记在周小小名下的房产归苏大所有，剩余未偿还的贷款由苏大自行偿还。周小小去世后，其父母在处理女儿后事时发现了调解书等材料，他们提出购房时出资90万元，而周小小在诉讼中隐瞒了这个事实。其父母还认为，庭审期间周小小因病已有严重智能和意识障碍，不具有应诉能力，且二人没有结婚，其房产不应当算为共同财产。于是周小小父母向法院申请再审，请求确认女儿的赠与行为无效，还要求苏大归还购房资金90万元。

【争议焦点】

女儿死前将房屋赠与其男友，女儿父母是否可以撤销此赠与？

【法院判决】

法院认为，周小小父母没有提供证据证明周小小在开庭当天意识不清、不具有诉讼能力，无法证明调解非出于周小小本人自愿，同时与周小小的主治医生核实不能证明周小小开庭时意识不清。因此，对于周小小父母提出的再审法院未予支持。

温馨提示

根据《中华人民共和国民法典》婚姻家庭编以及相关的司法解释，当事人因同居期间财产分割或者子女抚养纠纷提起诉讼的，人民法院应当受理。我国法律不保护未经登记的同居关系，但是对于同居期间涉及的财产纠纷及子女的抚养纠纷是受法律保护的。本案中，周小小与苏大虽未正式登记结婚，但对于同居期间共同出资购房的纠纷，是可以向法院提起诉讼、通过法律途径解决的。此外，根据《中华人民共和国民法典》物权编规定，所有权人对自己的不动产或者动产，依法享有占有、使用、收益和处分的权利。本案在调解过程中，周小小认可与苏大共同出资购房的事实。周小小作为房屋所有权人，有不受他人限制处分自己房屋份额的权利，这种处分权就包括通过调解协议自愿将房屋变更到苏大名下。

延伸解读

房屋作为人们生活的必需品，其在生活中的重要性不言而喻。但是在生活中，人们对自己是否是房屋的所有权人不是很清楚，一些人以为其拥有使用该房屋的权利，就是房屋的所有权人，其实不然。

一、房屋所有权人

房屋所有权是指对房屋全面支配的权利。房屋的所有权分为占有权、使用权、收益权和处分权四项权能，这也是房屋所有权的四项基本内容。所以房屋的所有权人是指拥有这四项权利的拥有人，并不是单纯的拥有一项或者两项权利。

二、房屋所有权的内容

房屋所有权是占有权、管理权、享用权、排他权、处分权（包括出售、出租、抵押、赠与、继承）的总和。

1.占有权。是所有人对其房屋进行直接的实际控制或掌握的权利。占有权是房屋所有权的基本内容，没有占有，就谈不上所有权。然而占有并非就是所有，因为占有分所有人占有和非所有人占有、合法占有和非法占有、善意占有与非善意占有。

2.使用权。房屋的使用权是指对房屋拥有的享用权。房屋租赁活动成交的是房屋的使用权，指所有权人对其房屋有直接按照它的性质和用途加以利用的权利。使用权的行使必须符合下列条件：①无损于房屋的本质。②按照房屋的自然性能、经济性能和规定的土地用途使用。③遵守法律和公共道德，不损害公共利益和他人的合法权益。

3.收益权。指房屋所有人有利用其房屋以增加经济收益的权利。如将房屋出租取得租金、用房屋作为合伙入股取得红利等。

4.处分权。指房屋所有人在法律许可的范围内，对其房屋有处置的权利。如依法对自己所有的房地产出售、出租、抵押、典当、赠与、拆除等。

一般说来，完整的房屋所有权，必须同时包括上述四项权利。但是，占有、使用和收益权有时会脱离所有权。

三、取得房屋所有权的方式

1.依法新建的房屋；

2.添附的房屋，如翻建、扩建、加层等；

3.通过买卖、赠与、互换等民事法律行为取得所有权的房屋；

4.继承或受遗赠的房屋。

前两种方式称为公民房屋所有权原始取得方式，即直接根据法律的规定取得的所有权；后两种方式称为公民房屋所有权继受取得，即公民通过某种民事法律行为从原所有人那里取得房屋所有权。

四、房屋所有权的分类

对房屋所有权加以分类，明确不同类别所有权的性质和特征，便于房屋所有权的行使和对房屋的管理。房屋所有权可从不同角度加以分类。

1.从所有权权利主体的内部构成来看，可分为房屋单独所有、房屋共有和房屋的区分所有。房屋的单独所有是指在某一房屋上只有一个所有权主体。

2.从房屋所有权权利主体所享有的权能是否充分来分，可将房屋所有权分为完全的房屋所有权和房屋部分所有权。完全的房屋所有权就是我们通常所说的房屋所有权；房屋部分所有权是一种受到限制的房屋所有权。

（以上人物均为化名）

74.妻子做生意向人借款，丈夫需要担责吗

案例简介

小芳是做皮鞋批发生意的，在一次生意往来中结识了年轻帅气的张冰，两个年轻有为的人各自对彼此均有仰慕之情，半年后两个人走进了婚姻的殿堂。婚后，小芳因做生意资金紧缺而向好朋友王成借款10万元用于进货，并以个人名义向王成出具了借条，在借条上也注明了自己的身份证号码及收款账号。同日，王成通过银行转账方式将钱打入了小芳指定的银行账户。作为小芳丈夫的张冰，并不知晓妻子的上述借款行为。借款到期后，王成多次向小芳追讨上述借款，但均未果，其最终向法院提起诉讼，在要求小芳还款的同时并以该借款为夫妻共同债务为由要求小芳的丈夫张冰承担共同还款责任。

【争议焦点】

妻子做生意向人借款，丈夫是否需要担责？

【法院判决】

一审法院审理认为，公民拥有的合法债权受法律保护。王成与小芳之间构成

了民间借贷法律关系，双方之间的借款合同合法有效，小芳借款未还的事实，有双方庭审陈述及小芳出具的借条等证据为凭，事实清楚，证据充分，小芳依法应当对借款承担偿还之责。

张冰虽为小芳的丈夫，但借款是小芳个人向他人举债，作为丈夫并不必然知晓，且王成并不能提供证据证明张冰具有同意借款的意思表示，亦不能证明借款是用于小芳与张冰的夫妻共同生活、生产经营。故该笔借款不应认定为夫妻共同债务，张冰无须承担偿还责任。

温馨提示

在此提醒大家，夫妻一方在婚姻关系存续期间所负债务并不必然是夫妻共同债务，如果是以个人名义超出家庭日常生活需要所负的债务，债权人以属于夫妻共同债务为由主张权利，人民法院是不予支持的。当然，债权人能够证明该债务确实是用于夫妻共同生活、生产经营或者基于夫妻双方共同意思表示的除外。

延伸解读

什么是夫妻共同生活所负的债务？

夫妻共同生活所负的债务，是指夫妻为了维持正常的家庭生活、家庭支出包括夫妻的衣、食、住、行和教育等方面所负的债务。在日常生活中，主要包括：购置共同生活用品所负债务；购买、装修、共同居住的住房所负的债务；夫妻一方或双方为治疗疾病支付医疗费用所负的债务；从事双方同意的文化教育、文娱体育活动所负的债务；婚前一方贷款购置的住房等财物已转化为夫妻共同财物的，为购置财物所负的债务；以及其他发生在日常生活中的应由双方共同负担的债务。

什么是夫妻共同经营所负的债务？

夫妻共同经营所负的债务，包括双方共同从事工商业或农村承包经营所负的债务，购买生产资料所负的债务，共同从事投资或者其他金融活动所负的债务，以及在这些生产、经营活动中欠缴的税款，等等。这里的共同经营既包括夫妻双方一起共同从事投资、生产经营活动，也包括夫妻一方从事生产、经营活动但利益归家庭共享的情形。

共同经营所负债务缘于夫妻共同经营费用的不足，故不论债务最初由谁借的，以谁的名义借的，只要所生债务是因夫妻共同经营所致，则为夫妻共同债务应共同偿还，只问其用途，而不究其形式。

什么是履行抚养、赡养义务所负的债务？

根据《中华人民共和国民法典》婚姻家庭编的规定，父母对子女有抚养教育的义务；子女对父母有赡养扶助的义务。父母不履行抚养义务时，未成年的或不能独立生活的子女，有要求父母付给抚养费的权利。子女不履行赡养义务时，无劳动能力的或生活困难的父母，有要求子女付给赡养费的权利。有负担能力的祖父母、外祖父母，对于父母已经死亡或父母无力抚养的未成年的孙子女、外孙子女，有抚养的义务。有负担能力的孙子女、外孙子女，对于子女已经死亡或子女无力赡养的祖父母、外祖父母，有赡养的义务。有负担能力的兄、姐，对于父母已经死亡或父母无力抚养的未成年的弟、妹，有扶养的义务。由兄、姐扶养长大的有负担能力的弟、妹，对于缺乏劳动能力又缺乏生活来源的兄、姐，有扶养的义务。

抚养子女、赡养父母是父母和子女应尽的义务。在特定情况下，祖父母、外祖父母与孙子女、外孙子女之间有抚养与赡养义务，兄、姐与弟、妹之间互有扶养义务。夫妻各自因为履行其应尽的抚养、赡养、扶养的法定义务，如为必须予以抚养、赡养、扶养的亲属支付生活费、医疗费、教育费等而负下债务，此种债务因属于履行法定义务所形成，因而属于夫妻共同债务，应由夫妻共同承担。

一方赌博所借的债务应由谁承担？

一方赌博所借的债务，由于该债务未用于夫妻共同生活和家庭生活，属于一方个人不合理的开支，不属于夫妻共同债务的范围，因而应由举债人自行承担，配偶另一方不承担偿还责任。应当指出的是，根据我国法律规定，违法的债务不受法律保护。赌博，为我国法律所明令禁止，赌债属于非法债务，不受法律保护。如果出借人明知举债人所借债务用于个人赌博的，其债权也同样不受法律保护。《最高人民法院关于人民法院审理借贷案件的若干意见》第十一条规定："出借人明知借款人是为了进行非法活动而借款的，其借贷关系不予以保护。"

婚姻关系存续期间，夫妻一方以个人名义所负债务是夫妻共同债务吗？

对此问题，法律已有相应的规定，《中华人民共和国民法典》第一千零六十四条规定，夫妻双方共同签名或者夫妻一方事后追认等共同意思表示所负的债务，以及夫妻一方在婚姻关系存续期间以个人名义为家庭日常生活需要所负的债务，属于夫妻共同债务。夫妻一方在婚姻关系存续期间以个人名义超出家庭日常生活需要所负的债务，不属于夫妻共同债务；但是，债权人能够证明该债务用于夫妻共同生活、共同生产经营或者基于夫妻双方共同意思表示的除外。

《最高人民法院关于适用〈中华人民共和国民法典〉婚姻家庭编的解释（一）》第三十三条规定，债权人就一方婚前所负个人债务向债务人的配偶主张权利的，人民法院不予支持。但债权人能够证明所负债务用于婚后家庭共同生活的除外。

（以上人物均为化名）

75. 起诉确认亲子关系，对方拒绝配合鉴定怎么办

【案例简介】

杨先生与侯女士于2016年登记结婚，婚后生育一女一子。后双方因感情破裂于2019年3月协议离婚。离婚协议约定婚生女儿由杨先生独自抚养，儿子由侯女士独自抚养，双方均不给付对方孩子的抚养费。2019年8月，杨先生在探望儿子时，带儿子到鉴定机构进行了亲子鉴定，鉴定结论认为杨先生与儿子之间不存在亲子关系。杨先生懵了，一时无法接受这个事实。后在律师的建议下，去找前妻协商赔偿事宜，没有想到侯女士不光拒绝承认亲子鉴定结论，还骂杨先生无理取闹。

协商未果，杨先生只好拿起法律的武器保护自己。于是以侯女士违背夫妻忠实义务，致使自己突然遭受到了极大的精神打击为由，将前妻侯女士诉至法院，请求法院判令确认亲子关系不存在并诉请侯女士返还杨先生抚养费5万元，赔偿精神损失费10万元。

【争议焦点】

起诉确认亲子关系，对方拒绝配合鉴定是否可以要求赔偿？

【法院判决】

对方拒绝配合做鉴定,法院推定不存在亲子关系。

在本案诉讼过程中,杨先生主张确认其与儿子之间不存在亲子关系,并提供了其之前的鉴定结论意见书,侯女士对此不予认可,但未提供相反证据予以证明,且又拒绝做亲子鉴定。据此,法院可以推定原告的主张成立。综上,依据《中华人民共和国民法典》第一千零九十一条、《最高人民法院关于适用〈中华人民共和国民法典〉婚姻家庭编的解释(一)》第八十九条规定,当事人在婚姻登记机关办理离婚登记手续后,以民法典第一千零九十一条规定为由向人民法院提出损害赔偿请求的,人民法院应当受理。但当事人在协议离婚时已经明确表示放弃该项请求的,人民法院不予支持。

《最高人民法院关于适用〈中华人民共和国民法典〉婚姻家庭编的解释(一)》第三十九条规定,父或者母向人民法院起诉请求否认亲子关系,并已提供必要证据予以证明,另一方没有相反证据又拒绝做亲子鉴定的,人民法院可以认定否认亲子关系一方的主张成立。

父或者母以及成年子女起诉请求确认亲子关系,并提供必要证据予以证明,另一方没有相反证据又拒绝做亲子鉴定的,人民法院可以认定确认亲子关系一方的主张成立。

温馨提示

本案中,杨先生在离婚后诉至法院请求确认其与婚生子之间不存在亲子关系,并提供了自行鉴定的意见书证明。在后续庭审中,侯女士不予认可但拒绝配合重新鉴定,这种情况下,法院依据法律规定进行了推定做出判决。《最高人民法院关于适用〈中华人民共和国民法典〉婚姻家庭编的解释(三)》第三十九条规定,《最高人民法院关于适用〈中华人民共和国民法典〉婚姻家庭编的解释(一)》第三十九条规定,父或者母向人民法院起诉请求否认亲子关系,并已提供必要证据予以证明,另一方没有相反证据又拒绝做亲子鉴定的,人民法院可以认定否认亲子关系一方的主张成立。

父或者母以及成年子女起诉请求确认亲子关系,并提供必要证据予以证明,另一方没有相反证据又拒绝做亲子鉴定的,人民法院可以认定确认亲子关系一方的主张成立。《中华人民共和国民法典》婚姻家庭第一千零七十三条也规定，对亲子关系有异议且有正当理由的，父或者母可以向人民法院提起诉讼，请求确认或者否认亲子关系。对亲子关系有异议且有正当理由的，成年子女可以向人民法院提起诉讼，请求确认亲子关系。因此，在对方当事人拒绝配合鉴定时，法院可以依法进行推定做出判决。

延伸解读

确认亲子关系存在的最直接的证据就是亲子鉴定，但如果对方拒绝做亲子鉴定该怎么办？能申请法院强制鉴定吗？

亲子关系诉讼中，对方拒绝亲子鉴定怎么办？

亲子关系诉讼属于身份关系诉讼，主要包括否认婚生子女和认领非婚生子女的诉讼，即否认法律上的亲子关系或承认事实上的亲子关系。现代生物医学技术的发展，使得DNA鉴定技术被广泛用于子女与父母尤其是与父亲的血缘关系的证明。亲子鉴定技术简便易行，准确率较高，在诉讼中起到了极为重要的作用，全世界已经有120多个国家和地区采用DNA技术直接作为判案的依据。在处理有关亲子关系纠纷时，如果一方提供的证据能够形成合理的证据链条证明当事人之间可能存在或不存在亲子关系，另一方没有相反的证据又坚决不同意做亲子鉴定的，法院可以按照《最高人民法院关于民事诉讼证据的若干规定》做出处理，即可以推定请求否认亲子关系一方或者请求确认亲子关系一方的主张成立，而不配合法院进行亲子鉴定的一方要承担败诉的法律后果。《最高人民法院关于适用〈中华人民共和国民法典〉婚姻家庭编的解释（一）》第三十九条规定，父或者母向人民法院起诉请求否认亲子关系，并已提供必要证据予以证明，另一方没有相反证据又拒绝做亲子鉴定的，人民法院可以认定否认亲子关系一方的主张成立。

父或者母以及成年子女起诉请求确认亲子关系，并提供必要证据予以证明，另一方没有相反证据又拒绝做亲子鉴定的，人民法院可以认定确认亲子关系一方的主张成立。

由此可知，夫妻一方向人民法院起诉请求确认亲子关系不存在，并已提供必要证据予以证明，另一方没有相反证据又拒绝做亲子鉴定的，人民法院可以推定请求确认亲子关系不存在一方的主张成立。

相关法律条文：《最高人民法院关于适用〈中华人民共和国民法典〉婚姻家

庭编的解释（一）》第三十九条规定，夫妻一方向人民法院起诉请求确认亲子关系不存在，并已提供必要证据予以证明，另一方没有相反证据又拒绝做亲子鉴定的，人民法院可以推定请求确认亲子关系不存在一方的主张成立。当事人一方起诉请求确认亲子关系，并提供必要证据予以证明，另一方没有相反证据又拒绝做亲子鉴定的，人民法院可以推定请求确认亲子关系一方的主张成立。

《中华人民共和国民法典》婚姻家庭编第一千零七十三条也规定，对亲子关系有异议且有正当理由的，父或者母可以向人民法院提起诉讼，请求确认或者否认亲子关系。对亲子关系有异议且有正当理由的，成年子女可以向人民法院提起诉讼，请求确认亲子关系。

难道法院不能强制性地要求对方做亲子鉴定吗？

法律的确不能。因为亲子鉴定涉及的是身份关系，法律上是以双方自愿为原则的，所以如果一方拒绝亲子鉴定，法院也不能强迫对方去做。因此，如果一方不同意鉴定，亲子鉴定将无法进行。回到正题，既然法院不能强迫做亲子鉴定，那么，在缺失亲子鉴定结论的情况下，法院是否能依据其他证据推定亲子关系成立？在司法实践中，根据《最高人民法院关于民事诉讼证据的若干规定》第七十五条规定，有证据证明一方当事人持有证据无正当理由拒不提交，如果对方当事人主张该证据的内容不利于证据持有人的，人民法院可以推定该主张成立。换句话说，当对方拒绝做亲子鉴定时，法院可综合全案的其他证据及案情做出是否亲子关系的认定。

（以上人物均为化名）

▶76.前妻因房价上涨向前夫主张房屋差价补偿款，能获得支持吗

案例简介

家住北京的赵丹与谢林原系夫妻关系，近日，已经离婚的两个人再次坐到了法庭原、被告席上，针对一张欠条展开了庭审辩论。

赵丹诉称，自己与谢林曾经有一段婚姻，2015年3月双方经人民法院调解离婚。调解书中约定：位于某区601室房屋归被告所有，由被告给付原告财产折价款40万元，2016年6月1日前给付。后被告未按照约定履行给付义务。2017年2月，双方又约定被告补偿原告卖房部分差价3万元，并为原告写下欠条一张。现被告已将房屋卖出，却未履行给付原告3万元房屋差价款的义务，遂诉于法院要求被告给付原告卖房款差价3万元。

谢林辩称：由于自己经济困难，离婚约定归其所有的房屋没有及时卖出，导致未能及时给付原告40万元折价款，关于这个款项，原告已向法院申请执行，折价款40万元和迟延履行利息已执行完毕。2017年2月，给原告所打欠条是未按照调解书约定日期给付原告折价款的利息，并不是原告所说的房屋差价补偿款，其不同意原告的诉讼请求。

庭审过程中，原、被告围绕本案争议焦点即欠条中3万元的性质进行了激烈的辩论。原告称，这3万元的性质就是因房价上涨，其与被告达成的一个新的协议，是被告自愿补偿给自己的一笔钱。被告一直坚持这3万元系迟延履行利息，法院执行过程中已经将迟延履行利息执行，只是执行阶段向原告要回这张欠条时，原告坚持不交出欠条，所以现在原告又持欠条起诉。

【法院判决】

法院经审理认为，公民在民事活动中应遵循诚实信用原则。原、被告双方就共同财产分配达成新的协议，是双方真实意思表示，对双方均具有法律约束力，现原告要求被告按照欠条内容给付其3万元，理由正当，被告未能向本院提交争议3万元系迟延履行利息的相应证据，故综合全案证据判断，判决被告赵丹给付原告3万元。

延伸解读

一、夫妻共同财产

《中华人民共和国民法典》第一千零六十二条 【夫妻共同财产】夫妻在婚姻关系存续期间所得的下列财产，为夫妻的共同财产，归夫妻共同所有。

1. 工资、奖金、劳务报酬；

2. 生产、经营、投资的收益；

3. 知识产权的收益；

4.继承或者受赠的财产,但是本法第一千零六十三条第三项规定的除外;

5.其他应当归共同所有的财产。

夫妻对共同财产,有平等的处理权。

二、夫妻共同财产的特征

我国的夫妻共同财产具有以下特征。

1.夫妻共同财产的主体,是具有婚姻关系的夫妻,未形成婚姻关系的男女两性,如未婚同居、婚外同居等,以及无效或被撤销婚姻的男女双方,不能成为夫妻共同财产的主体。

2.夫妻共同财产,是在婚姻关系存续期间取得的财产,婚前财产不属于夫妻共同财产。婚姻关系存续期间,自合法婚姻缔结之日起,至夫妻一方死亡或离婚生效之日止。

3.夫妻共同财产的来源,为夫妻双方或一方所得的财产,既包括夫妻通过劳动所得的财产,也包括其他非劳动所得的合法财产,当然,法律直接规定为个人特有财产的和夫妻约定为个人财产的除外。这里讲的"所得",是指对财产权利的取得,而不要求对财产实际占有。

4.夫妻对共同财产享有平等的所有权,双方享有同等的权利,承担同等的义务。夫妻对共同所有的财产,有平等的处理权,特别是夫妻一方对共同财产的处分,除另有约定外,应当取得对方的同意。

5.不能证明属于夫妻一方的财产,推定为夫妻共同财产。

最高人民法院1993年11月的《关于人民法院审理离婚案件处理财产分割问题的若干具体意见》中规定:"对个人财产还是夫妻共同财产难以确定的,主张权利的一方有责任举证。当事人举不出有力证据,人民法院又无法查实的,按夫妻共同财产处理。"此规定即是这一原则在法律上的体现。国外也有类似的规定,《瑞士民法典》第二百二十六条规定:"凡无证据证明属于夫妻一方个人财产的财物均视为夫妻共同财产。"

6.分割夫妻共同财产,原则上应当均等分割。根据生产生活的实际需要、财产的来源等情况,由双方协议处理,协议不成时,由人民法院根据财产的具体情况,照顾子女和女方权益的原则判决。

7.夫妻一方死亡,如果分割遗产,应当先将夫妻共同财产的一半分归另一方所有,其余的财产为死者遗产,按照《中华人民共和国民法典》继承编处理。

延伸解读

约定夫妻共同财产

一、约定夫妻共同财产概念及范围

约定夫妻共同财产是指婚姻当事人通过协议形式，对婚前、婚后财产的占有、管理、使用、收益、处分以及债务的清偿、婚姻关系终止时的财产清算等事项做出约定的一种财产制度。

《中华人民共和国民法典》婚姻家庭编第一千零六十五条第一款规定，男女双方可以约定婚姻关系存续期间所得的财产以及婚前财产归各自所有、共同所有或者部分各自所有、部分共同所有。约定应当采用书面形式。没有约定或者约定不明确的，适用本法第一千零六十二条、第一千零六十三条的规定。

二、约定夫妻共同财产的特征

第一，约定夫妻共同财产具有广泛性。约定夫妻共同财产既可以是婚前的个人财产，也可以是婚后所得的财产。在财产的种类上也没有任何限制。除《中华人民共和国民法典》婚姻家庭编第一千零六十二条、第一千零六十三条所涉及的财产种类外，还包括一切可以取得收益的财产和财产权利。

第二，约定夫妻共同财产没有明确的时间界定。也就是说，夫妻双方约定鼓起共同财产的时间可以在婚前，也可以在婚后，也可以对已经约定的财产根据夫妻双方的意见重新约定，没有严格的时间规定。

第三，约定形式的多样性，即约定为各自所有、共同所有、部分各自所有、部分共同所有等形式。

第四，契约优先性。在这里，对夫妻财产的约定，国家法律也采取的是契约优先的原则，即有契约依契约，无契约依法定。是夫妻共同财产，还是夫或妻的个人财产首先取决于夫妻双方的意思表示。

第五，约定财产受法律保护。《中华人民共和国民法典》第一千零六十五条第二款规定，夫妻对婚姻关系存续期间所得的财产以及婚前财产的约定，对双方具有法律约束力，即如果财产一旦约定是夫妻共同所有，就具有法律效力，不能随意更改。

三、约定夫妻共同财产的必备要件

夫妻或拟结为夫妻的当事人，订立财产约定要产生法律效力，必须具备一般民事法律行为成立的有效要件。

（以上人物均为化名）

▶ 77. 青梅竹马，婚外同居是否重婚

案例简介

赵冰（男）与李美丽从小青梅竹马，在读大学时就曾信誓旦旦，非此不娶，非彼不嫁。可惜偏偏阴差阳错，李美丽最终另嫁了他人。赵冰一气之下，也于2013年1月与宋萍登记结婚。2015年6月，赵冰出差邻县，恰遇李美丽，而此时李美丽的丈夫已因车祸去世，两人很快旧情复燃，如胶似漆。赵冰遂出面租了一套房子、购买一些家具，李美丽也挑了一些原有的东西搬入居住。此后，赵冰常借口出差、开会，或利用节假日、周末，前去与李美丽同居一日或数日。两人深居简出，有时也一同外出吃饭或买菜，一同访亲探友。

由于在外表现关系甚为亲密，尽管两人从未对外公开以夫妻名义相称，但除同学、密友外，周围的其他人都认为两人是夫妻，只是以为赵冰"在外地工作，很少回家"。两人还共同购买家用电器及日常用品，赵冰的部分工资、李美丽的全部工资共用。其间，赵冰与妻子宋萍的关系持续恶化，但宋萍不明真相。直至2018年1月，宋萍从好友处得知后，前往捉奸，始东窗事发，两人亦供认不讳。宋萍遂提起刑事自诉，要求追究赵冰与李美丽的重婚罪。

【争议焦点】

赵某、李某是否构成重婚罪？

审理中，就赵某、李某是否构成重婚罪有两种意见。

第一种意见认为，根据《中华人民共和国刑法》第二百五十八条之规定，重婚罪是指有配偶而重婚，或者明知他人有配偶而与之结婚的行为。《最高人民法院关于〈婚姻登记管理条例〉施行后发生的以夫妻名义非法同居的重婚案件是否以重婚罪定罪处罚的批复》中规定："新的《婚姻登记管理条例》（1994年1月12日国务院批准，1994年2月1日民政部发布）发布施行后，有配偶的人与他人

以夫妻名义同居生活的，或者明知他人有配偶而与之以夫妻名义同居生活的，仍应按重婚罪定罪处罚。"由是观之，只有两种情形构成重婚：一是有配偶而重婚，或者明知他人有配偶而与之结婚；二是有配偶的人与他人以夫妻名义同居生活，或者明知他人有配偶而与之以夫妻名义同居生活。本案中，赵冰与李美丽既未结婚，对外也从没有以夫妻相称或以夫妻名义参加社会活动，故二人不构成重婚罪。

第二种意见则认为，赵冰、李美丽均已构成重婚罪。

【律师说法】

个人认为第二种意见是正确的。

1.赵冰、李美丽均有重婚直接故意。赵冰是有配偶者，李美丽明知赵冰有配偶，彼此仍然建立了长期、持续、稳定的婚外两性关系，违反了《中华人民共和国民法典》婚姻家庭编规定的一夫一妻婚姻制度，破坏了正常的婚姻家庭关系。

本案中，赵冰、李美丽虽没有以夫妻名义相称，然而由于他们对外表现出来的亲密关系，已使周围的群众认为两人是夫妻，明显当属其列，即符合《最高人民法院关于〈婚姻登记管理条例〉施行后发生的以夫妻名义非法同居的重婚案件是否以重婚罪处罚的批复》"以夫妻名义同居生活"的精神。

2.赵冰、李美丽不属于姘居或非法同居。《最高人民法院关于如何认定重婚行为问题的批复》规定："如两人虽然同居，但明明只是临时姘居关系，彼此以'姘头'相对待，随时可以自由拆散，或者在约定时期届满后即结束姘居关系的，则只能认为是单纯非法同居，不能认为是重婚。"

本案中，一方面，赵冰与李美丽已同居多年，要不是宋萍捉奸，还不知持续到何时，并非"临时"，也非"随时可以自由拆散"；另一方面，一同外出吃饭或买菜、一同访亲探友，存在共同财产、工资共同支出，表明彼此并非以"姘头"相对待，也不是"单纯的非法同居"。

3.赵冰、李美丽重婚的情节严重。表现在：自2015年至2018年，时间长达3年；其间，赵冰与妻子宋萍的关系持续恶化，赵冰与李美丽对宋萍造成了很大伤害，从宋萍愤然提起刑事自诉也说明了这一点；赵冰的部分工资长期交予李美丽共用，侵犯了宋萍的共有权。对赵冰与李美丽追究重婚罪的刑事责任，符合重婚罪的立法精神。

> **延伸解读**

重婚罪的构成要件是什么？

一、客体要件

本罪侵犯的客体是一夫一妻制的婚姻关系。一夫一妻制是我国婚姻法规定的原则，重婚行为破坏了我国社会主义婚姻、家庭制度，必须予以刑事处罚。

二、客观要件

本罪在客观方面表现为行为人必须具有重婚的行为，即有配偶的人又与他人结婚的，或者明知他人有配偶而与之结婚的，就构成重婚罪。

事实上，根据司法实践经验，重婚行为主要有以下几种类型：

1. 与配偶登记结婚，与他人又登记结婚而重婚，此即两个法律婚的重婚。有配偶的人又与他人登记结婚，有重婚者欺骗婚姻登记机关而领取结婚证的，也有重婚者和登记机关工作人员互相串通作弊领取结婚证的。

2. 与原配偶登记结婚，与他人没有登记却以夫妻关系同居生活而重婚，此即为先法律婚后事实婚。

3. 与配偶和他人都未登记结婚，但与配偶和他人曾先后或同时以夫妻关系同居而重婚，此即两个事实婚的重婚。

4. 与原配偶未登记而确以夫妻关系共同生活，后又与他人登记结婚而重婚，此即先事实婚后法律婚。

5. 没有配偶，但明知对方有配偶而与其登记结婚或以夫妻关系同居而重婚。

三、主体要件

本罪的主体为一般主体，一是有配偶的人，在夫妻关系存续期间又与他人成立婚姻关系；二是没有配偶的人，明知对方有配偶而与之结婚。

四、主观要件

本罪在主观方面表现为直接故意，即明知他人有配偶而与之结婚或自己有配偶而故意与他人结婚。如果没有配偶一方确实不知对方有配偶而与之结婚或以夫妻关系共同生活的，无配偶一方不构成重婚罪，有配偶一方则构成重婚罪。重婚的动机是多种多样的，有的是喜新厌旧，有的是出于贪图享乐，有的是封建思想作祟等。但动机不影响本罪的成立。

（以上人物均为化名）

78. 上海结婚，美国离婚，厦门分财产，适用哪国法律

案例简介

陈先生和赵女士在上海结婚、在美国离婚、在厦门分财产，这样的夫妻打离婚官司，应该适用哪国法律？近日，某法院家事法庭开庭审理了一起特殊的离婚官司。打官司的双方是一对30年前登记结婚的中国夫妻，夫妻二人一起移民到美国后，却在美国离婚了。如今，他们为了处理国内的四套房产，在厦门打起官司。男方要求适用中国的法律，女方则主张适用美国的法律。

陈先生和赵女士已经年过五旬，他们二人都是美国公民，都住在美国。不过，他们原本都是中国人，2000年，二人在上海登记结婚。结婚后，赵女士先移民美国，2017年6月，陈先生也移民到美国。不料夫妻团聚仅半年时间，就在美国地方法院办理离婚，并取得了美国的离婚判决书。两人并无子女。

陈先生说，从2001年到2017年，双方在国内购置了四套房产，其中两套在厦门，登记在前妻名下，另外两套在上海，登记在陈先生名下。陈先生认为，现在二人离婚了，这四套房子作为夫妻共同财产应该依法做出分割。为此，他向法院提交了当初的结婚证、美国地方法院的离婚判决书，还有房产证等。不过，赵女士却反驳说，美国的离婚判决书不能作为双方离婚的证据。她解释说，双方还是形式上的夫妻，陈先生只提供了美国离婚判决文书，美国法院和他都未请求中国的法院承认这份判决文书。这份文书在中国还不具法律效力。

【争议焦点】

焦点1：美国离婚判决书在中国有效吗？

焦点2：分割夫妻财产适用哪国法律？

【法院判决】

法院经审理后认为，本案男女双方都是美国公民，经由所在国家的诉讼已经

解除了婚姻关系，现在起诉要求对中国境内的不动产进行分割，应当予以受理。本案属于离婚后财产纠纷，争议的标的为不动产，根据《中华人民共和国涉外民事关系法律适用法》，应适用不动产所在地即中国法律审理本案。

温馨提示

在本案中，如果要按照境外的判决书执行财产分割和子女问题，那么境外的判决文书必须按照法定程序被人民法院裁定承认，才能在中国大陆作为生效法律文书使用，并且要通过市中级人民法院涉外法庭的确认。在本案中，由于当事人双方拒绝向中院申请承认，所以只能承认两个外国人在外国办理离婚这一客观事实，而不承认他们离婚判决书里的具体内容，如财产分割、子女分配，在此基础上来解决他们的房产问题。根据《中华人民共和国涉外民事关系法律适用法》第三十六条规定，不动产物权，适用不动产所在地法律。因此，适用中国法律分割不动产。

延伸解读

在涉外离婚的法律适用上，我国采用法院地法原则。不论是离婚的条件，还是离婚的程序，均以法院地法律为准据法。具体来说，凡是由我国人民法院受理的以中国公民为一方、外国人为另一方的离婚案件，适用我国的法律，即在实体法上适用《中华人民共和国民法典》婚姻家庭编的有关规定，在程序法上适用《中华人民共和国民事诉讼法》的有关规定。具体内容如下。

第一，关于程序。中国公民与外国人在我国境内要求离婚的，不论是双方自愿离婚，还是一方要求离婚，一律按诉讼程序办理。这一规定主要是因为有的国家不承认经行政程序协议离婚的效力。为了确保离婚的有效性，我国对涉外离婚一律采用诉讼离婚的程序解决。

第二，关于管辖。中国公民和外国人在我国境内要求离婚的，只要被告在我国有住所或居所，我国人民法院就有权受理此案。对于被告不在我国境内居住的离婚案件，如果原告在我国境内有住所，那么原告住所地或经常居住地的人民法院亦有管辖权。

第三，关于代理。涉外离婚诉讼的当事人一方如果不在国内居住，不能亲自到我国人民法院参加诉讼的，可以委托我国公民、律师或居住在我国境内的外国人担任诉讼代理人进行诉讼活动；但其本人应向人民法院提交关于离与不离以及子女抚养归属和财产分割的书面意见。外国人一方从国外寄交或者托交的授权委托书和书面意见应经过其所在国公证机关证明，并经我国驻该国使、领馆认证，或者履行我国与该所在国订立的有关条约中规定的证明手续后，才具有效力。

第四，关于法律适用。我国人民法院在审理涉外离婚案件时，应按照《中华人民共和国民法典》婚姻家庭编和其他有关规定，做出准予或不准予离婚的判决。在财产分割、债务清偿、子女的抚养及抚养费的负担，一方对他方的经济帮助等问题上，也应按照《中华人民共和国民法典》婚姻家庭编的规定处理。

（以上人物均为化名）

▶79. 上诉期间能否登记结婚？上诉期内登记结婚可能会构成重婚罪

案例简介

张涛与夏爽结婚之后感情一直很好，可是最近这一年来，夏爽发现丈夫变了很多，经常神神秘秘地发短信、打电话，朋友之间的应酬也多了，而且夏爽觉得夫妻的感情也慢慢地变淡了。后来夏爽听别人说她老公有外遇，在她的再三追问下，丈夫承认了，并要求离婚。

夏爽觉得两人结婚已久，想挽回这段感情，但是张涛下定决心要与其离婚。见夏爽不同意离婚，于是他起诉到了法院，并称自己已经有婚外情人，与妻子感情已完全破裂。法院在调解无效后，认为双方感情确已破裂，判决了两人离婚。夏爽不服，提起了上诉，可是丈夫张涛一拿到离婚判决书，就打算跟别人办理结婚手续，但却被民政局的工作人员告知判决仍在上诉期内，现在不可再婚。

【法院判决】

上诉期间不能缔结新的婚姻关系。我国的诉讼实行两审终审制，离婚诉讼并不适用特殊规定，也是两审终审制。一审的离婚判决是否能够生效，应该看原告或者被告在上诉期间是否提出上诉。一审离婚判决在上诉期内尚未发生法律效

79.上诉期间能否登记结婚？上诉期内登记结婚可能会构成重婚罪

力，只有在上诉期满之后，双方都没有提出上诉的，该离婚判决才发生法律效力。所以，在一审判决离婚后上诉期未满时，因为一审的离婚判决还未生效，双方当事人之间的夫妻关系是仍然存在的，在这种情况下，双方当事人都不可以再缔结新的婚姻关系。

【律师说法】

上诉期内登记结婚可能会构成重婚罪。

《最高人民法院关于离婚案件的一方当事人在上诉期间与第三者结婚是否违法和人民法院主持成立的调解可否提起上诉两个问题的批复》第一条规定："离婚案件的一方当事人，在提起上诉的期间内（即当事人接到判决书的次日起十日内）与第三者另行结婚，这种结婚行为是非法的，也是无效的，上诉申请人民法院判决准予离婚后，如果他（她）仍愿和该第三者结婚，应当再依法向婚姻登记机关办理结婚登记手续。至于他（她）在上诉期间内与第三者结婚的行为算不算是重婚犯罪行为，要不要给予刑事处分，须根据具体情况研究确定，不能一概而论。"由此可见，只有离婚判决过了上诉期间，婚姻关系才能算作正式解除。在上诉期间内，一方又与第三者结婚，很可能构成重婚行为。上述案例中，夏爽丈夫张涛的做法显然是违反法律规定的，也是无法实现的，这样做违反了婚姻法一夫一妻制的原则。夏爽提起上诉之后，如果二审法院维持原判，一审法院的离婚判决生效，夏爽和张涛的夫妻关系解除，那么此时张涛才可以再次结婚。如果二审法院改判或者发回重审的，夏爽与张涛之间夫妻关系仍旧存续的，张涛就不可以再次结婚。

延伸解读

重婚罪是指有配偶而重婚的，或者明知他人有配偶而与之结婚的行为。它包括两方面的内容：一是"有配偶而重婚"，是指已经结婚的人，在婚姻关系存续期间，又与他人结婚；二是"明知他人有配偶而与之结婚"，指没有配偶的人，明知他人有配偶而与之结婚。在第二种情况下，当事人必须是"明知"，否则不构成此罪。

重婚罪如何界定？

关于同居关系与重婚行为界定问题，1994年12月14日，最高人民法院在有关司法解释中指出，有配偶人与他人以夫妻名义同居生活的，仍应按重婚罪处罚。从这一规定可以看出，同居关系在一定的条件下，可能转化为重婚行为。所以，在这里有必要对同居关系和重婚行为进行界定。

1.一般同居关系自行解除后，与他人再行登记结婚的，不构成重婚。这里的一般同居关系，是指1994年2月1日之后，均无配偶的男女双方，未经婚姻登记便以夫妻名义共同生活的。理由是，根据《最高人民法院关于适用婚姻法若干问题的解释（二）》第一条的规定，此类解除同居关系纠纷，从2004年4月1日起，人民法院一律不予受理，只能靠当事人自行解除。

2.事实婚姻关系必须经诉讼程序解除，当事人方可另行登记结婚，否则可构成重婚。这里的事实婚姻关系，严格界定在《最高人民法院关于适用婚姻法若干问题的解释（一）》第五条第（一）项之规定内，即在1994年2月1日之前具备了结婚实质要件的同居关系。根据最高人民法院司法解释精神，这种事实婚姻关系等同合法婚姻关系，同样受到国家法律保护。

3.有配偶者与婚外异性公然以夫妻名义共同生活的，则构成重婚；如果有配偶者与婚外异性对外不以夫妻名义相称，但人民法院根据实际情况，结合法官的自由裁量权，从双方共同生活的时间长短、稳定程度等综合考虑，有时也会依法认定其构成重婚。

4.对于已经履行结婚登记手续而没有同居的男女一方，在没有依法解除婚姻关系之前，又与第三者登记结婚或者形成事实婚姻的，认定为重婚。

5.对于夫妻双方或者一方向法院起诉离婚，在案件审理或上诉期间，又与他人结婚的，认定为重婚。

6.有配偶者因遭受自然灾害外流谋生而与他人结婚的；因配偶外出长期下落不明，造成家庭生活困难又与他人结婚的；因被拐卖后再婚的；因强迫、包办婚姻或者婚后受虐待外逃而又与他人结婚的，在这些情况下，由于受客观条件所迫，且当事人主观恶性较小，不以重婚罪论处。

当然，对重婚行为的界定也不能无限制扩张。不能将属于道德、伦理调整的婚外情也纳入重婚的范围。因为只有那些以结婚为目的，或者在事实上形成了夫妻间人身关系的非法同居，才能在实质上称得上是一种婚姻行为。婚外情、通奸、一般的姘居，只能通过德治、党纪、政纪来解决，而不应上升为法律，更不能用刑法处理。

（以上人物均为化名）

80. 探望权能强制执行吗

案例简介

张生与李晓梅于2010年结婚，次年生育婚生子张小小，2016年双方通过法院调解离婚。婚生子归李晓梅抚养，张生每月探望三次，具体时间与李晓梅协商。调解生效后，李晓梅则拒绝张生探望，每次总有不同的理由，致使张生无法正常探望孩子，张生应该怎么办？他手中的这份调解书可以申请强制执行吗？

【争议焦点】

探望权是否可以要求强制执行。

温馨提示

探望权基于婚姻关系的破裂，配偶关系的消灭而产生，是基于父母子女身份关系的一种派生权利。离婚只能消灭配偶关系而不能消灭血缘关系，也不能消灭父母子女间的亲情关系，法律的正式规定使探望权成了名正言顺的法定权利，它的后果就是探望事由对一方是权利，对另一方则是义务，不履行该义务，就要承担法律责任。探望权不仅可以满足父或母对子女的关心、抚养和教育的情感需要，保持和子女的来往，及时、充分地了解子女的生活、学习等各方面的情况，更好地对子女进行教育，而且还可以增加子女和非直接抚养方的沟通与交流，减轻子女的家庭破碎感，有利于子女的健康成长。

《中华人民共和国民法典》第一千零八十六条规定，离婚后，不直接抚养子女的父或者母，有探望子女的权利，另一方有协助的义务。行使探望权利的方式、时间由当事人协议；协议不成的，由人民法院判决。父或者母探望子女，不利于子女身心健康的，由人民法院依法中止探望；中止的事由消失后，应当恢复探望。

探望权人按照协议或法院判决具体探望时，还应该考虑子女的意志。如果子女在约定或判决的探望时间不同意，探望权人不得强行探望。

"法律总是滞后于现实"这是不争的事实，随着新婚姻法的实施，离婚后不直接抚养子女的一方对探望权的执行日趋增多，如何保证探望权的执行也日益成为我国婚姻法现阶段迫切要解决的问题。虽然《中华人民共和国民法典》明确规定了不直接抚养子女的一方有探望权，但是有关于探望权在具体的操作过程中所遇到的问题的规定则较为原则。我国关于强制执行的规定中还没有对探望权的执行问题做出专门规定。探望权在实际操作过程中，由于法律的空白或者不完善也存在很多的困难。

延伸解读

一、探望权及探望权的行使

首先我们来了解一下什么是探望权。探望权是指夫妻两个人在离婚之后，夫妻两个人的子女只跟夫妻的其中一方生活，被其中一方直接抚养，而另一方具有对子女探望的权利，按照相关的法律规则，和子女生活在一起的那一方应该要帮助不和子女一起生活的那一方来探望子女。

关于怎么样行使探望权和什么时候行使探望权，是由当事人双方来进行协议决定的。如果当事人双方对协议存在争议，不能达成共同协议那就要由人民法院来判决。如果法院判决夫妻的一方要行使探望子女的义务，但是其违反法律判决而没有行使相关义务，人民法院就会依照法律进行强制执行，相关的个人和单位要辅助执行。所以法院对探望权的判定和裁决是行使探望权的一个行使根据，也可以看出在这样的规定下，探望权是被授予了强制执行的效力。

在《中华人民共和国民事诉讼法》中也有相关的规定解释，夫妻两人在离婚之后，如果有关于探望权内容的调解书，并且是已经生效的，此调解书也可以作为探望权强制执行的依据。

根据我国现在的相关法律的规定，如果夫妻两人在离婚的诉讼案件当中，所有已经生效的法律文件都没有包含探望权内容的，其中一方想要行使探望权，就可以对探望权单独提起诉讼，人民法院对于这样子提起的诉讼要依法受理。夫妻双方在协议离婚之后，如果对探望权产生了争议或者纠纷，解决不了的情况下就要在人民法院提出诉讼，请求人民法院帮忙处理。拥有探望权的一方在法院的帮助下，可以使探望权获得强制执行的依据，如果和孩子生活的那一方违反规定拒绝帮助拥有探望权的一方来对孩子进行探望，这样的情况下就可以申请法院进行探望权的强制执行。

完善之后的（原2001年）婚姻法对探望权的行使做出以下的规定：关于怎样行使探望权和什么时候行使探望权，是由当事人双方来进行协议决定的。如果当事人双方对协议存在争议，不能达成共同协议，那就要由人民法院来判决进行强制执行。从这个规定我们可以看出，探望权的行使具有自行协议和法院判决两种形式，而优先原则是当事人自行协议。

《中华人民共和国民法典》第一千零八十六条规定，离婚后，不直接抚养子女的父或者母，有探望子女的权利，另一方有协助的义务。行使探望权利的方式、时间由当事人协议；协议不成的，由人民法院判决。父或者母探望子女，不利于子女身心健康的，由人民法院依法中止探望；中止的事由消失后，应当恢复探望。

探望权人按照协议或法院判决具体探望时，还应该考虑子女的意志。如果子女在约定或判决的探望时间不同意，探望权人不得强行探望。

根据当事人自行协议优先的原则，要行使探望权的话，第一步就是当事人自己来协议，协议的内容一般是包括：在什么地方探视孩子，一般在哪些时间可以对孩子进行探视，另外还有具体探视的方式。探望的地点是指要在哪里跟孩子见面；探望的时间是什么时候跟孩子见面，以及见面需要多长时间；探望的方式是指跟孩子短暂性地见一面，还是逗留在这里跟孩子一起生活一段时间。这些所提到的协议内容都要记录在离婚协议书上面，以方便到时候行使探望权时作为依据。之所以第一步是由当事人自行协议而不由法院判决，原因是因为当事人对自己的子女具体情况比较了解，如果协议通过的话，对孩子的伤害也会降到最低，很好地保护了孩子的相关利益和健康成长。

二、探望权强制执行申请的原则

（一）依法切实执行的原则

在强制执行的过程中，执行人员要严格按照法律的相关规定进行，不得采用恐吓、威胁等不法手段；不得对当事人双方进行调解，重新安排探望的时间等具体内容，而应当依法保障判决书内容的切实实现，维护法律与司法的权威。

（二）以有利于子女健康成长为原则

我国在修改婚姻法时之所以规定探望权，是立法机关考虑到为了子女的健康成长，应保持父母与子女正常的接触与联系，减少因父母离婚给子女带来的伤害。因此，在执行中应以此为导向，尽可能保障父母双方与子女正常接触与联系的渠道，保证子女获得父母的关爱。

（三）教育为主原则

在强制执行探望权时，应对过错方进行必要的教育与疏导，要把思想教育和法制宣传工作贯穿始终，切实做好疏导教育工作，争取其提高认识、自觉履行，以在最大程度上减少可能对子女带来的影响。要做过细的疏导教育工作，使当事人认识到子女和父母的关系不因父母离婚而消除，另一方有探望子女的权利，阻碍、拒绝对方行使探望权的行为是违法行为，同时探望权的实现也是保证子女身心健康的需要，使当事人能够为子女的健康成长创造适宜的氛围，主动履行协助义务，从而使案件得到圆满解决。

（四）强制措施恰当原则

具体是指法院在执行这类案件中以说服教育思想工作为主，但对那些经常无故阻挠、刁难甚至隐匿子女、拒绝对方当事人行使探望权的人，也可以适当地采取强制措施。如拒不配合也会受到妨害民事诉讼的训诫、罚款、拘留等惩罚，同时"对拒不履行判决者可追究其刑事责任的"极具法律威慑性的规定，也可以确保这类案件得以执行。但如果将直接抚养子女一方予以拘留或刑事处罚，必然不利于子女的最大利益，所以应慎用。

离婚不仅是夫妻双方的事情，还涉及孩子的抚养问题。抚养权是法定的义务，任何人都不能非法禁止。为了孩子的心理健康，不能强行阻止另一方不去探望孩子。如果被禁止探望孩子的话，可以向人民法院申请强制执行，来保障自己的权利。

（以上人物均为化名）

▶81. 探望协议是否可以约定违约金

案例简介

离婚之后，父母在协议中约定，如果直接抚养子女一方不协助履行探望权，另一方则不支付抚养费，并且需要违约方支付违约金。这样的约定到底有没有法律效力？近日，某中级人民法院就审结了一起类似案件，最终驳回了孩子父亲因探望不成索要违约金的诉讼请求。

2018年6月，李先生与王女士经法院调解离婚，儿子由王女士抚养，李先生每月支付抚养费1000元。双方就儿子的探望问题达成一致，并对探望次数、时间、地点等细节进行了约定。然而，此后两人都没有按照调解书的约定严格履行各自义务，双方多次发生争执，李先生还多次向法院申请执行，要求王女士配合其行使探望权。

2019年4月，李先生与王女士再次达成和解协议，该协议约定，王女士每周二下午4点带儿子到法院给李先生探望，至法院探望两次后，双方可自行协商探望时间问题，李先生按月给付抚养费，如王女士不履行协助探望义务，则承担相应法律责任，违约金为每月1000元抚养费。但此后双方就探望问题仍未协商一致，李先生起诉王女士履行和解协议，并按照协议内容支付违约金14 000元。

【争议焦点】

探望协议是否可以约定违约金。

【法院判决】

一审法院经审理认为，李先生、王女士均具有完全民事行为能力，在不违反法律法规的情况下签订的协议，对双方均具有约束力。由于支付抚养费是不直接抚养子女一方的法定义务，故李先生、王女士在协议约定如王女士不履行协助探望义务，则承担相应法律责任，每月违约金1000元，违反法律规定，该约定无效。法律规定，离婚后，不直接抚养子女的父或母，有探望子女的权利，另一方有协助的义务。王女士未按约定履行协助义务，李先生可以通过其他途径予以解决。因此，对于李先生要求王女士支付违约金的请求，法院不予支持。一审判决后，李先生提出上诉，认为原审认定和解协议无效是错误的，请求二审法院撤销原审判决。

二审中，王女士辩称，李先生从来没有主动与其联系要求探望孩子，每次都是向法院申请执行。如果对方能按期支付抚养费，并主动联系探望孩子事宜，其会给予配合。二审法院审理后认为，非直接抚养子女一方给付子女抚养费是其法定义务，不得因探望权受阻而拒付，抚养费的给付与探望权的行使是两个不同的法律问题，支付抚养费并非是行使探望权的前置条件，李先生、王女士均不应将有无支付抚养费视为能否探望孩子的筹码。上诉人李先生主张被上诉人王女士违约，须支付违约金的诉请，于法无据，法院不予采纳。

温馨提示

探望权既是权利也是义务。

涉未成年子女离婚纠纷中，探望权能否顺利履行与抚养费是否及时支付是关乎子女健康成长的重要内容。离婚后，有些父母会将因离婚中所产生的种种纠纷与矛盾导致的负面影响不自觉地转移到孩子身上，加上将孩子视作私产的传统观念的影响，直接抚养子女的一方往往会设置各种障碍，而不直接抚养子女的一方则会以拒付抚养费或申请法院强制执行等方式予以对抗，使得探望权的实现成为当下审判执行上的一个难题。

探望权是基于父母与子女之间的血缘和身份关系而产生，其本质上属于亲权。从理论上讲，血缘关系的存在使得父母对子女具有抚养、教育的义务，并不会因为是否生活在一起而消除。探望权可以使得这一义务得到切实履行。探望权的设置应当含有父母对子女关心之意，以促进子女的身心健康。从孩子角度来看，其具有被探望的权利，这对于父母来说，则是义务。因此，探望权对于父母来说既是权利又是义务，义务来源就在于对孩子亲情上的慰藉。

【法律链接】

《中华人民共和国民法典》第一千零八十四条第一款规定，父母与子女间的关系，不因父母离婚而消除。

离婚后，子女无论由父或者母直接抚养，仍是父母双方的子女。离婚后，父母对于子女仍有抚养、教育、保护的权利和义务。

离婚后，不满两周岁的子女，以由母亲直接抚养为原则。已满两周岁的子女，父母双方对抚养问题协议不成的，由人民法院根据双方的具体情况，按照最有利于未成年子女的原则判决。子女已满八周岁的，应当尊重其真实意愿。

《中华人民共和国民法典》第一千零八十五条第一款规定，离婚后，子女由一方直接抚养的，另一方应当负担部分或者全部抚养费。负担费用的多少和期限的长短，由双方协议；协议不成的，由人民法院判决。

《中华人民共和国民法典》第一千零八十六条规定，离婚后，不直接抚养子女的父或者母，有探望子女的权利，另一方有协助的义务。

行使探望权利的方式、时间由当事人协议；协议不成的，由人民法院判决。

父或者母探望子女，不利于子女身心健康的，由人民法院依法中止探望；中止的事由消失后，应当恢复探望。

（以上人物均为化名）

82. 同居期间所生孩子该由谁抚养

案例简介

刘先生和谢女士在2010年相识，两人一见钟情，不久后便同居。其间，谢女士生下一个女儿，但二人由于种种原因并未领取结婚证。后来，由于刘先生经常外出工作，过程中与他人产生感情，悄悄地与他人结婚并生育了一个儿子。不久，谢女士发现了此事，伤心欲绝，但又无可奈何。经过一番内心的折磨，谢女士同意解除同居关系，协商确定女儿由刘先生独自抚养教育，谢女士不用给付抚养费。然而协议签订后，刘先生一直没有将孩子带走，孩子一直由谢女士抚养。2018年11月，在独自抚养女儿3年后，谢女士向法院起诉，要求确认孩子由其直接抚养，并要求刘先生每月支付女儿的抚养费5000元。

温馨提示

在我国古代封建社会，老百姓特别注重维护夫权，而同居期间所生子女常常被认为是与礼法不符，有损家族财产继承的"私生子"，社会地位极其低微，物质和情感都得不到保障。

随着社会发展，同居期间所生子女的地位和境遇虽然渐渐得到改善，但由于不是出生在稳固的婚姻家庭，如果得不到有力的物质支持，对他们的成长极为不利。

一般而言，人们称同居期间所生子女为非婚生子女。根据《中华人民共和国民法典》婚姻家庭编的规定，非婚生子女享有与婚生子女同等的权利。关于子女的抚养，需要双方协商；协商不成的，人民法院应根据子女的利益和双方的具体情况判决。现行司法实践中，哺乳期内的子女，原则上应由母方抚养，如父方条件好，母方同意，也可由父方抚养。子女为限制民事行为能力人的，应征求子女本人的意见。一方将未成年的子女送他人收养，须征得另一方的同意。

因此，法律上对于非婚生子女的抚养有明确规定的，适用其规定；无明确规定的，适用婚生子女的规定。

延伸解读

《中华人民共和国民法典》婚姻家庭编规定，离婚后，哺乳期内的子女，以随哺乳的母亲抚养为原则。哺乳期后的子女，如双方因抚养问题发生争执不能达成协议时，由人民法院根据子女的权益和双方的具体情况判决。

根据《关于人民法院审理离婚案件处理子女抚养问题的若干具体意见》的规定：

1.两周岁以下的子女，一般随母方生活，母方有下列情形之一的，可随父方生活。

（1）患有久治不愈的传染性疾病或其他严重疾病，子女不宜与其共同生活的；

（2）有抚养条件不尽抚养义务，而父方要求子女随其生活的；

（3）因其他原因，子女确无法随母方生活的。

2.父母双方协议两周岁以下子女随父方生活，并对子女健康成长无不利影响的，可予准许。

3.对两周岁以上未成年的子女，父方和母方均要求随其生活，一方有下列情形之一的，可予优先考虑。

（1）已做绝育手术或因其他原因丧失生育能力的；

（2）子女随其生活时间较长，改变生活环境对子女健康成长明显不利的；

（3）无其他子女，而另一方有其他子女的；

（4）子女随其生活，对子女成长有利，而另一方患有久治不愈的传染性疾病或其他严重疾病，或者有其他不利于子女身心健康的情形，不宜与子女共同生活的。

4.父方与母方抚养子女的条件基本相同，双方均要求子女与其共同生活，但子女单独随祖父母或外祖父母共同生活多年，且祖父母或外祖父母要求并且有能力帮助子女照顾孙子女或外孙子女的，可作为子女随父或母生活的优先条件予以考虑。

5.父母双方对八周岁以上的未成年子女随父或随母生活发生争执的，应考虑该子女的意见。

6.在有利于保护子女利益的前提下，父母双方协议轮流抚养子女的，可行准许。

同居关系应怎么解除？

在我国，同居关系不受法律保护。想要解除同居关系，双方应协商解决，解除同居关系法院不予受理。根据《最高人民法院关于适用〈中华人民共和国婚姻法〉若干问题的解释（二）》相关规定，当事人起诉请求解除同居关系的，人民法院不予受理。

解除同居关系法院是否受理，这是根据同居的不同情况而定的：

1.对于未婚同居的，即双方都是未婚的男女共同生活的，婚姻法不支持也不鼓励，不在法院调解的范围内。这是他们对自己生活状况的选择，同居关系存在、解除与否法律不予干涉，其起诉解除同居关系人民法院不予受理。如因财产分割、子女抚养发生纠纷，法院应当受理。

2."与他人同居的"属《中华人民共和国民法典》婚姻家庭编明文禁止的行为，是离婚损害赔偿的理由。比如《中华人民共和国民法典》婚姻家庭编第一千零九十一条规定，有下列情形之一，导致离婚的，无过错方有权请求损害赔偿：①重婚；②与他人同居；③实施家庭暴力；④虐待、遗弃家庭成员；⑤有其他重大过错。

3.对有配偶与他人以夫妻名义同居生活的，或者明知他人有配偶而与之以夫妻名义共同生活的，应视为重婚，法院不但应一律解除他们的同居关系，还应追究重婚者的刑事责任。《最高人民法院关于适用〈中华人民共和国民法典〉婚姻家庭编的解释（二）》为此做出明确规定，当事人请求解除同居关系的，人民法院不予受理。但当事人请求解除同居关系，属于原《中华人民共和国婚姻法》第三条、第三十二条、第四十六条的"有配偶与他人同居"的，人民法院应当受理。当事人因同居关系期间财产分割或者子女抚养提起诉讼的，人民法院应当受理。

（以上人物均为化名）

83. 外祖父母是否有权要求变更外孙女的抚养权

案例简介

2016年4月，王兰与张东协议离婚，离婚协议上约定："婚生子张小东由其父亲抚养，其母亲王兰不需要支付抚养费并享有探望权……"离婚后，张小东一直随其父亲及奶奶共同生活，并主要由奶奶照顾其生活起居，王兰另嫁他人。2017年12月，张小兰的奶奶过世，张小兰的外婆李大梅将其接至家中抚养。现李大梅向法院起诉，要求张东支付小孩的抚养费，并将抚养权变更至自己名下。

【争议焦点】

关于李大梅是否有权要求变更外孙的抚养权，存在两种观点。

第一种观点认为，应支持李大梅的诉讼请求。从有利于小孩的成长角度而言，张小东现随其外婆李大梅共同生活，且李大梅有经济能力抚养张小东，外婆对外孙享有探望权，应支持李大梅的诉讼请求。

第二种观点认为，应驳回李大梅的诉讼请求。父母才是小孩的第一监护人，变更小孩的监护权，应在父母中选定。现张东有稳定的工作和相对固定的收入，有抚养孩子的能力，未出现变更抚养权的法定情形，故应驳回李大梅的诉讼请求。

【律师说法】

律师同意第二种观点。

首先，关于祖孙之间的抚养、赡养义务，《中华人民共和国民法典》第一千零七十四条规定，有负担能力的祖父母、外祖父母，对于父母已经死亡或者父母无力抚养的未成年孙子女、外孙子女，有抚养的义务……现张小东的父母张东、王兰健在，张小东应该由其父亲或母亲直接抚养。虽然张东、王兰已经离婚，但是并不影响父母子女关系。《中华人民共和国民法典》第一千零八十四条规定，父母与子女间的关系，不因父母离婚而消除。离婚后，子女无论由父或者母直接抚养，仍是父母双方的子女。离婚后，父母对于子女仍有抚养、教育、保护的权利和义务。因此，在父母健在的情况下，直接抚养孩子的权利应该在父或母之间分配。

其次，《最高人民法院关于人民法院审理离婚案件处理子女抚养问题的若干具体意见》第十六条规定："一方要求变更子女抚养关系有下列情形之一的，应予支持。①与子女共同生活的一方因患严重疾病或因伤残无力继续抚养子女的；②与子女共同生活的一方不尽抚养义务或有虐待子女行为，或其与子女共同生活对子女身心健康确有不利影响的；③八周岁以上未成年子女，愿随另一方生活，该方又有抚养能力的；④有其他正当理由需要变更的。"本案中，张东有固定的工作和稳定的收入，其愿意抚养女儿，并未出现上述不宜抚养的情形。所以驳回李大梅的诉求是正确的。

> **延伸解读**

直接抚养权变更的法定条件和法定程序

夫妻离婚时，按照对子女成长有利的原则，子女会被判归一方抚养。同样，在夫妻离婚后子女未成年之前，当享有抚养权的一方有不利于子女成长的情况发生时，另一方有权要求变更直接抚养权。

一、变更子女直接抚养权的法定情形

1.与子女共同生活的一方因患严重疾病或因伤残无力继续抚养子女的；

2.与子女共同生活的一方不尽抚养义务或有虐待子女的行为，或其与子女共同生活对子女身心健康确有不利影响的；

3.八周岁以上未成年子女，愿随另一方生活，该方又有抚养能力的；

4.有其他正当理由需要变更的。

二、提出直接抚养权变更的主体

关于提出抚养权变更的主体，一般是未与子女共同生活的离婚夫妻的一方。有当事人咨询问成年子女是否有权要求变更抚养权，答案是否定的，因为抚养权的权利主体是子女的父母，子女自己并不拥有抚养权，因此子女无权要求抚养权变更。子女如果想跟随另一方生活，在另一方具备抚养条件的情况下，可以通过由另一方提起抚养权变更诉讼的方式，实现直接抚养人的变更。

三、提出直接抚养权变更的时间及方式

根据法律规定，夫妻离婚后的任何时间内，一方或双方的情况导致抚养能力发生较大的变化，均可提出变更子女抚养权的要求。变更子女的直接抚养权一般先由双方协商确定，如协议不成，可通过诉讼请求人民法院判决变更，但是要提交相应的证据加以证明。

孩子直接抚养权确定的原则是什么？

1.两周岁以下的子女，一般随母方生活。母方有下列情形之一的，可随父方生活。

（1）患有久治不愈的传染性疾病或其他严重疾病，子女不宜与其共同生活的；

（2）有抚养条件不尽抚养义务，而父方要求子女随其生活的；

（3）因其他原因，子女确无法随母方生活的。

2.父母双方协议两周岁以下子女随父方生活，并对子女健康成长无不利影响的，可予准许。

3.对两周岁以上未成年的子女，父方和母方均要求随其生活，一方有下列情形之一的，可予优先考虑：

（1）已做绝育手术或因其他原因丧失生育能力的；

（2）无其他子女，而另一方有其他子女的。

4.父方与母方抚养子女的条件基本相同，双方均要求子女与其共同生活，但子女单独随祖父母或外祖父母共同生活多年，且祖父母或外祖父母要求并且有能力帮助子女照顾孙子女或外孙子女的，可作为子女随父或母生活的优先条件予以考虑。

5.父母双方对八周岁以上的未成年子女随父或随母生活发生争执的，应考虑该子女的意见。

6.在有利于保护子女利益的前提下，父母双方协议轮流抚养子女的，可予准许。

7.父母双方协议变更子女抚养关系的，应予准许。

哪些情况更有利于获得孩子的直接抚养权？

对两周岁以上的未成年子女，父方和母方均要求随其生活，一方有下列情形之一的，可予优先考虑：

1.已做绝育手术或因其他原因丧失生育能力的；

2.子女随其生活时间较长，改变生活环境对子女健康成长明显不利的；

3.无其他子女，而另一方有其他子女的；

4.子女随其生活，对子女成长有利，而另一方患有久治不愈的传染性疾病或其他严重疾病，或者有其他不利于子女身心健康的情形，不宜与子女共同生活的。

对于上述情形，在理论上称为绝对优先直接抚养条件，即父母一方所具有的优先直接抚养的条件。谁具有优先直接抚养条件，谁就有优先直接抚养权。父母一方享有绝对直接抚养权，即可据此确定子女由其直接抚养。如果父母双方都有上述绝对优先条件，如父方做了绝育手术，已经丧失生育能力，但其长期在外经商，子女长期随母生活，改变生活环境对子女健康成长明显不利，从而发生父母双方绝对优先直接抚养条件的冲突，此时，就应考虑相对优先直接抚养的条件。

优先直接抚养的相对条件：

父方与母方直接抚养子女的条件基本相同，双方均要求子女与其共同生活，但子女单独随祖父母或外祖父母共同生活多年，且祖父母或外祖父母要求并且有能力帮助子女照顾孙子女或外孙子女的，可作为子女随父或随母生活的优先条件予以考虑。这种情形，将祖父母、外祖父母的条件作为父母优先直接抚养子女的条件考虑，属于相对优先直接抚养条件，其与绝对优先直接抚养条件不同，只在父方、母方直接抚养子女的条件基本相同，且双方均要求子女与其共同生活时适用。

子女的意见。父母双方对八周岁以上的未成年子女随父或随母生活发生争执的，应考虑该子女的意见。八周岁以上的子女，已具备一定识别能力，对由谁直接抚养自己更为有利，已能做出一定判断。尊重他们的意愿，由其自己做出选择，往往更利于其健康成长。因此，随父还是随母生活发生争执的，应当征求并考虑他们的意见。考虑其意见，并非一定接受其意见。因为，其毕竟是限制行为能力人，认识判断能力有限，通常只能看到事情的表面，无法透彻事情的本质，如果根据父方或母方的直接抚养条件，子女的选择明显对其健康成长不利时，就不能一味地从其选择。

《中华人民共和国民法典》第一千零八十四条规定，父母与子女间的关系，不因父母离婚而消除。离婚后，子女无论由父或者母直接抚养，仍是父母双方的子女。

离婚后，父母对于子女仍有抚养、教育、保护的权利和义务。

离婚后，不满两周岁的子女，以由母亲直接抚养为原则。已满两周岁的子女，父母双方对抚养问题协议不成的，由人民法院根据双方的具体情况，按照最有利于未成年子女的原则判决。子女已满八周岁的，应当尊重其真实意愿。

（以上人物均为化名）

84. 为孩子上学离婚之后娶妻妹，真假离婚惹纠纷

案例简介

为了能让妻子妹妹的孩子顺利上学，王涛与妻子张敏办理了假离婚手续，并与张敏的妹妹办理了结婚登记手续。现张敏的妹妹将王涛起诉至法院要求离婚。

张敏的妹妹诉称，她与王涛于2018年10月登记结婚，自登记后一直没有共同居住，他们之间没有任何夫妻感情，现起诉要求离婚。对此王涛辩称，他的妻子实际是张敏，为了帮助张敏妹妹的孩子户口落到北京，他与妻子张敏假离婚，后与张敏的妹妹登记结婚。但他与张敏的妹妹从未一起生活过，实际一直与张敏共同居住。2019年6月，他们发生了争执，张敏将孩子和财产都带到了江苏老家，也不同意与他复婚，他与张敏成了"真"离婚。现在他要求张敏将孩子带回北京上学，否则不同意他与张敏的妹妹离婚。

【法院审理】

法院经审理查明，张敏与王涛原是夫妻关系，双方于婚姻关系存续期间育有一子，夫妻关系稳定。张敏妹妹与前夫育有一子，双方之后离婚，孩子由张敏妹妹抚养。张敏妹妹为让其子上学，找张敏、王涛帮忙。为了符合户籍管理规定，王涛与张敏办理了离婚登记手续，双方之子由张敏抚养。王涛与张敏妹妹办理了结婚登记手续，但是王涛未与张敏妹妹在一起共同居住生活。

【法院判决】

法院经审理后认为，结婚登记应以感情为基础。本案中，张敏妹妹与王涛虽系自愿结婚，但是为规避国家有关户籍管理的规定达到为孩子上学的目的而登记结婚，并非以感情为基础，且双方登记结婚后亦未建立起夫妻感情，这种婚姻关系若继续维持，有违《中华人民共和国民法典》婚姻家庭编的基本原则。最后，法院判决准予双方离婚。

延伸解读

什么是假离婚？假离婚是指夫妻一方或者双方本无离婚的真实意思而因双方通谋或受对方欺诈而做出解除夫妻关系的民事法律行为。

分类：

一般而言，虚假离婚包括两种情形：一是通谋离婚，二是欺诈离婚。通谋离婚，是指婚姻当事人双方为了共同的或各自的目的，串通暂时离婚，等目的达到后再复婚的离婚行为。通谋离婚具有以下基本特征：

1.双方当事人并无离婚的真实意思，不符合协议离婚的实质条件。

2.双方当事人以离婚为手段，以达到共同的或者各自的目的。如为了逃避计划生育而多生子女，为了逃避债务，为了两边享受分房或购房的国家优惠政策，为了给子女办理户口等。

3.双方均有恶意串通离婚的故意，共同采取欺骗或者隐匿事实真相的方法欺骗婚姻登记机关以违法获取离婚登记。

4.通谋离婚一般具有暂时性，待预期目的达到后，双方通常会按约定复婚。但也有一部分人弄假成真，离婚后置原先的约定于不顾，不愿复婚或者与他人再婚，从而容易引起纠纷发生。

欺诈离婚，是指一方当事人为了达到离婚的真正目的，采取欺诈手段向对方许诺先离婚后再复婚，以骗取对方同意暂时离婚的行为。欺诈离婚具有以下特征。

1.这种离婚是欺诈方的真实意思，而受欺诈一方并无离婚的真实意思。另一方同意离婚是基于对方采取伪造事实或者隐瞒事实真相所致。如果知道真相，不会做出同意离婚的意思表示。

2.欺诈方的目的在于骗取对方同意离婚，以达到离婚的目的，因而并无复婚的意思，而受欺诈方期待目的达到即行复婚。

3.受欺诈方既是受害人，又与欺诈方共同欺骗婚姻登记机关。

假离婚既可以发生在登记离婚程序之中，也可以发生在诉讼离婚程序之中。

假离婚的法律风险是很大的，因为假离婚的实质是为了逃避法律责任，在此过程中当事人很可能通过制作各种虚假协议或者对自己的财产进行虚假申报，不仅损害债权人、受害人的合法权益，更是对国家社会经济秩序造成不应有的伤害。一旦被查处，轻则赔偿损失，重则被追究刑事责任。

其实没有所谓的假离婚，法律上是真离婚，在夫妻双方看来是"假离婚"，但从法律上看，在夫妻双方办理了离婚登记手续或者离婚裁判文书生效后，原夫妻双方不再是一个家庭，而是变为两个独立的家庭。

一方面，假离婚可能假戏真做，导致家庭的破裂，财产遭受损失。因为夫妻双方只要履行了离婚的法律程序，离婚便具有法律效力。用于买房的钱等财产在离婚前还是夫妻的共同财产，"假离婚"之后将变成一方的个人财产，另一方当事人就难以控制该部分财产。一旦有一方不愿意复婚，因离婚而带来的财产损失将无法挽回。

夫妻本来是为了规避政策假离婚，但就在办理相关复婚手续前，夫妻俩发生点口角，一方就理直气壮地说："我们可什么关系都没有，你少管我！"说了很多伤感情的话，最后便再也没能回到婚姻的原点。

另外，即使在离婚后复婚，仍可能造成财产的损失，给家庭造成纠纷的隐患。因为结婚前双方各自拥有的财产属于个人财产，不认定为夫妻共同财产。如果拥有房产等财产的一方不同意变更登记或视为夫妻共同财产，另一方将承担很大损失。因此，夫妻双方以"假离婚"所谓合法的形式来获取所谓的优惠将存在很大的法律风险。

（以上人物均为化名）

85. 为私吞夫妻共同财产，伪造欠条请人告自己

案例简介

为在离婚时多占财产，丈夫张涛在离婚前悄悄买了一套价值100万元的房子。妻子王敏离婚后才知道实情。为了独吞财产，张涛伪造多张欠条，主动请"债主们"把自己告上法庭，企图把这笔钱变成夫妻共同债务。聪明的王敏从欠条中发现了疑点，最终讨回公道。

事情还得从2010年年底说起，当时，张涛、王敏还是夫妻，二人决定协议离婚。离婚手续办完后，王敏从朋友口中得知：张涛名下有套房子，市价近100万元，入手时间是2010年10月。王敏对此毫不知情，张涛在离婚前两个月偷偷买房，就是想私吞夫妻共同财产。

离婚后，王敏以隐瞒夫妻共同财产为由，将张涛告上法庭，要求对该房屋进行分割。不料，财产分割官司刚诉至法院，还没开庭，她就莫名背上了60万元的债务。原来，张涛得知私下买房的事暴露后，不愿意与王敏平分。他谎称在购房前向三位朋友借了共计120万元，请朋友到法院起诉自己，通过诉讼证明借款事实，以便要求前妻承担这一共同债务。

2012年年底，法院开庭审理张涛欠款案。开庭时张涛承认这些债务，并表示愿意调解，同意还款。最终张涛通过诉讼确认了这120万元的债款。然而在面对王敏时，张涛的态度却不一样了，他告诉王敏要想分钱，就得先承担这些夫妻共同债务。

王敏不再相信张涛。当发现其中两张欠条都存在火灼痕迹后，怀疑欠条的真实性，她向检察院方求助，认为张涛伪造债务，严重侵害其合法权益，法院关于张涛欠款的《民事调解书》也应予以撤销。后经由检察院介入重新开始调查此案。

【法院审理】

司法鉴定让真相水落石出。

检方认为张涛与三名原告之间的债权债务关系存在很大疑点，委托某司法鉴定所对其中一张欠条进行鉴定，确认欠条形成时间比欠条落款日期迟半年以上。铁证面前，张涛向检方交代了一切。一些"原告"在接受询问时也表示，是张涛主动要求他们起诉的。对于欠条上的火灼痕迹，张涛承认"想让欠条看上去旧点，就放在微波炉里烤，结果烤焦了"。

真相大白后，检方以主要证据系伪造为由，向原审法院发出司法建议，建议原审法院进行再审。后经审理，法院驳回了张涛的诉讼，由此王敏也变得无债一身轻。

【延伸解读】

一、虚假债务表现在哪些方面

虚假债务主要表现在以下四个方面。

1.该类债务没有书面借据或欠条，往往都是口头约定，问其为何不打借条或欠条，很多人都会说信任对方。

2.债权人往往是债务人的亲友。制造虚假债务的当事人也害怕虚假债务缠身，为防止弄假成真、弄巧成拙，与当事人串通的第三人非亲即友，一般不会是普通合作伙伴。

3.借款金额较少，因为大额的借款难以说明其用途，小额借款可以以生活或急用予以搪塞。

4.如果是民间借贷债务，债权人对借款用途不清楚，债务人不能准确说明借款用途，因为虚假的陈述难以自圆其说，当事人不会画蛇添足；如果是合同之债，该笔合同所负债务一定是举债一方当事人亏本经营。

二、离婚时如何证明一方当事人伪造债务，从哪些方面着手

一般是从四个方面着手。

当事人伪造虚假债务是侵占夫妻共同财产中的其中一种，在诉讼过程中当被查实属伪造债务，法院一般会以妨碍民事诉讼活动给予司法处罚。但在实践中，给予处罚的相对较少，主要原因是查实伪造相对困难，一般的做法是对该债务不予认定。这样一来，对受害方来说也是非常重要的。以下是应对虚假债务的几种方法。

1.在诉讼中，若只有借条，而债权人不出庭作证，则该借条一般不会被认可。

2.从借款时间上的纰漏来说明该笔借款的虚假性，或根本没必要用该笔借款来达到不予认可该债务的目的。

3.找到该债务的债权人要求说明债务形成的来龙去脉。

4.若该借款并没有用于家庭生活需要，则只能算作对方的个人债务，不应由配偶承担。

三、法院如何处理伪造债务

一般是从四个方面进行处理。

1.对个人债务和夫妻共同债务的区分进行法律释明，引导当事人积极寻找证据，证实债务存在的不合理性，如对家庭收入与支出的详细梳理，可以发现民间借贷债务不存在的可能性，或者引导当事人举证该笔债务为个人债务，举债一方并未用于家庭支出，而是用于个人挥霍。

2.告知举债一方当事人如提供虚假债务后的法律后果，要求其陈述举债的原因与过程，通过详细的记录，细致辨别该债务是个人债务还是夫妻共同债务，并不断地与债权人的陈述进行比较。如果与债权人的陈述发生重大分歧，应要求当事人予以解释，如不能做出明确解释，就不能将该笔债务认定为夫妻共同债务。

3.通知债权人到庭接受询问，首先明确告知其伪造证据、作虚假陈述的后果，并加以法律释明，给其震慑力。其次要求其详细陈述债务的形成过程，并从逻辑次序上详细加以询问，另外对于债权人谈及的其他人，应做详细记录，以便庭后调查。

4.对于存有可疑债务，债权人又不能到庭接受询问的案件，因离婚案件涉及身份关系，不宜追加债权人为第三人参加诉讼，应在离婚诉讼中暂不处理该笔债务，并告知当事人可待权利人主张权利时一并处理。

（以上人物均为化名）

86. 无过错方可以在离婚时多分共同财产吗

案例简介

王小花（女）与陈大鹏（男）于2015年10月办理结婚登记，2017年1月生下一女陈笑笑。2018年，陈大鹏被派驻外地办事处工作，之后，在当地与一女子同居。2019年起，陈大鹏两次诉至法院要求离婚。

【争议焦点】

1. 陈大鹏对于婚姻破裂是否存在过错。
2. 对夫妻共同财产如何分割。

【法院判决】

一、准予离婚；二、婚生女儿由王小花抚养，陈大鹏每月给付抚养费5000元至陈笑笑十八周岁时止；三、婚后共同财产中的房屋一套归王小花所有，该房屋的银行贷款由王小花自行偿还。

温馨提示

1. 关于是否存在婚姻过错的认定。本案中，王小花主张陈大鹏在婚姻中存在过错，与他人同居，为此提交了相关录音证据，在该录音中陈大鹏明确承认自己在外与其他异性发生男女关系并同居，经质证，陈大鹏认可该证据的真实性。由于陈大鹏违反了夫妻忠诚义务，且自2018年6月后未对双方之女陈笑笑履行抚养义务，陈笑笑一直由王小花独立抚养，故应认定陈大鹏在婚姻中存在过错，是导致双方夫妻感情破裂的主要原因。

2. 在分割夫妻共同财产时，应当贯彻照顾子女和女方、无过错方权益的原则。《中华人民共和国民法典》婚姻家庭编中不仅规定了无过错方有权请求损害赔偿，还明确规定无过错方在分割夫妻共同财产时可以适当多分。本案中，如果仅从损害赔偿的角度判决陈大鹏给付王小花赔偿金，不足以体现陈大鹏对家庭不负责任以及婚外情不道德行为的谴责和惩罚，不能充分维护王小花的合法权益。

故本案综合考虑王小花作为女性，一直由其抚养孩子，其承担了主要家庭义务，且王小花在婚姻中系无过错方等情况，在夫妻共同财产分割时，对其进行倾斜照顾，予以适当多分，将共有房屋判归王小花所有。

在抚养费数额的确定上，由于陈大鹏目前每月工资收入2万元，另有年终奖金近10万元，收入水平较高，有能力给子女提供更好的教育和生活条件，故最终判决陈大鹏每月给付5000元抚养费。

【法律链接】

《中华人民共和国民法典》一千零九十一条规定，有下列情形之一，导致离婚的，无过错方有权请求损害赔偿。

1.重婚；

2.与他人同居；

3.实施家庭暴力；

4.虐待、遗弃家庭成员；

5.有其他重大过错。

《最高人民法院关于适用〈中华人民共和国民法典〉婚姻家庭编的解释（一）》第八十六条规定，民法典第一千零九十一条规定的"损害赔偿"，包括物质损害赔偿和精神损害赔偿。

涉及精神损害赔偿的，适用《最高人民法院关于确定民事侵权精神损害赔偿责任若干问题的解释》的有关规定。

《中华人民共和国民法典》第一千零八十五条规定，离婚后，子女由一方直接抚养的，另一方应当负担部分或者全部抚养费。负担费用的多少和期限的长短，由双方协议；协议不成的，由人民法院判决。

前款规定的协议或者判决，不妨碍子女在必要时向父母任何一方提出超过协议或者判决原定数额的合理要求。

《中华人民共和国民法典》第一千零八十七条规定，离婚时，夫妻的共同财产由双方协议处理；协议不成的，由人民法院根据财产的具体情况，按照照顾子女、女方和无过错方权益的原则判决。

对夫或者妻在家庭土地承包经营中享有的权益等，应当依法予以保护。

延伸解读

离婚时请求损害赔偿的原因是法定的,仅限于上述过错行为。其他的如一般婚外情、赌博、吸毒、犯罪等,无论情节轻重,均不能成为请求赔偿的理由。

无过错方提出离婚损害赔偿在时间上有何限制?

根据《中华人民共和国民法典》婚姻家庭编和相关司法解释的详细规定,离婚损害赔偿请求权的行使时间,既可以在离婚时提出,也可以在离婚后提出,但时效以一年为限。依据《最高人民法院关于适用〈中华人民共和国民法典〉婚姻家庭编的解释(一)》和《最高人民法院关于适用〈中华人民共和国民法典〉婚姻家庭编的解释(二)》的相关规定,在现实中行使离婚损害赔偿的时限问题,应区分以下具体情况。

第一,符合《中华人民共和国民法典》一千零九十一条规定的无过错方作为原告向人民法院提起的损害赔偿请求必须在提起离婚诉讼时提出,也就是在诉讼请求中要明确提出,由人民法院在判决离婚时一并做出裁决。由于人民法院在受理离婚案件时已将与当事人相关的权利义务书面告知了当事人,原告不提出请求的,视为对权利的放弃,并丧失请求损害赔偿权。原告在离婚诉讼中即使提出了损害赔偿请求,但人民法院判决不准离婚的,则当事人的请求权因丧失了存在基础而不能得到支持。

第二,符合《中华人民共和国民法典》第一千零九十一条规定的无过错方作为被告的离婚诉讼案件,如果被告同意离婚,可以在离婚诉讼中要求损害赔偿;如果被告不同意离婚,也不基于该条规定提起损害赔偿请求的,可以在离婚后一年内就此单独提起诉讼。

第三,无过错方作为被告的离婚诉讼案件,一审时未基于《中华人民共和国民法典》第一千零九十一条规定提出损害赔偿请求而在二审提出的,人民法院应当进行调解,调解不成的,当事人可以在离婚后一年内另行起诉。

第四,根据《最高人民法院关于适用〈中华人民共和国民法典〉婚姻家庭编的解释(一)》第八十九条规定,当事人在婚姻登记机关办理离婚登记手续后,以民法典第一千零九十一条规定为由向人民法院提出损害赔偿请求的,人民法院应当受理。但当事人在协议离婚时已经明确表示放弃该项请求的,人民法院不予支持。

(以上人物均为化名)

87. 误以为是亲生子，抚养多年后可获哪些赔偿

案例简介

2012年10月，原告王娟与被告孙涛经人介绍相识，同年6月办理结婚登记。婚后第二年儿子孙小涛出生。自从儿子出生后，双方常为家庭生活琐事发生纠纷，导致夫妻感情不和。2018年8月，原告王娟带着刚满5岁的儿子离家外出务工，与被告孙涛开始分居生活，2019年王娟向法院诉称夫妻感情确已破裂，请求离婚，儿子孙小涛由自己独自抚养，不要求被告支付抚养费。被告同意离婚，但向原告追偿孙小涛的抚养费10万元，精神损害赔偿金5万元。被告孙涛提供了《司法鉴定意见书》等证据用以证明儿子非自己亲生。

【法院判决】

庭审中，法院查明孙小涛确实非孙涛的婚生儿子，与其不具有生物学上的父母子女关系。故法院判决双方离婚，同时对被告的诉求予以部分支持（返还抚养费5万元，精神损害赔偿金2万元）。

【律师说法】

本案中，原告王娟在婚姻关系存续期间，与婚外异性发生男女关系并生育孩子，违反了夫妻忠诚义务，给被告及其家庭造成了伤害，依照《中华人民共和国民法典》第一千零七十九条规定，夫妻一方要求离婚的，可以由有关组织进行调解或者直接向人民法院提起离婚诉讼。人民法院审理离婚案件，应当进行调解；如果感情确已破裂，调解无效的，应当准予离婚。有下列情形之一，调解无效的，应当准予离婚：①重婚或者与他人同居；②实施家庭暴力或者虐待、遗弃家庭成员；③有赌博、吸毒等恶习屡教不改；④因感情不和分居满二年；⑤其他导致夫妻感情破裂的情形。一方被宣告失踪，另一方提起离婚诉讼的，应当准予离婚。经人民法院判决不准离婚后，双方又分居满一年，一方再次提起离婚诉讼的，应当准予离婚。

本案中，孙小涛不是被告孙涛的亲生子，故孙涛没有法定的义务抚养孙小涛，故其支付的抚养费应当予以返还。孙小涛系原告与被告婚姻关系存续期间与第三人所生，可见原告的行为存在明显过错，违反了《中华人民共和国民法典》第一千零四十三条规定的夫妻忠诚义务，原告主观上存在过错，客观上也侵害了被告作为配偶所享有的人身权益，由此给被告造成了较大的精神伤害。故原告王娟应当承担给被告孙涛造成精神损害的赔偿责任。

【法律链接】

《中华人民共和国民法典》第一千零四十三条规定，家庭应当树立优良家风，弘扬家庭美德，重视家庭文明建设。夫妻应当互相忠实，互相尊重，互相关爱；家庭成员应当敬老爱幼，互相帮助，维护平等、和睦、文明的婚姻家庭关系。互相忠实、互相尊重是夫妻的法定义务，如果在婚姻关系存续期间，任何一方主观上有过错，且客观上也侵害了另一方配偶所享有的人身权益，由此给对方精神上与物质上造成了较大的伤害，侵权人是需要承担相应的赔偿责任的。

《最高人民法院关于确定民事侵权精神损害赔偿责任若干问题的解释》第八条第二款规定，因侵权致人精神损害，造成严重后果的，人民法院除判令侵权人承担停止侵害、恢复名誉、消除影响、赔礼道歉等民事责任外，可以根据受害人一方的请求判令其赔偿相应的精神损害抚慰金。

延伸解读

在实践中，对于夫妻忠诚义务，有人说是道德义务，有人说是法定义务，它到底是什么样的义务呢？

一种观点认为：夫妻之间的忠诚义务属于道德范畴而非法定义务。其依据是：①虽然《中华人民共和国民法典》第一千零四十三条规定夫妻应当互相忠实，但此处用语是"应当"而非"必须"，所以不属于法定义务。②《最高人民法院关于适用〈中华人民共和国民法典〉婚姻家庭编的解释（一）》第四条规定：当事人仅以民法典第一千零四十三条为依据提起诉讼的，人民法院不予受理；已经受理的，裁定驳回起诉。就是说，夫妻一方仅仅是因为另一方违背《中华人民共和国民法典》第一千零四十三条规定的忠诚义务而提起诉讼，法院将不予受理或者驳回起诉。所以，夫妻之忠诚义务不属于法定义务，否则，为什么法院会不予受理呢？上述依据其实并不正确。

《中华人民共和国民法典》第一千零四十三条的规定十分清楚,夫妻之间的忠诚义务属于法定义务,"应当"一词是标准的法律措辞,"必须"才是不恰当的用法。法律乃是规定人们应当怎样、可以怎样抑或不应当怎样的行为规范,因而,法律规定应当或者应该做,毫无疑问属于法定义务抑或责任的范畴。法律并没有强迫人们必须为一定行为或者不为一定行为的能力。如果有的话,那就不存在违法行为了。所以,规定人们必须怎样或者必须不怎样,才是不恰当的说法。

法院不受理单纯的违背忠诚义务的诉求,不等于说忠诚义务就不是法定义务。不论司法解释做出此项规定是出于何种考虑,有一点是肯定的:如果只要违背忠诚义务,法院就要受理一方之诉求,那么法院就会陷入千百万个家庭的内部纠纷而无法自拔。所以,从现实的角度而言,法院受理单纯的违背忠诚义务之纠纷就不具有可操作性。同时,从道理上讲,即便一方违背忠诚义务,但此种违背尚不足以导致婚姻破裂,就应交由当事方自行修复解决,法院介入其中其实并不恰当。当对忠诚义务的违背造成婚姻破裂,一方提起离婚之诉时,法院不但要予以受理,而且在财产分割以及损害赔偿方面要对无过错方进行倾斜性补偿(也就是对过错方予以惩罚),所以,法院并不是不受理有关忠诚义务之违背的诉请,而是限定了其受理的范围。

如果婚姻仅仅建立于两情相悦抑或两性相吸,而不受忠诚义务之刚性约束,那么,婚姻这一法定形式就没有存在的必要,人们完全可以同居、恋爱、约会抑或以其他形式来解决彼此之间的需求,没必要结为夫妻。婚姻法以法律的形式确定婚姻关系的法定地位,却不把婚姻的基石——忠诚义务界定为法定义务,是无法讲得通的。但问题是,《中华人民共和国民法典》第一千零四十三条其实已经规定得很明确了:夫妻应当互相忠实,也就是说,夫妻忠诚义务乃是法定义务。

【律师提示】

夫妻忠实义务,即我们通常所说的忠贞义务,是指夫妻双方在共同生活中应当互相忠诚,以维护婚姻关系的专一性和排他性。夫妻忠实义务是保护受伤害一方的合法权益,是指夫妻双方要爱情专一、感情忠诚、互相忠实于对方。夫妻忠实义务强调男女平等,即不管是男方还是女方有悖法律,惩治办法相同。几十年来,有一些人主张反对夫妻忠实义务,但随着时间的推移,社会性观念的开放,逐渐证明了夫妻忠实义务的充分性和必要性。在此也呼吁各位夫妻朋友自重自爱,既然双方有幸结合在一起,就要珍惜缘分,相亲相爱,否则不但不能获得爱情，面临的不仅有道德上的谴责，还要承担法律责任。

（以上人物均为化名）

▶88. 第三者的名誉权需要保护吗

案例简介

张丽相貌较好，与前夫离异后，一直单身，有个女儿跟随其一同生活。虽然身边的追求者不少，但是她自己担心女儿受委屈，便一直没有再谈恋爱。直到半年前认识了王大川。王大川不光对张丽照顾有加，甚至对张丽的女儿也非常疼爱，每次约会，王大川都要求张丽带上女儿，人家恋爱都是两个人卿卿我我，而他们则是三个人其乐融融，这一点使得张丽特别感动。

在王大川的坚持下，两个人开始了同居生活。让张丽没有想到的是，王大川是个有家室的人，一开始听到这个消息的她如晴天霹雳，慢慢地也就接受了，她想着只要王大川对自己与女儿好，名分不那么重要。可就在这时，有一个人不干了，他就是王大川的父亲，老人家思想观念非常传统，哪里能忍受儿子的这种行为？他认为王大川与张丽破坏了王家的家风，多次劝阻王大川，表面上，王大川听取了父亲的意见，不再与张丽来往，可事实上，仍然与张丽住在一起。于是王老爷子开始想到了另一个办法，那就是到张丽所住的小区内张贴字报，大肆辱骂这个"小三"，让张丽知难而退。

这样一来，张丽确实有些受不了了，她一个人带着孩子，本来小区的人们看她的眼光就有些异样，再加上王老爷子闹这么一出，对她指指点点的人就更多了。尤其她的女儿，严重受到了这些字报的影响，因为这个事情弄得大家都不爱跟她玩了。于是张丽一气之下，与王大川分了手，后又将王大川的父亲告上法庭，要求恢复其名誉。

【法院判决】

法院审理后认为，名誉权，系公民或法人享有的就其自身特性所表现出来的社会价值而获得社会公正评价的权利。它是人格权的一种。人的名誉是指具有人

— 251 —

格尊严的名声，是人格的重要内容，受法律的保护。任何人对公民和法人的名誉不得损害。王大川的父亲，到张丽所住的小区内张贴字报，大肆辱骂这个"小三"的行为，属于侵权行为，使得他人对于张丽的评价降低。

根据《中华人民共和国民法典》规定，侵犯公民健康权、名誉权、隐私权等民事权益造成损害后果的，要承担相应的民事损害赔偿责任。故判决王老先生承担相应的侵权责任。

【争议焦点】

第三者的名誉权该不该受到法律的保护？

【律师说法】

有的朋友认为第三者是"狐狸精"就该骂，应该受到道德的谴责，这种张贴字报的行为，对于第三者还算轻的，甚至该打第三者。认为其勾引别人妻子或者丈夫，原配以及家人就应该站出来维护自己的权益。殊不知，第三者也是人，他们的权利也应当受到法律的保护。不能因为别人的不对，就采取错误的方式维护自己的权利，其实这也是一种侵权行为。根据《中华人民共和国民法典》规定，侵犯公民健康权、名誉权、隐私权等民事权益造成损害后果的，要承担相应的民事损害赔偿责任。故判决王老先生承担相应的侵权责任。

所谓名誉权，是人们依法享有的对自己所获得的客观社会评价、排除他人侵害的权利。它为人们自尊、自爱的安全利益提供法律保障。名誉权主要表现为名誉利益支配权和名誉维护权。我们有权利用自己良好的声誉获得更多的利益，有权维护自己的名誉免遭不正当的贬低，有权在名誉权受侵害时依法追究侵权人的法律责任。

延伸解读

已婚家庭的第三者，相信对于这类人，不管是大众观念还是道德评价，应该都不会对其保持一种肯定的态度。现实生活中，对第三者的谩骂肆无忌惮，第三者同样是公民，受法律保护，不能用人们的道德评价去任意践踏法律的威严，因此，第三者的名誉权同样受到法律的保护。

名誉侵权主要有下列几种方式：侮辱，诽谤，泄露他人隐私，等等。

侮辱。指用语言（包括书面和口头）或行动，公然损害他人人格、毁坏他人名誉的行为。如用大字报、小字报、漫画或极其下流、肮脏的语言等形式辱骂、嘲讽他人，使他人的心灵蒙受耻辱等。

诽谤。指故意捏造并散布虚构的事实，破坏他人名誉的行为。如毫无根据或捕风捉影地捏造他人作风不好，并四处张扬、损坏他人名誉，使他人精神受到很大痛苦。

侮辱、诽谤是常见的名誉侵权行为，法律明令禁止用侮辱、诽谤的方式损害他人名誉。

名誉权不仅自然人享有，法人同样享有。

对法人名誉的侵害，主要表现在散布有损法人名誉的虚假消息，如虚构某种事实，诬蔑说某工厂的产品质量如何低劣，试图用不正当的竞争手段搞垮对方等，这些都是侵害法人名誉权的侵权行为。

被他人侵权后，权利人可以要求侵权人停止侵害、恢复名誉及声誉、消除影响、赔礼道歉等，如因此给权利人造成其他损失的，还可以主张进行赔偿。根据具体情况及侵权人过错程度，也可以主张精神损害赔偿。

温馨提示

其实在现实生活中，很多原配甚至原配的朋友、家人，在面对这样的事情时，许多情况下，往往并不能很好地控制自己的情绪。因此面对第三者时，很容易采取过激的行为，其实这样不但帮不到自己，反而会给自己带来麻烦。如果触及法律的边界，更是得不偿失。这样使得原本的过错方成了受害者，而作为受害者的自己却成了侵权人。

如果遇到了法律问题，最好的方式是寻求法律帮助。有了专业人士的指导，什么行为会侵犯对方的隐私权，什么做法又会成为对方起诉你的原因，这些详细的内容都可以去咨询专业律师，得到最权威的回答，而不至于因自己的冲动，造成不可挽回的后果。

夫妻携手步进婚姻的殿堂后，就应该互尊互敬、互亲互爱、互帮互助，共同提高对婚姻的道德意识，以及对家庭的责任意识，这样婚外情才不会滋生。其实婚姻是两个人的事，理性地交流和沟通才是解决问题的有效方法，百年修得同船渡，千年修得共枕眠，婚姻不易，且行且珍惜。

当然婚姻是以爱情为基础的，如果爱，请深爱；如果不爱，请放手离开，别在婚内出轨，在围城里用这种方式对配偶增加伤害。

（以上人物均为化名）

89. 生效协议可以构成夫妻共有财产的判断依据吗

案例简介

王静（女）与张海（男）于1992年开始以夫妻名义共同生活。1998年，张海与他人签订《购房协议》，购买房屋一套，并登记在自己名下。2002年9月，双方补办结婚登记手续。2016年，双方协议离婚，离婚协议约定"家中所有财产归女方所有"。

2018年12月，王静、张海复婚。2019年7月，上述房屋进行拆迁，张海与拆迁办签订了《拆迁补偿协议》，并将拆迁补偿款据为己有。

后王静向法院起诉，要求认定被拆迁的房屋系王静个人所有，并要求张海返还相关拆迁款。

庭审中，张海提交自己书写的字条一张，用以证明王静同意放弃主张2006年离婚协议中的所有财产权利，并提出该字条上的手印为王静所按。王静称其对该字条的内容不知情，并表示其不识字，手印不是其所按。

【争议焦点】

生效协议是否可构成夫妻共有财产的判断依据。

【法院判决】

法院经审理认为，根据双方2016年签订的离婚协议，涉案房屋作为夫妻共同财产，在双方离婚后应当归王静个人所有。2018年双方复婚，该房产在双方第二次婚姻中应属王静的婚前个人财产，由此所得的拆迁利益应当归王静个人所有，张海擅自占有拆迁款，侵犯了王静的财产权利，应当予以返还。对于张海庭审中提交的其自己书写的、王静同意放弃离婚协议中所有财产的字条，鉴于王静不识字，且对该字条不认可，张海又未在法院规定的期限内提交书面指纹鉴定的申请，故应由张海承担举证不能的法律后果，法院对张海提交的该字条未采信。最

89.生效协议可以构成夫妻共有财产的判断依据吗

终,法院判决张海返还相关拆迁款。

温馨提示

本案是一起复婚后对于第一次离婚协议中分割的财产该如何认定的典型案例。

1.复婚后的财产分割。虽然王静、张海于2002年才办理结婚登记,但按照相关法律规定,对于未办理结婚登记,但在1994年2月1日以前就以夫妻名义共同生活且男女双方已经符合结婚实质要件的,可以按照事实婚姻处理,故张海1998年购置的房屋应属夫妻关系存续期间所购置的夫妻共同财产。根据双方2016年的离婚协议,上述房屋在离婚后应当归王静个人所有,故王静、张海2018年复婚后,该房屋已成为王静的婚前个人财产,由此所得的拆迁利益应当归王静个人所有,张海擅自占有拆迁款,侵犯了王静的财产权利,应当予以返还。

2.婚姻家庭案件中的举证责任分配。对于张海庭审中提交的其自己书写的、载明王静同意放弃离婚协议中所有财产的字条,因王静称对字条内容并不知情,其并未在字条上按手印,此时应当由谁承担举证责任成为案件审理的关键。法院认为,婚姻家庭案件的审理不同于一般民事案件,特别是涉及农村妇女时,在双方文化水平及社会、家庭地位明显不对称的情况下,应当充分考虑各方面因素,合理分配举证责任。具体到本案,张海提交字条意图证明王静放弃所有财产,庭审查明王静系文盲,如果将证明字条中的手印并非本人所按的举证责任分配给王静,有违公平原则,故法院将举证责任分配给张海,告知张海应由其证明该手印的真实性,提起指纹鉴定申请。后张海未在法院规定的期限内提交书面指纹鉴定申请,承担了举证不能的法律后果。最终,因张海举证不能,法院依法对上述字条未采信,支持了王静的诉讼请求,切实保护了王静的合法权益。

延伸解读

举证责任分配的一般原则。

为了使民事诉讼公平有序地进行,需要确定分配举证责任的原则,按照一定的标准预先在双方当事人之间分配举证责任。《中华人民共和国民事诉讼法》第六十四条第一款规定:"当事人对自己提出的主张,有责任提供证据。"就是通常所说的"谁主张,谁举证",是我国民事诉讼举证责任分配的一般原则。其实不然，因为按照第六十四条规定，举证责任是根据当事人在诉讼中所提出的主张来确定的，而不是以当事人主张的事实性质或类别作为分配举证责任的标准，这就与"决不容许让当事人对同一事物从正反两个方面都承担举证责任"的基本规则背道而驰。即该条规定没有就何人应该就何种事实负担举证责任，以及在事实存否不明的场合，法院应该就何人做出败诉判决的问题，为法官提供判决的标准。

我国根据法律要件分类说在《最高人民法院关于民事诉讼证据的若干规定》（以下简称《规定》）中确立了举证责任分配的一般原则。依据法律要件分类说，举证责任应按如下原则分配："①凡主张权利或法律关系存在的当事人，只需对产生该权利或法律关系的法律事实负举证责任，不必对不存在阻碍该权利或法律关系发生的事实负举证责任，存在阻碍该权利或法律关系发生的事实的举证责任由对方当事人负担。②凡主张原来存在的权利或法律关系已经或者应当变更或消灭的当事人，只需就存在变更或消灭权利或法律关系的事实负举证责任，不必进一步对不存在阻碍权利或法律关系变更或消灭的事实负举证责任，这类事实的存在亦由对方当事人主张并负举证责任。"

（以上人物均为化名）

▶90. 协议离婚后，债权人还能将夫妻二人共同起诉吗

案例简介

2015年，王涛夫妻二人因资金紧张向李明借款50万元，但是在借款后的第二年，王涛夫妻协议离婚了，双方在离婚协议书中约定该借款由王涛负责偿还。后来李明多次找王涛追要，他一直推托不还，李明遂将王涛夫妻二人共同诉至法院，请求二人共同偿还该欠款。王涛同意偿还，但是其表示没有钱，其前妻不同意，认为夫妻共同债务已经分割完毕，应当由王涛一人承担该债务。

【争议焦点】

夫妻已协议离婚，债权人还能将夫妻二人共同起诉吗？

【法院审理】

虽然王涛夫妻二人在离婚时约定该笔借款由王涛一个人来偿还，但该约定仅在二人之间有效，不能对抗第三人。对于婚姻存续期间的共同债务，债权人仍然可以将夫妻二人共同起诉，有权要求二人共同承担还款义务。

【法院判决】

由王涛及其前妻共同承担还款义务。但是王涛前妻在承担了偿还义务后，依然可以依据《离婚协议》向王涛追偿。

【律师说法】

夫妻共同债务是指为满足夫妻共同生活需要所负的债务。夫妻共同债务主要是基于夫妻家庭共同生活的需要，以及对共有财产的管理、使用、收益和处分而产生的债务。

离婚时，原为夫妻共同生活所负的债务，应当共同偿还。共同财产不足清偿的，或财产归各自所有的，由双方协议清偿；协议不成时，由人民法院判决。在承担责任的方式上，夫妻"共同偿还"的责任是连带的清偿责任，不论双方是否已经离婚，均得对共同债务以夫妻共同财产、自己所有的财产清偿。债权人有权向夫妻一方或双方要求清偿债务的部分或全部，它不分夫妻应承担的份额，也不分先后顺序，夫妻任何一方应根据债权人的要求全部或部分承担债务。

延伸解读

根据2018年《最高人民法院关于审理涉及夫妻债务纠纷案件适用法律有关问题的解释》，对于夫妻一方在婚姻关系存续期间以个人名义所负的债务，可以分为两类：一是家庭日常生活需要所负的共同债务；二是超出家庭日常生活需要所负的共同债务。

《中华人民共和国民法典》第一千零六十四条规定，夫妻双方共同签名或者夫妻一方事后追认等共同意思表示所负的债务，以及夫妻一方在婚姻关系存续期间以个人名义为家庭日常生活需要所负的债务，属于夫妻共同债务。

夫妻一方在婚姻关系存续期间以个人名义超出家庭日常生活需要所负的债务，不属于夫妻共同债务；但是，债权人能够证明该债务用于夫妻共同生活、共同生产经营或者基于夫妻双方共同意思表示的除外。

如何理解家庭日常生活需要所负的债务？

通常所说的"家庭日常生活",学理上称之为日常家事。我国民法学界、婚姻法学界通说认为,婚姻是夫妻生活的共同体,在处理家庭日常事务的范围内,夫妻互为代理人,这是婚姻的当然效力,属于法定代理。婚姻法虽然没有明确规定日常家事代理制度,但从相关条文中可以得出家庭日常生活范围内夫妻互为代理人的结论。《中华人民共和国民法典》第一千零六十二条第二款规定,夫妻对共同所有的财产,有平等的处理权。这里所指的平等处理权既包括对积极财产的处理,也包括对消极财产即债务的处理。《中华人民共和国民法典》第一千零六十条规定,夫妻一方因家庭日常生活需要而实施的民事法律行为,对夫妻双方发生效力,但是夫妻一方与相对人另有约定的除外。夫妻之间对一方可以实施的民事法律行为范围的限制,不得对抗善意相对人。这些规定涵盖了夫妻日常家事代理权的实质内容。因此,在夫妻未约定分别财产制或者虽约定但债权人不知道的情况下,夫妻一方以个人名义为家庭日常生活需要所负的债务,应当认定为夫妻共同债务。

国家统计局有关统计资料显示,我国城镇居民家庭消费种类主要分为八大类,分别是食品、衣着、家庭设备用品及维修服务、医疗保健、交通通信、文娱教育及服务、居住、其他商品和服务。家庭日常生活的范围,可以参考上述八大类家庭消费,根据夫妻共同生活的状态(如双方的职业、身份、资产、收入、兴趣、家庭人数等)和当地一般社会生活习惯予以认定。农村承包经营户有其特殊性,一般以家庭为单位,家庭日常生活与承包经营行为经常交织在一起,二者难以严格区分,故为了正常的承包经营所负的债务,可以认定为家庭日常生活需要所负的债务。

需要强调的是,家庭日常生活需要的支出是指通常情况下必要的家庭日常消费,主要包括正常的衣食消费、日用品购买、子女抚养教育、老人赡养等各项费用,是维系一个家庭正常生活所必需的开支。当然,随着我国经济社会和人们家庭观念、家庭生活方式的不断发展变化,在认定是否属于家庭日常生活需要支出时,也要随着社会的变化而变化。

如何理解家庭日常生活需要之外的夫妻共同债务?

随着我国经济社会的发展,城乡居民家庭财产结构、类型、数量、形态以及理财模式等发生了很大变化,人们的生活水平不断提高,生活消费日趋多元,很多夫妻的共同生活支出不再局限于以前传统的家庭日常生活消费开支,还包括大量超出家庭日常生活范围的支出,这些支出系夫妻双方共同消费支配,或者用于形成夫妻共同财产，或者基于夫妻共同利益管理共同财产产生的支出，性质上属于夫妻共同生活的范围。2018年《最高人民法院关于审理涉及夫妻债务纠纷案件适用法律有关问题的解释》第三条中所称债权人需要举证证明"用于夫妻共同生活"的债务，就是指上述超出家庭日常生活范围的夫妻共同生活所负的债务。

从举证证明责任分配的角度看，对于家庭日常生活所负的共同债务，原则上推定为夫妻共同债务，债权人无须举证证明；如果举债人的配偶一方反驳认为不属于夫妻共同债务的，则由其举证证明所负债务并非用于家庭日常生活。对于超出家庭日常生活所负的共同债务，虽然债务形成于婚姻关系存续期间和夫妻共同财产制下，但一般情况下并不当然认定为夫妻共同债务；债权人主张属于夫妻共同债务的，应当由其根据民事诉讼法第六十四条"当事人对自己提出的主张，有责任提供证据"等规定，举证证明该债务用于夫妻共同生活、共同生产经营或者基于夫妻双方共同的意思表示。如果债权人不能证明的，则不能认定为夫妻共同债务。

温馨提示

对于债权人来讲，在对外出借大额资金时，务必要求借款人及其配偶共同签字，即使在当时未取得配偶的签字，也要在矛盾未激化前，要求借款人的配偶确认该笔债务为夫妻共同债务，以免在借款人经济状况恶化的情况下，通过离婚的方式逃债。

对于未在借款协议上签字的配偶来讲，首先，要识别该笔借款是否是用于了家庭共同生活的需要，若用于家庭共同生活的需要，即使没有签字认可，也要承担共同偿还责任；其次，如果该笔借款未用于家庭共同生活的需要，且明显超出了家庭生活消费水平，则需要债权人举证证明，该笔借款用于除了一般家庭生活需要的夫妻共同生活或夫妻共同生产经营，若债权人不能证明，则不属于夫妻共同债务，不需要共同偿还。

（以上人物均为化名）

91. 新车当彩礼，分手后如何返还

案例简介

张涛、李小敏恋爱一年后，商量结婚事宜。按照习俗，男方要给女方彩礼。于是，张涛给了李小敏一张内有60万元的设密银行卡，次日和李小敏一起到4S店，由张涛刷卡支付60万元买了新车一辆，登记在李小敏名下并由李小敏使用。三个月后两人闹矛盾分手，张涛要求李小敏返还60万元，李小敏认为新车是赠与，不予返还，张涛遂向法院提起诉讼。

【法院判决】

法院经审理认为，根据婚姻法的相关规定，只有符合以下情况，人民法院才支持返还彩礼：一是双方未办理结婚登记手续的，二是双方办理结婚登记手续但确未共同生活的，三是婚前给付并导致给付人生活困难的。张涛根据当地习俗给付李小敏银行卡，并将卡上60万元用于支付李小敏的购车款，这是以将来结婚为目的的给付行为，应认定为彩礼。结合彩礼交付过程（只给卡没告知密码）、款项使用情况（张涛本人刷卡支付）及给付目的等，认定彩礼应为汽车而非60万元现金。根据汽车折旧、损耗及双方交往情况，判决李小敏返还张涛现金40万元。

【律师说法】

给付彩礼的目的是结婚，如果给付彩礼后没有结婚，就涉及彩礼的返还。彩礼并不只限于金钱，作为彩礼的物的种类有多种多样，但并不是给付的钱、物都是彩礼，必须是以结婚为目的的给付才是。

根据《最高人民法院关于适用〈中华人民共和国民法典〉婚姻家庭编的解释（二）》中的规定，符合以下情况，人民法院应当予以支持返还彩礼：一是双方未办理结婚登记手续的，二是双方办理结婚登记手续但确未共同生活的，三是婚前给付并导致给付人生活困难的。在本案中，张涛根据当地习俗给付李小敏银

行卡，并将卡上60万元用于支付李小敏的购车款，这是以将来结婚为目的的给付行为，应认定为彩礼。结合彩礼交付过程（只给卡没告知密码）、款项使用情况（张涛本人刷卡支付）及给付目的等，认定彩礼应为汽车而非60万元现金。根据汽车折旧、损耗及双方交往情况，李小敏返还张涛相应现金。

【法律链接】

彩礼，中国旧时婚礼程序之一，又称财礼、聘礼、聘财等。我国自古以来婚姻的缔结，就有男方在婚姻约定初步达成时向女方赠送聘金、聘礼的习俗，这种聘金、聘礼俗称"彩礼"。

关于彩礼的司法解释，《最高人民法院关于适用〈中华人民共和国民法典〉婚姻家庭编的解释（一）》第五条规定，当事人请求返还按照习俗给付的彩礼的，如果查明属于以下情形，人民法院应当予以支持。

（一）双方未办理结婚登记手续的；

（二）双方办理结婚登记手续但确未共同生活的；

（三）婚前给付并导致给付人生活困难的。

适用前款第（二）项、第（三）项的规定，应当以双方离婚为条件。

最高人民法院的这一司法解释，使得我国对婚约问题的处理有法可依；但由于这一解释，没有明确说明婚约解除后彩礼的返还，与离婚后彩礼的返还的具体区别，返还的数额如何把握，对生活困难的人该如何确定，等等，导致审判人员由于认识的分歧，对同一案件的处理会出现不同的结果。我们通常理解的，是要把"导致给付人生活困难"作为彩礼返还的条件。

离婚时彩礼的返还要以导致给付人生活绝对困难为条件，但处理婚约财产纠纷案件时，只要给付人生活相对困难，就应予以返还。

该司法解释规定的三种情形，在处理婚约财产纠纷案件时，只要符合其中之一，就可以判令被支付方返还彩礼，而不能要求三种情形全部存在。对于返还的数额，在处理离婚纠纷案件中的彩礼返还时，人民法院可以根据当事人的诉讼请求并结合查证的彩礼数额予以判决。而在婚约彩礼纠纷案件中，只要是属于法院查明的彩礼部分，即应全额返还。

【延伸解读】

目前，在我国农村，订婚给付彩礼的现象依然比较普遍，随着经济的发展和生活水平的提高，彩礼的数量也在不断提高，小到金银首饰，大到汽车、住房，而在农村家庭夫妻离婚时，对彩礼是否返还也存在较大的争议。

关于彩礼纠纷处理的一般原则，《最高人民法院关于适用〈中华人民共和国民法典〉婚姻家庭编的解释（一）》第五条规定，当事人请求返还按照习俗给付的彩礼的，如果查明属于以下情形，人民法院应当予以支持。

1. 双方未办理结婚登记手续的；
2. 双方办理结婚登记手续但确未共同生活的；
3. 婚前给付并导致给付人生活困难的。

适用前款第2项、第3项的规定，应当以双方离婚为条件。

在司法实践中，对《婚姻法解释二》第十条规定的适用，笔者建议应注意以下方面。

1. 首先要把握处理彩礼纠纷的基本原则，即《婚姻法解释二》在决定彩礼是否返还时，是以当事人是否已经缔结婚姻关系为主要判断依据的，给付彩礼后未缔结婚姻关系的，原则上收受彩礼一方应当返还彩礼。

2. 双方已经登记结婚的，只有在《婚姻法解释二》第十条第（二）项、第（三）项的特殊情况下，才支持当事人的返还请求，其前提是双方必须离婚。

3.《婚姻法解释二》第十条规定中的因给付彩礼导致生活困难，应当以绝对生活困难为标准，而不是相对生活困难。所谓绝对生活困难，是实实在在的困难，是其靠自己的力量已经无法维持当地最基本的生活水平。

（以上人物均为化名）

92. 一方父母出资作为首付并贷款按揭购买的房屋是否属于夫妻共同财产

案例简介

原告陈小明与被告薛小凤于2003年结婚，于2013年1月诉讼离婚，子女由陈小明抚养并依法分割夫妻共同财产。二人争议焦点在于：位于北京市某区204房

92. 一方父母出资作为首付并贷款按揭购买的房屋是否属于夫妻共同财产

屋（以下简称204号房屋）是否是夫妻共同财产。204房屋是陈小明在2004年10月与北京某房地产开发有限责任公司签订《商品房买卖合同》购得，2010年4月取得产权证，目前估值市场总价为326万元。204号房屋的首付款18万元由陈小明父母出资，剩余房款以陈小明的名义按揭贷款，陈小明、薛小凤共同偿还贷款24万余元，尚欠贷款37万余元未还。此外，204号房屋的装修款10万元由薛小凤之母出资。

【争议焦点】

庭审中，陈小明称因首付款为其父母出资，并登记在其个人名下，故204号房屋应为其个人财产，不同意作为共同财产予以分割。薛小凤则主张，因后续贷款为双方共同偿还，故要求将204号房屋作为共同财产依法进行分割，并向法院提交房屋评估申请。

【法院判决】

法院认为：同意双方离婚，204号房屋归原告陈小明所有，该房屋的剩余贷款由陈小明自行偿还。陈小明需要给付被告薛小凤房屋折价款148万元。

温馨提示

婚姻关系的维系应以夫妻感情为基础。现陈小明诉至法院要求与薛小凤离婚，薛小凤同意离婚，可认定双方感情确已破裂，应予离婚。

关于204号房屋分割问题。

首先，该套房屋系陈小明与薛小凤婚后购买，并登记在陈小明名下，且陈小明与薛小凤在此共同居住生活，说明购买该套房屋系为解决陈小明与薛小凤共同居住问题。

其次，购买该套房屋的首付款虽为陈小明父母所出，但现在尚没有购房交纳首付款人即为所有人之相关规定，既然陈小明之父母并非该套房屋的所有人，故陈小明之父母亦不能将该套房屋赠与陈小明本人。

再次，在诉讼中，陈小明认可薛小凤的父母出资10万元装修费，后陈小明与薛小凤又共同偿还贷款，说明薛小凤与其父母亦对该套房屋有高额投入，如仅因陈小明父母支付首付款即认定房屋所有权人为陈小明个人，显然不符合民法的公平原则，无法得到普遍的社会认同。

最后,根据《最高人民法院关于适用〈中华人民共和国民法典〉婚姻家庭编的解释(一)》第二十九条规定,当事人结婚前,父母为双方购置房屋出资的,该出资应当认定为对自己子女个人的赠与,但父母明确表示赠与双方的除外。

当事人结婚后,父母为双方购置房屋出资的,依照约定处理;没有约定或者约定不明确的,按照民法典第一千零六十二条第一款第四项规定的原则处理,婚后由一方父母支付首付款为子女购买不动产,产权登记在出资人子女名下,并由夫妻共同偿还贷款,该不动产应属于夫妻共同财产。

延伸解读

若非借贷,即为赠与。若产权证登记在双方名下或出资人子女的配偶名下的,则视为对夫妻双方的赠与,房屋归夫妻共有,父母无权对房屋主张所有权。

若产权证登记在出资人子女一方名下的,产权证在婚前办理的,没有明确表示赠与双方的,则为赠与其本人子女,房屋归其子女所有。

产权证在婚后办理,没有明确表示赠与其本人子女的,视为赠与双方,房屋归双方所有。

儿女结婚,父母帮忙出资置买婚房是如今社会的普遍做法。那父母出资为子女购买的房子算是夫妻共同财产呢?还是子女个人财产呢?

根据《最高人民法院关于适用〈中华人民共和国民法典〉婚姻家庭编的解释(一)》第二十九条规定,当事人结婚前,父母为双方购置房屋出资的,该出资应当认定为对自己子女个人的赠与,但父母明确表示赠与双方的除外。

当事人结婚后,父母为双方购置房屋出资的,依照约定处理;没有约定或者约定不明确的,按照民法典第一千零六十二条第一款第四项规定的原则处理,产权登记在一方名下,但由夫妻共同偿还贷款的情形下,仅因产权登记人的父母支付了首付款,即认定不动产为夫妻一方个人财产,显失公平。因此,婚后由一方父母支付首付款为子女购买不动产,产权登记在出资人子女名下,并由夫妻共同偿还贷款,该不动产应属于夫妻共同财产。

(以上人物均为化名)

93. 一方借款用于赌博，配偶方是否应承担还款责任

案例简介

2009年5月，张军在与王小花婚姻关系存续期间以个人名义向刘涛借款共计90万元，并约定借款期限为七天，月利率为3%。2009年6月，张军与王小花协议离婚。后借款期限届满，张军分文未还。2011年8月，刘涛因犯开设赌场罪被法院判处有期徒刑，法院还认定，刘涛长期组织张军等人进行赌博，并向参赌人员放高利贷。后刘涛出狱，遂向法院提起诉讼，请求判令张军、王小花共同归还90万元及利息。

【争议焦点】

1. 案涉借款是否成立并合法有效？
2. 本案借款是否构成夫妻共同债务？

【法院判决】

法院经审理后认为，出借人明知借款人是为了进行非法活动而借款，其借贷关系法律不予保护。张军借款的时间为2009年5月，而出借人刘涛于2009年4-5月间开设赌场，借款人张军亦曾在该赌场内参与赌博，出借人刘涛对于张军有赌博恶习的事实应当明知，故刘涛应当明知张军借款的目的是用于赌博。张军本人亦陈述本案借款系刘涛在赌场出借，刘涛借款给其用于赌博。结合以上事实，能够认定出借人刘涛明知借款人张军借款用于赌博而提供借款，按照最高人民法院规定，其借贷关系法律不予保护。判决驳回刘涛对张军、王小花的诉讼请求。

延伸解读

本案判决体现了倡导公民进行民事活动应遵守法律规定及不得违反公序良俗的裁判价值取向，维护了正常的民间借贷市场秩序。虽本案的出借人刘涛已向借款

人张军支付出借款项，但其明知张某借款的目的是用于赌博，出借目的不具有正当性，相关法律对该行为予以否定性评价。赌博行为是为我国法律所不允许的一种违法行为，视赌博行为的情节轻重可分为一般赌博违法行为与赌博罪。

所谓赌博罪是指以营利为目的，聚众赌博、开设赌场或者以赌博为业的行为，《中华人民共和国刑法》第三百零三条规定：以营利为目的，聚众赌博、开设赌场或者以赌博为业的，处三年以下有期徒刑、拘役或者管制，并处罚金。对于一般的赌博违法行为，《中华人民共和国治安管理处罚法》第七十条规定：以营利为目的，为赌博提供条件的，或者参与赌博赌资较大的，处五日以下拘留或者五百元以下罚款；情节严重的，处十日以上十五日以下拘留，并处五百元以上三千元以下罚款。借款人直接因赌博形成的债务，属于非法债务，法院不予保护；如果出借人明知借款人借款系用于赌博等违法行为还仍然向借款人出借款项的，对该借款法院亦不予保护。本案即属于出借人明知借款人借款用于赌博的情形，故法院最终驳回原告刘涛的诉讼请求。

司法实践中还存在另外一种情形，即借款人在借款时虚构借款理由，如称借款是用于买房、子女上学等用途，出借人出借款项后借款人将借款实际用于赌博、吸毒等违法行为，而出借人在出借款项时对于借款人将借款用于赌博等违法行为并不知情，此种情形下，借款人仍应向出借人承担还款责任。那么借款人的配偶在此种情形下是否应当承担还款责任？即该债务是否应认定为借款人和其配偶的夫妻共同债务？

《中华人民共和国民法典》第一千零八十九条规定，离婚时，夫妻共同债务应当共同偿还。共同财产不足清偿或者财产归各自所有的，由双方协议清偿；协议不成的，由人民法院判决。《中华人民共和国民法典》第一千零六十四条规定，夫妻双方共同签名或者夫妻一方事后追认等共同意思表示所负的债务，以及夫妻一方在婚姻关系存续期间以个人名义为家庭日常生活需要所负的债务，属于夫妻共同债务。夫妻一方在婚姻关系存续期间以个人名义超出家庭日常生活需要所负的债务，不属于夫妻共同债务；但是，债权人能够证明该债务用于夫妻共同生活、共同生产经营或者基于夫妻双方共同意思表示的除外。这些规定明确了以"是否用于夫妻共同生活"作为是否构成夫妻共同债务的核心判断标准。如果举债方将所借款项用于夫妻共同生活，则该债务应认定为夫妻共同债务，举债方与其配偶均应承担还款责任；如果举债方将借款用于赌博等非法行为而非夫妻共同生活，则该债务应认定为举债方的个人债务，配偶一方不应承担共同还款责任。

温馨提示

公民在日常民间借贷往来中应时刻注意加强对自身财产权益的保护。在传统的民间借贷纠纷中，生活消费类型的借贷居多，较少发生借款人将借款用于非法活动的情况。而当前借贷案件情形复杂，出借人应增强法律意识，避免借贷关系不受法律保护而遭受损失。此外，对于未实际借款的善意夫妻一方而言，如果其配偶向他人举债用于赌博等非法活动的，善意一方应充分举证证明该借款未用于夫妻共同生活而被举债方用于非法活动的事实，从而使自己免除承担还款责任，充分保护自己的合法权益。

（以上人物均为化名）

94. 丈夫车祸去世，100万元死亡保险金终归谁家

案例简介

张生和王敏于2010年结婚，婚后，王敏便做起了家庭主妇，而张生又经常出差，张生很是担心万一自己有意外，王敏的生活得不到保障，于是自己作为投保人，投保了一份保额为100万元的人寿保险，保险合同受益人写的是"妻子王敏"。张生将保费交完后，保险合同便交予妻子王敏保存。但天不遂人愿，因为两人因为长时间的聚少离多，感情越来越淡，最终在2013年协议离婚。

离婚时，这张人寿保单并没有处理。2014年，张生在工作中结识了刘女士，两人情投意合，年底就结婚了，很快有了一个可爱的儿子。

2016年4月，张生在出差中遭遇车祸，抢救无效去世。王敏通过朋友得知消

息后，拿着当时购买的保单向保险公司办理理赔，保险公司要求提供张生的死亡证明。王敏索取张生的死亡证明时，刘女士才知道还有这张保单存在。刘女士认为，自己的丈夫去世了，他的死亡保险金应该由自己领取，于是也向保险公司要求理赔。

【争议焦点】

100万元死亡保险金到底该给谁呢？

一、保险合同的受益人有权利领取保险金

《中华人民共和国保险法》第十八条第三款规定："受益人是指人身保险合同中由被保险人或者投保人指定的享有保险金请求权的人。投保人、被保险人可以为受益人。"受益人由被保险人或者投保人指定，当发生保险事故后，有权利请求保险公司支付保险金。按照这一规定，案例中的100万元保险金将由前妻王敏领取。这个结果对于保险公司没有任何影响，王敏自然也愿意，但是张生的家人却无法接受这个结果。纠纷随之而来。王敏能够领取到保险赔偿金吗？

二、婚姻变动牵动保险理赔

保险目前已经成为家庭中最常见的转移风险的工具，投保人、被保险人、受益人的设置决定了一张保单中享有权利、履行义务的人。但是，人与人之间的关系并不是一成不变的。

2016年7月11日，民政部发布《2015年社会服务发展统计公报》。该报告显示，2015年共有384.1万对夫妻依法办理离婚手续，平均每天10 523对。2010—2015年共有2063.8万对夫妻离婚，其中相当一部分人会像张生一样进入再婚家庭。离婚、再婚导致人与人之间的身份关系发生了重大的变化，以身份关系为基础的保单也面临重大变化。

【律师说法】

1.严格遵守保险合同还是维护家庭养老育幼的功能？

在这个案例中存在如下利益冲突。

（1）王敏是保险合同中的受益人，由王敏领取100万元保险金，是严格遵守保险合同的约定。

（2）张生组建了新的家庭，他的去世，对于配偶、子女、父母造成的感情伤痛和经济损失最大，把保险金参考遗产的处理原则，由他最亲近的家人领取更能发挥家庭养老育幼的功能。

2.面对利益冲突应该如何平衡和选择呢？

2015年12月1日起实施的《最高人民法院关于适用〈中华人民共和国保险法〉若干问题的解释（三）》第九条选择了维护家庭养老育幼的功能。第九条第二款第（三）项规定："受益人的约定包括姓名和身份关系，保险事故发生时身份关系发生变化的，认定为未指定受益人。"

按照这一条款，案例中保单指定的受益人是"妻子王敏"，张生去世时，他和王敏的身份关系发生了变化，"妻子王敏"已经不存在，所以推定人寿保单未指定受益人，将保险金参照张生的遗产处理方法，由他的法定继承人享有。这时，悲痛的刘女士、年幼的孩子、年迈的父母在张生去世之后也仍然有后续的保障。

从道德层面考虑，若仅仅依照保险合同，在王敏和张生离婚后，张生的去世，对于王敏来说可能有感情上的伤痛，但是并没有经济上的损失。张生好好活着时是别人的丈夫、别人孩子的父亲、别人的儿子，但是死亡却能给王敏带来一笔巨额的保险金，这样的巨额利益会大大诱发受益人故意制造保险事故的道德风险。

3.那么，王敏的利益如何保护？

婚后，张生投保，使用的是夫妻共同财产，离婚时双方应该对保单利益进行分割。在该案例中，两方离婚时没有分割，后来发生理赔，按照《最高人民法院关于适用〈中华人民共和国保险法〉若干问题的解释（三）》的规定，王敏无权领取保险金，但是当初缴纳的保费形成的保险利益属于离婚时未分割的夫妻财产，王敏可以要求领取保险金的人进行补偿。

【法律链接】

《中华人民共和国保险法》第四十二条 被保险人死亡后，有下列情形之一的，保险金作为被保险人的遗产，由保险人依照原《中华人民共和国继承法》的规定履行给付保险金的义务。

（一）没有指定受益人，或者受益人指定不明无法确定的；

（二）受益人先于被保险人死亡，没有其他受益人的；

（三）受益人依法丧失受益权或者放弃受益权，没有其他受益人的。

受益人与被保险人在同一事件中死亡，且不能确定死亡先后顺序的，推定受益人死亡在先。

2015年12月1日起实施的《最高人民法院关于适用〈中华人民共和国保险法〉若干问题的解释（三）》第九条 投保人指定受益人未经被保险人同意的，人民法院应认定指定行为无效。

当事人对保险合同约定的受益人存在争议，除投保人、被保险人在保险合同之外另有约定外，按照以下情形分别处理。

（一）受益人约定为"法定"或者"法定继承人"的，以继承法规定的法定继承人为受益人；

（二）受益人仅约定为身份关系，投保人与被保险人为同一主体的，根据保险事故发生时与被保险人的身份关系确定受益人；投保人与被保险人为不同主体的，根据保险合同成立时与被保险人的身份关系确定受益人；

……

（以上人物均为化名）

▶95. 丈夫给"情人"的财产，妻子该如何要回

案例简介

王小敏与张涛系夫妻关系。两个人结婚之初非常恩爱，后来由于生育观念发生分歧，王小敏奉行二人世界，而张涛则一直想要一个孩子，于是两个人多次因为这个问题发生矛盾，最后都是不欢而散。后来张涛遇见了比自己小16岁的李静，李静年轻漂亮，且温柔可人，张涛很快被李静吸引了。于是在张涛的疯狂追求下，两个人很快同居了。2012年5月，张涛给李静转账50万元现金，让其购买轿车，李静用该款购买轿车一辆且登记在自己名下。2013年6月，张涛一次性向开发商支付105万元购房款，为李静购买了一套房屋，登记在李静名下。

后来，张涛的妻子王小敏知晓此事后，将李静与张涛共同诉至法院，要求确认张涛赠与李静财产的行为无效，要求李静返还购买房屋以及车辆的款项共计155万元。

95.丈夫给"情人"的财产，妻子该如何要回

【法院审理】

一审法院经审理认为，张涛将夫妻共同财产赠与李静的行为违反了公序良俗的法律原则，李静取得诉争房屋和车辆是基于其与张涛之间不正当的婚外同居关系，其取得财产主观上并非善意，且不是有偿取得，不符合善意取得的法定条件。张涛未经王小敏同意，将夫妻共有巨额财产赠与李静，侵害了王小敏的合法财产权益，其赠与行为无效。李静应将该款项返还给王小敏。据此判决李静向王小敏返还购车款50万元以及购房款105万元。

【争议焦点】

在本案审理过程中，对夫妻一方擅自将共同财产赠与他人的效力问题，存在两种不同的观点。

第一种观点认为。

1.张涛和李静婚外同居有违公序良俗，但该行为的无效并不能等同于赠与无效，对张涛向李静的赠与行为应依《中华人民共和国民法典》合同编的规定单独判断。依《中华人民共和国民法典》的相关规定，张涛对李静就车辆和房产的赠与行为已完成了所有权转移登记，故该赠与行为不应予以撤销。

2.张涛的赠与并不必然侵犯王小敏的夫妻共同财产权。虽然婚姻关系存续期间所得的财产一般属于夫妻共同共有，但张涛作为夫妻一方应享有部分财产的独立处分权。张涛与王小敏的夫妻共同财产总额较大，张涛在本案中单独处分的部分财产较之于夫妻共同财产比例较小，故该赠与并不必然侵害王小敏的夫妻共同财产权。即使张涛侵犯了王小敏的夫妻共同财产权，也应由张涛对王小敏承担责任，而不应由李静承担责任。

3.张涛的社会地位和经济地位均高于李静，其与李静婚外同居，虽双方均有过错，但张涛应属主要过错方。如果判令李静将张涛赠与的财产完全返还，不能体现对于张涛作为主要过错一方的惩罚。故在判令李静已返还货币财产的情况下，鉴于张涛赠与李静的房屋和车辆均已登记在李静名下，该赠与行为应认定为合法有效，李静对诉争房屋和车辆享有所有权。

第二种观点认为。

1.张涛赠与李静的购车款和房产均系张涛与王小敏的夫妻共同财产，张涛未征得王小敏的同意将上述财产赠与李静，侵犯了王小敏的财产权。

2.张涛基于与李静之间存在的不正当婚外同居关系将诉争房屋和车辆赠与李

— 271 —

静,该行为违反了公序良俗的法律原则,依法无效。

3.李静取得诉争房屋和车辆并非善意、有偿取得,而张涛非因日常生活需要,在未与其妻王小敏协商一致的情形下,擅自赠与大额款项为婚外情人购买房屋和车辆的行为,应认定无效。

4.从良好的社会导向考虑,亦应当认定张涛在未与王小敏协商一致情形下、非因日常生活需要、对基于不正当婚外同居关系向李静无偿赠与的擅自处分行为无效。

【律师说法】

本案是典型的有配偶者与他人婚外同居发生的赠与纠纷,处理时应从法律、情理与当事人之间利益平衡方面综合考虑。

1.张涛在已有配偶的情况下与李静婚外同居,其行为违反了《中华人民共和民法典》的禁止性规定,其与李静的同居关系属于违法。

2.夫妻共同财产是基于法律的规定,因夫妻关系的存在而产生。在夫妻双方未选择其他财产制的情形下,夫妻对共同财产形成共同共有,而非按份共有。根据共同共有的一般原理,在婚姻关系存续期间,夫妻共同财产应作为一个不可分割的整体,夫妻对全部共同财产不分份额地共同享有所有权,夫妻双方无法对共同财产划分个人份额,在没有重大理由时也无权于共有期间请求分割共同财产。夫妻对共同财产享有平等的处理权,并不意味着夫妻各自对共同财产享有一半的处分权。只有在共同共有关系终止时,才可对共同财产进行分割,确定各自份额。因此夫妻一方擅自将共同财产赠与他人的赠与行为应为全部无效,而非部分无效。

《中华人民共和国民法典》第一千零六十二条规定,夫妻在婚姻关系存续期间所得的下列财产,为夫妻的共同财产,归夫妻共同所有。

(1)工资、奖金、劳务报酬;

(2)生产、经营、投资的收益;

(3)知识产权的收益;

(4)继承或者受赠的财产,但是本法第一千零六十三条第三项规定的除外;

(5)其他应当归共同所有的财产。

夫妻对共同财产,有平等的处理权。应当理解为:①夫或妻在处理夫妻共同财产上的权利是平等的。因日常生活需要而处理夫妻共同财产的,任何一方均有权决定。②夫或妻非因日常生活需要对夫妻共同财产做重要处理决定，夫妻双方应当平等协商，取得一致意见。他人有理由相信其为夫妻双方共同意思表示的，另一方不得以不同意或不知道为由对抗善意第三人。

本案中，张涛赠与李静大额财产，显然不是因日常生活需要而处理夫妻共同财产的行为，其未经妻子王小敏同意赠与婚外情人李静，侵犯了王小敏的财产权益，该赠与行为应认定为无效；李静明知张涛有配偶而与其婚外同居并接受大额财产的赠与，显然也不能视为善意第三人。

3.超出日常生活需要对夫妻共同财产进行处分，双方应当协商一致，张涛单独将大额夫妻共同财产赠与他人，也是一种无权处分行为。《中华人民共和国民法典》物权编第三百一十一条规定，无处分权人将不动产或者动产转让给受让人的，所有权人有权追回；除法律另有规定外，符合下列情形的，受让人取得该不动产或者动产的所有权：①受让人受让该不动产或者动产时是善意；②以合理的价格转让；③转让的不动产或者动产依照法律规定应当登记的已经登记，不需要登记的已经交付给受让人。受让人依据前款规定取得不动产或者动产的所有权的，原所有权人有权向无处分权人请求损害赔偿。当事人善意取得其他物权的，参照适用前两款规定。当财产被他人无合法依据占有时，所有权人有权根据物权的追及效力要求非法占有人返还财产，夫妻中的受害方可以行使物上请求权，以配偶和婚外同居者为共同被告，请求法院判令其返还财产。

4.涉及具体处理问题，对于张涛赠与李静的轿车和房产，究竟是返还原物还是返还相应的款项，审判实践中做法不一。一般可分为两种情况：如果赠与人给受赠人钱款让其购房、购车等且登记在受赠人名下，赠与行为被确认无效后，受赠人应返还相应的钱款；如果赠与人是把原来登记在自己名下的房屋、车辆等变更登记为受赠人，受赠人应返还原房屋或车辆等。

5.最高人民法院民一庭的倾向性意见。

夫妻一方与他人婚外同居违反了法律的禁止性规定，这种婚外同居关系属于违法关系；在婚姻关系存续期间，夫妻双方对共同财产不分份额地共同享有所有权，夫或妻非因日常生活需要处分夫妻共同财产时，应当协商一致，任何一方无权单独处分夫妻共同财产；如果夫妻一方超出日常生活需要擅自将共同财产赠与他人，这种赠与行为应认定为无效；夫妻中的另一方以侵犯共有财产权为由请求返还的，人民法院应予支持。

延伸解读

有人提出这样的问题，即夫妻一方擅自赠与婚外情人大额财产，是否属于《中华人民共和国民法典》第一千零六十六条"转移夫妻共同财产"的情形？

从辞典的解释来看，"转移"一词是指改换位置，从一方移到另一方；另外还有"改变"之意。律师认为，一方擅自赠与婚外情人大额夫妻共同财产的行为与"转移"夫妻共同财产的概念有重合之处，应当认定属于《中华人民共和国民法典》第一千零六十六条的情形，即构成分割夫妻共同财产的"重大理由"，另一方可以要求在婚姻关系存续期间分割夫妻共同财产。

（以上人物均为化名）

▶96. 丈夫将财产遗赠给第三者，遗赠财产不属于遗产范围

有这样一位丈夫，在自己病危时留下遗嘱，将其财产分为两份，一份留给妻子，另一份给与其同居的情人。丈夫死后，由于妻子拒绝分配财产，"第三者"遂将"原配夫人"推上被告席，请求法庭判给其按遗嘱应得的60万元。一般来说，如果有婚外情人，最怕自己的原配知晓，而这位丈夫的举动很明显是希望自己的妻子知道。

案例简介

王娟与丈夫张小勇于1998年登记结婚，婚后感情甚好。2008年，张小勇认识了李燕，两个人一见钟情，后来干脆同居住在了一起。

2011年年初，张小勇患肝病住院，入院治疗期间，王娟对丈夫悉心照顾。同年4月，张小勇去世，在办丧事时，李燕当众拿出张小勇生前的遗嘱，称张小勇将60万元的遗产赠与她，在场人士一片愕然。李燕的诉求不光没有得到大家的认同，反而惹来一片争议与责骂。李燕不甘心，于是诉到法院。

原告李燕诉称，她与张小勇是男女朋友关系，张小勇生前留下遗嘱对其财产

做出明确的处理，其中一部分指定由王娟继承，另一部分总值约60万元的遗产遗赠给她。李燕称，张小勇去世后，王娟控制全部遗产，她认为，王娟的行为侵害了她的合法权益，按《中华人民共和国民法典》继承编等有关法律规定，她请求法庭判令王娟给付她财产60万元。

【法院判决】

法院审理认为，遗赠人张小勇身患肝癌，临终前立下书面遗嘱，将其财产赠与原告李燕。该遗嘱虽是遗赠人张小勇的真实意思表示且形式上合法，但在实质赠与财产的内容上存在违法之处。因为遗赠给李燕的60万元其实均是夫妻共同财产，单独对夫妻共同财产进行处理，侵犯了王娟的合法权益，其无权处分部分应属无效，且李燕的身份系张小勇的婚外情人，有违背公序良俗原则，遗赠应属无效。法院驳回了李燕的诉求。

【律师说法】

根据《中华人民共和国民法典》第一千一百二十二条规定，遗产是自然人死亡时遗留的个人合法财产。依照法律规定或者根据其性质不得继承的遗产，不得继承。本案判决合情合理，更进一步体现了《中华人民共和国民法典》婚姻家庭编对公民权益的维护。

延伸解读

不属于遗产范围的财产和权利有哪些？

不属于遗产范围的财产和权利有专属于被继承人的人身权利、政治权利，专属于被继承人本人的财产权利，他人的财产。它们具体包括以下几类。

1.被继承人的人身权利。人身权利是指与人身不可分离的以特定的人身利益为内容的民事权利。公民的人身权利主要有姓名权、人身自由权、生命权、健康权、名誉权、荣誉权、肖像权、隐私权、受教育权、休息权等。因为人身权利与权利人的人身密不可分，会因权利人的死亡而消灭，故此不能由继承人继承。

2.被继承人的政治权利。政治权利是公民参加国家政治生活、进行政治活动的权利。公民的政治权利有选举权，被选举权，言论、出版、集会、结社、游行、示威的权利，通信自由权，担任领导职务权，批评、建议权，申诉、控告、检举权，等等。公民的政治权利也随着公民的死亡而不复存在，不能由其继承人继承。

3.专属于被继承人本人的财产权利。专属于本人的财产权利主要有国家、集体财产的使用权,包括公共财产的使用权,自留地、自留山、鱼塘、果园、滩涂、牧场、草原等的经营权,等等。对企业的承包权、房屋租赁权、雇佣合同中的劳动权、财物代管权,接受他人遗赠的受遗赠权,扶养费、养老金、抚恤金、生活补助费的请求权,劳动工资的请求权,以及其他与工作或者职务相联系的经济待遇,如公费医疗、分配住房,等等。这些财产权利也都是与被继承人本人密不可分的,被继承人活着便享有,一旦死亡便不复存在,不能作为遗产由继承人继承。

4.不属于被继承人的财产。

(1)国家、集体的财产,包括国家、集体本身固有的财产,被继承人生前保管的国家、集体的财产,被继承人生前赠与国家、集体的财产。

(2)其他个人的财产,包括被继承人配偶的婚前财产,夫妻共同财产中属于配偶的部分,婚姻关系存续期间约定为配偶的财产,被继承人其他家庭成员的个人财产,家庭共同财产中属于其他家庭成员的财产,发给被继承人亲属的抚恤金和生活补助费,被继承人在保险合同中指定了受益人的人身保险金,被继承人生前赠与其他公民的财产以及其他公民本身固有的财产。

(3)被继承人非法所得及来历不明或权属有争议的财产。

(以上人物均为化名)

97.丈夫可以将"自己挣的钱"赠与他人吗

案例简介

钱涛与刘敏在北京打工认识,后自由恋爱,于2006年10月登记结婚。婚后生有一个男孩,刘敏便做起了家庭主妇,回到了四川老家带孩子。钱涛一直在北京做生意,其间赚了很多钱。钱多了,事情也就多了起来,于是钱涛开始喜新厌旧,在外偷偷地找了情人梁倩倩,为了显示自己的大方,无偿赠与梁倩倩财产15万元。后刘敏无意中知晓了此事,向梁倩倩索要,梁倩倩拒绝返还,刘敏遂诉诸法院,以这15万元系夫妻共同财产为由,请求确认钱涛的赠与行为无效。

【争议焦点】

法院受理此案后,依法组成了合议庭进行审理。对于钱涛赠与梁倩倩的15万元是否为夫妻共同财产,其赠与行为是否有效,存在两种不同意见:

第一种意见认为,钱涛的赠与行为有效,因15万元系钱涛自己挣的钱,赠与行为属于自己的真实意思表示,且钱涛是成年人,具有完全民事行为能力。

第二种意见认为,钱涛的赠与行为无效,因为钱涛赠与的财产15万元属于夫妻共同财产,他无权私自处理,必须经过刘敏的同意才有效。

【法院判决】

后来法院采用了第二种意见,理由如下。

根据《中华人民共和国民法典》第一千零六十二条规定,夫妻在婚姻关系存续期间所得的下列财产,为夫妻的共同财产,归夫妻共同所有。

1.工资、奖金、劳务报酬;

2.生产、经营、投资的收益;

3.知识产权的收益;

4.继承或者受赠的财产,但是本法第一千零六十三条第(三)项规定的除外;

5.其他应当归共同所有的财产。

夫妻对共同财产,有平等的处理权。

【律师说法】

本案中,首先,钱涛一直在外做生意,其妻刘敏在家带孩子,虽然夫妻内外分工不一样,但都是在为家庭而努力付出,而且二人未办理离婚手续,仍系夫妻,钱涛所赚取的收入系其与妻子刘敏的共同财产。

其次,钱涛将夫妻共同财产无偿赠与梁倩倩的行为并非是为了日常生活所需,也未经过妻子刘敏的同意,且梁倩倩也并非是善意第三人。梁倩倩明知钱涛赠与其财产是钱涛的私自行为,钱涛的妻子刘敏如果知道此事,根本不会同意,所以梁倩倩在主观上不是善意的,当然也就无法行使抗辩。

最后,根据公序良俗原则,民事法律制度对民事主体权利行使做出必要的法律限制性规定,加上公认的道德规范,形成了具有系统性的公序良俗。该案中钱涛的这种赠与情人财产的行为也有违社会公德。

根据法律相关规定及其基本原理，违背法律或者社会公德的行为应认定是无效的，所以钱涛私自将夫妻共有财产赠与其情人梁倩倩的行为是无效的，刘敏主张要求梁倩倩返还，法院应予以支持。

夫或妻非因日常生活需要对夫妻共同财产做出重要处理决定，夫妻双方应当平等协商，取得一致意见。

延伸解读

"赠与"是赠与人将自己的财产无偿给予受赠人，受赠人表示接受的一种行为。这种行为的实质是财产所有权的转移。赠与行为一般要通过法律程序来完成，即签订赠与合同（也有口头合同和其他形式）。法律术语称这种合同为诺成性合同，顾名思义就是只要"承诺"就可以"成立"。基于该合同的诺成性，赠与人做出意思表示时虽未实际取得但将来可以取得的财产，也可成为赠与合同的"标的"。赠与，是指既不需要付息也不需要还本，是"标的"的单方面转移。

赠与虽然不可能成为社会中财产所有权移转的主要形式，也起不到直接促进社会经济发展的作用，但在现代社会，赠与仍具有相当的社会意义：一方面，赠与可以在一定程度上对社会财富平衡分配；另一方面，赠与可以沟通赠与双方当事人的感情，进而融洽社会气氛，减少社会矛盾。赠与合同是典型的无偿合同和单务合同，即赠与人无对价而支付利益，受赠人不负担任何对待给付义务既可获得利益，这一合同关系导致合同双方的权利义务严重违反公平和等价有偿的交易原则。因此，为均衡赠与人与受赠人之间的权利义务关系，在赠与合同的立法中，立法者都尽可能采取措施优遇赠与人。

赠与人的任意撤销权，是在赠与合同成立后，赠与物交付之前，赠与人得基于自己的意思表示撤销赠与的权利。《中华人民共和国民法典》合同编第六百五十八条规定了赠与人享有任意撤销权，即赠与人在赠与财产的权利转移之前可以撤销赠与。其目的就是赋予赠与人与受赠人达成合意后、法定要件实现前以悔约权，使赠与人不致因情绪冲动，思虑欠周，贸然应允，将不动产等价值贵重物品无偿给予他人，既受法律上的约束，遭受财产上的不利益。

一、赠与人权利

由于《中华人民共和国民法典》合同编把赠与合同的性质规定为诺成合同，

即赠与人与受赠人一旦达成合议合同即告成立，对双方具有约束力，赠与人对受赠人有要求其履行的权利。一般情况下，诺成合同是不允许当事人享有任意撤销权的，但由于赠与合同为无偿单务合同，受赠人为纯获利益者，赠与人并不能从受赠人处取得任何财产代价（即使是附义务的赠与，所附的义务也不是赠与合同的对价义务），在赠与合同成立后，若不许赠与人撤销赠与，则即使赠与人因一时冲动、思虑不周而为赠与的意思表示，也须负担履行赠与合同的义务，这对赠与人要求未免过于苛刻，有失公允。故应准许赠与人在一定条件下反悔，对赠与人的约束应较双务合同弱一些。

二、任意撤销权行使的条件

因任意撤销权全依赠与人之意思表示，如无一定的条件限制，则赠与合同缺乏应有的约束力，对受赠人也是不公平的。故各国民法多为赠与合同的任意撤销设定一定的限制条件。可以说，此种撤销虽名为任意，但也不完全尽然。为了保护受赠人的利益，《中华人民共和国民法典》合同编第六百五十八条对赠与人行使任意撤销权规定了一定的条件，主要是时间条件和范围条件。

法定撤销权的三种情况。

1.受赠人严重侵害赠与人或者赠与人的近亲属。

受赠人如果严重侵害赠与人或赠与人的近亲属时，这表明，赠与合同赖以存在的感情基础将不复存在，与之相适应，赠与合同也将失去存在意义，因此，法律赋予赠与人有权撤销赠与。何谓严重侵害，我国法律并未明确予以界定，造成实践操作中的困难。考虑到赠与合同的单务性、无偿性等特点，凡是受赠人实施的、足以危害赠与合同赖以存在的感情基础的任何行为，均为此处的严重侵害行为，不仅包括受赠人对赠与人及其近亲属实施的犯罪行为，也包括受赠人对赠与人及其近亲属所实施的严重有损道德名誉等行为。至于受赠人的近亲属的范围，应包括赠与人的配偶、父母、子女、兄弟姐妹、祖父母和外祖父母、孙子女和外孙子女。

2.受赠人对赠与人负有抚养义务而不履行。

对赠与人有抚养义务而不履行的，赠与人可以依法行使撤销权。这里的抚养应是广义上的抚养，包括扶养、抚养和赡养三种类型。

负有抚养义务而不履行是指：一是存在受赠人不履行对赠与人抚养义务的事实，二是此事实是在受赠人有履行能力的情况下而不履行所致。如果受赠人在没有抚养能力的情况下而不履行则属于客观上不能，表明受赠人主观上并无不履行的故意，在此赠与人不能行使法定撤销权。

3.受赠人不履行赠与合同约定的义务。

受赠人如果不按约定履行该负担的义务，是一种对自己诺言和对赠与人意愿的违背，从某种角度上讲，也有损赠与人的利益。为此，法律特别赋予赠与人以法定撤销权。从合同角度来讲，不履行约定的义务包括完全的不履行、迟延履行、不适当履行等，其中完全不履行包括拒绝履行和根本违约两种情况。在这两种情况下，赠与人行使法定撤销权没有争议，但在不完全履行或者部分履行的情况下，能否行使撤销权呢？对此，个人认为，如果将受赠人的部分不履行或者轻微违约行为也包括在不履行的范围之内，则赠与人动辄就行使撤销权，实际上等于赠与合同对赠与人无任何约束力，受赠人也将因为部分履行而易于受到损害。如果在部分履行的情况下，不允许赠与人行使撤销权，则对赠与人来说也是不公平的。因此，个人认为，在受赠人部分不履行约定义务的情况下，应允许赠与人享有与受赠人不履行义务部分相适应的部分撤销权，这样既能维护赠与人的意志和利益，也可以避免赠与人法定撤销权的滥用。

赠与的法定撤销与任意撤销的不同之处：

第一，撤销赠与须依法律规定的事由；

第二，只要具备法定事由，不论赠与合同以何种形式订立以及经过公证证明，不论赠与的财产是否已交付，也不论赠与是否属于社会公益和道德义务性质，享有撤销权的人均可以撤销赠与。

（以上人物均为化名）

98. 丈夫冒名顶替卖房，怎么办

案例简介

丈夫张小意为借钱指使他人冒充妻子牛丽，办理了委托孙大维代办涉案房屋的出售、过户等事宜的委托书公证。孙大维后将涉案房屋以牛丽名义出售给某房地产公司，牛丽发现后诉至法院，要求确认房屋买卖合同无效。最终法院认定孙大维的行为构成无权代理，判决确认买卖合同无效。

【庭审过程】

原告牛丽诉称：涉案房屋为其个人婚前财产。2012年8月，其与张小意办理结婚登记，双方均系再婚。2014年5月，张小意以讨债为名离家出走，至今未归。后原告接到房屋中介公司电话，称涉案房屋已经出售并办理了网签过户手续。

原告得到消息后携带家中房产证前往住建委查询相关情况后，得知该房屋交易信息。然而原告的签名并非其本人签名，是他人冒名顶替，原告当即报案，先后去公安局经侦、刑侦以合同诈骗报案无果。

2014年9月，原告找到出具《授权委托书》的公证处，说明了其从未到过该处，要求核查并撤销《授权委托书》。该处向海淀区住建委出具了要求中止涉案房屋过户登记的材料，但为时已晚，涉案房屋已被过户至某房地产公司名下，并核发了"房屋所有权证"。

原告认为，张小意利用二人婚姻关系盗窃其房产证、身份证、户口本，雇用他人冒名顶替、伪造其签名授权；孙大维明知授权委托系冒名取得，故意隐瞒出售过户原告的婚前个人房产，非法处分其财产；某房地产公司恶意买受，再次抵押、转手第三方逃避经济风险和法律责任，恶意为之。

综上，三方给原告经济、精神带来严重损害，侵犯了原告的合法利益，原告无任何特殊原因急需卖房，涉案房屋是其唯一的住房且一直在居住。故原告诉至法院，请求法院依法确认孙大维以其委托人的身份与甲房地产公司签订的房屋买卖合同无效。

被告张小意、孙大维经法院合法传唤未到庭参加诉讼或提交书面答辩意见。

房地产公司辩称，不同意牛丽的诉讼请求。其公司审查了牛丽的委托人孙大维，其持有有权代为出售涉案房屋的公证委托书、产权证、牛丽的身份证等文件，其公司尽到了谨慎注意义务，牛丽没有证据证明其方知道孙大维无处分权，其公司在整个交易过程中无重大过失，构成善意取得。其公司为购买房屋支付了230万元，税费10万元，从签署房屋买卖合同、办理合同网签备案手续，到支付合理对价以及相关税费，并最终取得房屋所有权的一系列行为均履行了法定程序，因此其公司受让该房屋法律依据充分，属于善意购买，所签房屋买卖合同合法有效，不存在合同无效情形，应受法律保护。

【法院判决】

法院经审理后认为，根据民事诉讼法的规定，当事人有答辩并对对方当事人提交的证据进行质证的权利，张小意、孙大维经法院合法传唤，无正当理由拒不出庭应诉，应视为放弃了答辩和质证的权利。行为人没有代理权以被代理人名义订立的合同，未经被代理人追认，对被代理人不发生效力，由行为人承担责任。相对人有理由相信行为人有代理权的，该代理行为有效。

该案中，涉案房屋系牛丽婚前个人财产，张小意指使他人冒充牛丽办理了委托孙大维代办涉案房屋的出售、过户等事宜的委托书公证，孙大维对此知情，但在明知自己没有代理权的情形下，仍恶意地以牛丽的名义与某房地产公司签订代为出售涉案房屋的《存量房屋买卖合同》，故孙大维的代理行为系无权代理。某房地产公司辩称，其有理由相信孙大维有权代为出售涉案房屋，且支付合理对价，其购买涉案房屋系善意，故合同有效，对此，法院认为，表见代理不仅要求代理人的无权代理行为在客观上形成具有代理权的表象，而且要求相对人在主观上善意且无过失地相信行为人有代理权。

具体到该案中，某房地产公司不仅应当举证证明孙大维的无权代理行为存在诸如公证委托书、房屋所有权证等有权代理的客观表象形式要素，而且应当证明其善意且无过失地相信孙大维具有代理权。

根据本案查明事实，孙大维与该房地产公司亦存在关联关系。该房地产公司作为专业的房地产经纪公司，应知涉案房屋交易价格230万元明显低于当时的市场价值，但就此异常情况，未举证证明其曾通过实地查看涉案房屋、与被代理人牛丽沟通等合理方式调查核实涉案房屋状况，而是仅凭与其存在关联关系的孙大维出示的公证委托书、房屋所有权证等客观表象形式要素，与孙大维签订房屋买卖合同，且在涉案房屋过户后才支付购房款。

综上，法院认为某房地产公司在该案中未能举证证明其尽到合理的注意义务，不能证明其善意且无过失地相信孙某具有代理权，故对某房地产公司的抗辩意见不予采信。因孙大维无权代理牛丽出卖涉案房屋，且牛丽对孙大维的代理行为不予追认，故孙大维以牛丽名义与某房地产公司签订的《存量房屋买卖合同》应当认定无效。最后，法院判决确认被告孙大维以原告牛丽名义与被告某房地产经纪有限公司于2014年9月签订的《存量房屋买卖合同》无效。

（以上人物均为化名）

99. 丈夫轻信谎言借钱被骗，妻子承担还款责任吗

案例简介

因轻信所谓"富商继承者"的虚构谎言而大举借债，王生被骗500多万元。王生无钱偿还选择"失踪"，债主便将王生以及王生的妻子张丽诉至法院。张丽究竟有没有义务进行偿还？该债务是否属于夫妻共同债务？

原来王生是一名商人，因为生意关系结识了一名朋友。该朋友向王生虚构自己的父亲是大富豪，在一次交通事故中不幸去世，在海外留下了价值高达数亿美元的遗产。该朋友声称，在海外继承遗产要缴纳遗产税，不过自己手头资金不足，希望王生能帮忙借款，并承诺继承遗产后给予丰厚报酬。

王生在之后的一年半时间内陆续给了这个朋友500多万元，为此他向周围其他朋友大肆借债。而让王生没有想到的是，他的这位朋友最终以诈骗罪被公安机关抓获，并被法院判刑。

当王生在法庭上见到他的时候，才知道自己借给他的500万元早已被他挥霍一空，无法追回。因为他的这位朋友无法还钱，王生欠亲戚朋友的钱自然也无法偿还。在债务缠身的时候，王生选择了"失踪"。其中一个债主李海将王生的妻子张丽告上了法庭，还在法庭上提供王生被骗的刑事判决书以及与王生资金往来的银行转账记录。

【争议焦点】

李海诉称，此债务是在王生夫妻关系存续期间发生的，属于共同债务，因此，王生的妻子张丽也应一并承担此笔债务。

张丽辩称，李海与王生的借贷关系并未正式签订书面合同，自己对此借款更是毫不知情。同时，她还向法院提交自己的收入明细，证明一直以来自己工作和收入稳定，加上王生的职业也不错，根本没有必要为了夫妻的共同生活来借钱。因此，即使真正存在借贷关系，也应当是王生个人的债务。

【法院判决】

法院审理认为，李海与王生之间虽未正式签订书面借贷合同，但从其提供的相关转款凭证，并结合在案的刑事判决书所认定的相关事实分析，可以认定李海与王生之间存在事实上的民间借贷关系。

但是本案所涉及款项，均由李海账户直接转账至王生银行账户之中，并未由王生妻子张丽经手，亦无证据证明张丽知悉该笔借款，由此推断该笔借款不属于王生夫妻共同举债的合意。

另外，从张丽提供的工资收入情况分析，其并没有必要因个人或家庭生活进行大笔举债，也未从该笔借款中获得收益。

李海也无法证明王生将此笔款项用于家庭生活，最终法院认为，李海借给王生的借款不属于夫妻共同生活、生产经营所负的债务，遂依法做出上述判决驳回了李海要求张丽承担还款责任的诉求，判决由王海一个人承担还款义务。

温馨提示

在此律师提醒：借款有风险，转账须谨慎。即使是亲朋好友，借款也要留好证据。如果是在婚姻关系存续期间，最好要求借款人夫妻共同签字确认。否则，一旦借款人消失，失去音讯，很难要回损失。

如何认定夫妻共同债务，需把握两个大前提，即"有无举债合意"和"是否共享利益"，二者缺一不可。对于夫妻双方来说，如果一方在外举债不告知其配偶，而所借款项又未用于家庭共同生活，此种情况下，要求债权人的举证难度比较大。因此，在此类案件中，债务人的配偶可以证明债务人所借款项没有用于其家庭共同生活的，同样会获得法院的支持。比如本案中，妻子张丽证明自身有独立经济实力，且能够证明资金往来发生在极短时间内，且流向第三人，很明显未用于夫妻共同生活，因此，妻子张丽的抗辩理由自然被法院所采纳。

延伸解读

如何正确区分夫妻共同债务和个人债务？

《中华人民共和国民法典》第一千零八十九条规定，离婚时，夫妻共同债务应当共同偿还。共同财产不足清偿或者财产归各自所有的，由双方协议清偿；协议不成的，由人民法院判决。

《中华人民共和国民法典》第一千零六十四条规定，夫妻双方共同签名或者夫妻一方事后追认等共同意思表示所负的债务，以及夫妻一方在婚姻关系存续期间以个人名义为家庭日常生活需要所负的债务，属于夫妻共同债务。夫妻一方在婚姻关系存续期间以个人名义超出家庭日常生活需要所负的债务，不属于夫妻共同债务；但是，债权人能够证明该债务用于夫妻共同生活、共同生产经营或者基于夫妻双方共同意思表示的除外。由此可看出，"为夫妻共同生活需要所负的债务"，应视为夫妻共同债务。夫妻共同债务一般包括：因日常生活所负的债务；因生产经营所负的债务；夫妻双方或一方因治疗疾病所负的债务。

1.个人债务是指夫妻一方为满足个人需要所借的债务，根据我国法律的相关规定，个人债务包括以下几个方面。

（1）男女各自婚前所负的债务，即结婚之前一方或双方对外所欠的债务。离婚时一般仍视为个人债务，由个人负责偿还。

（2）双方约定由个人负担的债务，但以逃债为目的的除外。所谓"约定"，就是夫妻双方经商量后，就哪些债务由谁个人负责承担而达成的一种协议，对此协议，双方互为认可。但双方如果以逃债为目的的约定是无效的。

（3）一方未经对方同意，擅自资助与其没有扶养义务的亲属、朋友所负的债务。这种债务应由个人承担。

（4）一方未经对方同意，独自筹资从事经营活动，其收入确未用于共同生活所负的债务。此种债务应由个人承担。

（5）其他应由个人承担的债务。如一方瞒着对方借钱参加高消费的文化、娱乐活动，或为个人购置贵重生活用品等。

2.婚姻关系存续期间，夫妻一方以个人名义所负的债务认定标准。

婚姻关系存续期间，夫妻一方以个人名义所负的债务，究竟是个人债务还是夫妻共同债务，应根据债务的性质、形式、范围及负债的原因、去向等因素进行判断。因是日常生活需要所负的债务，应认定为夫妻共同债务，超出日常生活需要范围，应认定为个人债务，但出借人能够证明负债所得的财产用于家庭共同生活、经营所需或夫妻另一方事后对债务予以追认的除外。

根据《中华人民共和国民法典》第一千零八十九条、第一千零六十四条规定，夫妻共同生活需要是夫妻共同债务的内在本质，是夫妻共同债务与夫妻个人债务的根本区别，也是认定夫妻共同债务的唯一法定标准。《中华人民共和国民法典》第一千零六十四条规定，夫妻双方共同签名或者夫妻一方事后追认等共同意思表示所负的债务，以及夫妻一方在婚姻关系存续期间个人名义为家庭日常生活需要所负的债务，属于夫妻共同债务。

夫妻一方在婚姻关系存续期间以个人名义超出家庭日常生活需要所负的债务，不属于夫妻共同债务；但是，债权人能够证明该债务用于夫妻共同生活、共同生产经营或者基于夫妻双方共同意思表示的除外。夫妻共同债务的性质决定了夫妻一方举债借款必须为夫妻共同生活所需。因此，认定夫妻共同债务，应当以符合夫妻共同债务性质为前提条件。

所谓夫妻共同债务，通常是指在婚姻关系存续期间，夫妻双方或者一方为维持夫妻共同生活需要，或出于共同生活目的从事经营活动所引起的债务。夫妻共同债务主要是为"夫妻共同生活需要"或"履行扶养、赡养义务"等所负债务。这其实就限定在日常家事代理所负债务范围内。根据《最高人民法院关于适用〈中华人民共和国民法典〉婚姻家庭编的解释（一）》第一千零六十条、一千零六十二条规定，夫妻之间因日常生活需要具有家事代理权，但非因日常生活需要所做出的有关财产方面的重要决定，应当经另一方同意。将夫妻一方以个人名义举债限定在日常家事代理或者"为夫妻共同生活需要"范围内。

（以上人物均为化名）

100. 子女强干涉，再婚老夫妻三番两次上法庭

案例简介

张老太太与李老先生是多年的老邻居，关系一向很好。二十七年前，两人的老伴都先后去世了。在街坊邻居的撮合下，两人组成了新的家庭。结婚时，老太太有六名子女，都已经结婚成家。老先生有三名子女，最小的女儿还没有成家。老先生的子女都在外地，老先生就搬到了老太太家中，同时把自己的住房卖掉给女儿留作结婚费用。所以，老太太的子女对他们的照顾多一些。

100. 子女强干涉，再婚老夫妻三番两次上法庭

老两口结婚以后，两家子女之间以及与对方老人之间的关系都很要好。平时老太太的孙辈后代都喊老先生"爷爷""姥爷"，对老先生毫不见外。

时间飞快，他们结婚已经二十六年。后来李老先生得了脑血栓和心脏病，最严重的时候一年住院六次。张老太太的子女跑前跑后，无微不至地照顾，连儿媳都每天在医院照顾。老先生自己的子女却因在外地，不能在身边照顾。

2008年年初，李老先生再次生病住院，医院下达病重通知。在李老先生病重后，张老太太及子女多次电话通知其子女，其子女方来到医院。看到病重的父亲，三子女经过商量，决定转院治疗，并且表示，二十几年来未尽到为人子女的责任，要求多照顾几天，让老太太及其子女回家休息。

结果意想不到的事情发生了，老太太接到法庭发来的以李老先生名义起诉的民事诉状，以不尽夫妻扶助义务为由要求离婚，并分割夫妻共同财产。老太太接到诉状后那个气呀？好好的两口子，怎么会离婚呢？原来这一切都是老先生的子女从中作梗，担心日后父亲的遗产被老太太以及她的子女继承，所以强迫自己父亲离婚。

【法院判决】

法庭上，老先生泪流满面，面对法官的询问，老先生激动得说不出话来，后在法院的调解下，老先生撤回了起诉。

温馨提示

子女应尊重父母的婚姻权利，子女干涉父母的婚姻自由是非法的。

《中华人民共和国民法典》婚姻家庭编第一千零六十九条规定，子女应当尊重父母的婚姻权利，不得干涉父母离婚、再婚以及婚后的生活。子女对父母的赡养义务，不因父母的婚姻关系变化而终止。

作为子女，不能干涉老年人的婚姻。所以原告子女的做法是违法的，也不符合情理。为了自己的小算盘干涉父母的婚姻，他们的做法违反法律的同时也对不起继母及其子女对父亲的照顾。本案中，老先生子女的挑唆和压力是老先生离婚的主要原因。

作为子女，应尊重老人对婚姻的选择，不要为了一己私利而干涉父母的婚姻。在老人婚姻遇到问题时，子女要尽量疏导而不是拖后腿。

子女对再婚的亲生父母有法定的赡养义务。无论父母是否再婚，子女的赡养义务是法定的，并且如果再婚的父母没有与其继子女之间形成抚养关系，则继子女没有赡养继父母的法定义务。老人再婚不易，作为子女，应该多一些理解，多一些尊重，父母辛苦一生不易，让他们度过一个安详的晚年是子女应尽的责任。

（以上人物均为化名）